普通高等学校体育专业教材

# 全民健身概论

李相如　戴俭慧　主编

中国教育出版传媒集团

高等教育出版社·北京

内容提要

本教材积极贯彻落实健康中国、体育强国战略，围绕立德树人根本任务，坚持以学生为中心，坚持学科前沿发展与实践需求相协调，较为全面地总结了我国全民健身发展的基本经验，反映了全民健身的开展现状和发展趋势，创新性地将全民健身与体育产业、体医融合、智慧化等内容进行了有效结合。全书共 12 章，主要包括：全民健身概述、全民健身法治、全民健身组织与管理、全民健身活动场地设施、全民健身活动的指导者、全民健身活动的内容与方法、全民健身活动群体、全民健身效果评价、全民健身与体育产业、全民健身与体医融合、全民健身信息供给与智慧化、全民健身的国际借鉴与发展趋势等。

本书为新形态教材，通过二维码关联了丰富的案例、教案、拓展阅读等资源，既可作为普通高等学校体育教育、社会体育指导与管理、休闲体育等专业及高职院校体育相关专业教材，也可作为广大社会体育指导员、体育健身爱好者的参考用书。

## 图书在版编目（CIP）数据

全民健身概论／李相如，戴俭慧主编. -- 北京：高等教育出版社，2023.2

ISBN 978-7-04-059786-8

Ⅰ．①全… Ⅱ．①李… ②戴… Ⅲ．①全民健身-中国-高等学校-教材 Ⅳ．①G812.4

中国国家版本馆 CIP 数据核字（2023）第 008671 号

全民健身概论
Quanmin Jianshen Gailun

| 策划编辑 | 廖倩雯 | 责任编辑 | 廖倩雯 | 封面设计 | 张 楠 | 版式设计 | 于 婕 |
| 责任绘图 | 杨伟露 | 责任校对 | 高 歌 | 责任印制 | 田 甜 | | |

| | | | |
| --- | --- | --- | --- |
| 出版发行 | 高等教育出版社 | 网　　址 | http://www.hep.edu.cn |
| 社　　址 | 北京市西城区德外大街 4 号 | | http://www.hep.com.cn |
| 邮政编码 | 100120 | 网上订购 | http://www.hepmall.com.cn |
| 印　　刷 | 北京七色印务有限公司 | | http://www.hepmall.com |
| 开　　本 | 787mm × 960mm　1/16 | | http://www.hepmall.cn |
| 印　　张 | 18 | | |
| 字　　数 | 280 千字 | 版　　次 | 2023 年 2 月第 1 版 |
| 购书热线 | 010-58581118 | 印　　次 | 2023 年 2 月第 1 次印刷 |
| 咨询电话 | 400-810-0598 | 定　　价 | 36.50 元 |

本书如有缺页、倒页、脱页等质量问题，请到所购图书销售部门联系调换

版权所有　侵权必究

物 料 号　59786-00

# 编写组成员

主　　编：李相如　戴俭慧

副 主 编：罗湘林　孟明亮　国　伟　岳贤锋

参编人员（以姓氏拼音排序）：

戴俭慧　董　欣　范冬云　高　升

国　伟　郭春玲　郝　亮　侯令忠

李琳琳　李儒新　李相如　李雪飞

林宏牛　罗帅呈　罗湘林　孟春雷

孟明亮　宋海宾　陶　坚　佟艳华

王建永　王金英　肖　雷　熊瑛子

杨和健　杨乃彤　岳贤锋　张京杭

张　娜　张　伟　赵　伟　郑　贺

朱佳滨　朱晓东

# 编 写 说 明

全民健康是国家综合实力的重要体现，是经济社会发展进步的重要标志。全民健身是实现全民健康的重要途径和手段，是全体人民增强体魄、幸福生活的基础保障。党的二十大报告中指出，广泛开展全民健身活动，加强青少年体育工作，促进群众体育和竞技体育全面发展，加快建设体育强国。自 1995 年《全民健身计划纲要》颁布实施以来，我国已持续深入地实施了 20 多年全民健身计划。

近年来，党和政府持续关注并高度重视全民健身事业。2014 年，全民健身上升为国家战略；2019 年，中共中央、国务院印发《"健康中国 2030"规划纲要》，国务院办公厅印发《体育强国建设纲要》（国办发〔2019〕40 号）《关于促进全民健身和体育消费推动体育产业高质量发展的意见》（国办发〔2019〕43 号）；2020 年 9 月，国务院办公厅印发《关于加强全民健身场地设施建设发展群众体育的意见》（国办发〔2020〕36 号）；2021 年 4 月，国家发展改革委、国家体育总局联合印发《"十四五"时期全民健身设施补短板工程实施方案》）；2021 年 7 月，国务院印发《关于印发全民健身计划（2021—2025 年）的通知》（国发〔2021〕11 号）；2022 年 3 月，中共中央办公厅、国务院办公厅印发《关于构建更高水平的全民健身公共服务体系的意见》。这一系列政策文件的颁布使得我国体育公共服务水平显著提升，全民健身场地设施逐步增多，人民群众通过健身促进健康的热情日益高涨。由此，我国全民健身事业与 2014 年之前相比，在国家战略的定位、边界、内容、方式、机制、监管、运行环境以及人民群众的认识、理念、需求等多个方面都发生了重大的变化，我国全民健身事业的发展登上了新台阶，进入了新时代。

构建高质量的全民健身公共服务体系，需要培养服务全民健身的专门人才。为了适应和满足新时代高等教育发展的要求和全民健身人才培养的需

I

要，本书编写组在《全民健身导论》的基础上进行了修订。本教材围绕立德树人根本任务，坚持以学生为中心，坚持学科前沿发展与实践需求相协调，较为全面地总结了我国全民健身发展的基本经验，反映了全民健身的开展现状和发展趋势，力求将近年的研究成果和最新数据充实到新版教材中，编写一本全民健身领域的高质量精品教材。

为保证教材的专业性和高品质，本次修订邀请了全国 30 多所高校 30 余位专家、学者组成编写组，先后组织召开三次专题会议，从而使教材具有更宽广的视野、更严谨的体系和更贴近教学的实用性。本教材共 12 章，以全民健身要素为逻辑主线，收集了最新的研究成果与政策法规要义。同时，教材中链接了丰富的视频、拓展阅读、知识链接等数字资源，有效拓展学生的知识面并为案例式、混合式教学提供参考。

作者简介

本书由李相如、戴俭慧担任主编，罗湘林、孟明亮、国伟、岳贤锋担任副主编。各章具体分工如下：第一章，林宏牛、杨和健、李相如；第二章，郭春玲、熊瑛子；第三章，孟明亮、张伟、孟春雷；第四章，赵伟、宋海宾；第五章，高升、张京杭、戴俭慧；第六章，国伟、朱佳滨、王金英、张娜、佟艳华；第七章，岳贤锋、李琳琳、陶坚、王建永；第八章，罗湘林、杨乃彤、李儒新；第九章，董欣、范冬云、罗帅呈；第十章，郑贺、朱晓东；第十一章，侯令忠、郝亮；第十二章，肖雷、李雪飞。全书由李相如、戴俭慧统稿。

本教材编写过程中，编者阅读、参考和引用了大量国内外相关文献，在此表示感谢。同时，本教材得到了高等教育出版社范峰、廖倩雯编辑的大力支持以及诸多专家学者的热心指导，在此一并致以由衷的谢意。

由于"全民健身概论"是一门不断发展的课程，许多理论和实践问题尚在探索之中，加之作者的水平有限，书中如有不当之处，敬请广大读者批评指正。

李相如　戴俭慧

2022 年 10 月

# 目　　录

第一章　全民健身概述 …………………………………………… 1

　　第一节　全民健身的概念、地位与作用 ………………… 2

　　第二节　全民健身的发展历程 …………………………… 6

　　第三节　全民健身与竞技体育、体育产业的协调发展 …… 10

　　第四节　全民健身的发展趋势 …………………………… 13

第二章　全民健身法治 …………………………………………… 17

　　第一节　全民健身法治概述 ……………………………… 18

　　第二节　我国全民健身法的地位和基本制度 …………… 24

　　第三节　我国现行的全民健身法律法规 ………………… 31

第三章　全民健身组织与管理 ………………………………… 41

　　第一节　全民健身组织与管理概述 ……………………… 42

　　第二节　全民健身组织与管理的原则 …………………… 46

　　第三节　全民健身活动组织与管理的方法 ……………… 49

　　第四节　全民健身管理体制 ……………………………… 52

第四章　全民健身活动场地设施 ……………………………… 63

　　第一节　全民健身活动场地设施的分类 ………………… 65

　　第二节　全民健身活动场地设施的供给 ………………… 70

　　第三节　我国全民健身活动场地设施的标准 …………… 74

第五章　全民健身活动的指导者 ……………………………… 79

　　第一节　我国社会体育指导员的发展概况 ……………… 81

第二节　公益性社会体育指导员 …………………………… 87

第三节　职业性社会体育指导员 …………………………… 96

第四节　我国社会体育指导员的发展趋势………………… 106

第六章　全民健身活动的内容与方法……………………… 113

第一节　全民健身活动的分类……………………………… 115

第二节　全民健身活动的作用……………………………… 117

第三节　全民健身活动的原则与方法……………………… 119

第四节　全民健身活动的项目……………………………… 128

第七章　全民健身活动群体………………………………… 155

第一节　全民健身活动的参与者…………………………… 156

第二节　不同地域人群的健身活动………………………… 160

第三节　不同年龄阶段人群的健身活动…………………… 170

第四节　全民健身活动的特殊人群………………………… 179

第八章　全民健身效果评价………………………………… 187

第一节　全民健身效果评价概述…………………………… 189

第二节　全民健身效果评价的结构与构成要素…………… 193

第三节　全民健身效果评价的手段与途径………………… 197

第九章　全民健身与体育产业……………………………… 211

第一节　全民健身与体育产业的关系……………………… 213

第二节　全民健身与体育消费市场………………………… 218

第三节　全民健身背景下体育产业的发展历程与趋势…… 224

第十章　全民健身与体医融合……………………………… 229

第一节　体医融合概述……………………………………… 230

第二节　国外体医融合的发展与经验……………………… 235

第三节　体医融合健身指导方案…………………………… 238

**第十一章　全民健身信息供给与智慧化**…………………………… 243

　　第一节　全民健身信息供给主体和供给内容…………………… 244

　　第二节　全民健身信息供给渠道………………………………… 245

　　第三节　全民健身智慧化概述…………………………………… 248

　　第四节　全民健身智慧化实践…………………………………… 250

　　第五节　智慧健身信息服务平台………………………………… 255

**第十二章　全民健身的国际借鉴与发展趋势**…………………… 259

　　第一节　国际大众健身的发展概况……………………………… 260

　　第二节　大众健身的国际借鉴…………………………………… 267

　　第三节　国际大众健身的发展趋势……………………………… 273

# 第一章　全民健身概述

>>> **本章导学** >>>

　　本章主要介绍全民健身的概念、地位与作用，我国全民健身产生的背景和特征，全民健身与竞技体育、全民健身与体育产业的协调发展关系以及我国全民健身发展的趋势等。

>>> **学习目标** >>>

　　1. 了解全民健身的基本概况，理解全民健身的概念、地位与作用。

　　2. 了解全民健身产生的背景和基本特征。

　　3. 了解全民健身与竞技体育、体育产业的协调发展关系。

　　4. 了解我国全民健身发展的趋势。

# 第一节 全民健身的概念、地位与作用

改革开放和社会主义现代化建设新时期，我国经济社会快速发展。2010年，我国 GDP 总量超过日本，成为世界第二大经济体。2021年，我国人均GDP 超过世界人均水平。同时，随着我国法定节假日的不断增多，人民群众的闲暇时间日益增多。但总体上看，我国国民的健身意识和科学健身方式还没有跟上经济社会快速发展的步伐。国民体质和青少年的身体素质与发达国家相比还有较大差距。2014年，全民健身上升为国家战略，对我国全民健身的发展提出了更高的要求。

## 一、全民健身的概念

《全民健身计划（2021—2025年）》

2022年10月，党的二十大报告中指出，人民健康是民族昌盛和国家强盛的重要标志。把保障人民健康放在优先发展的战略位置，完善人民健康促进政策。国务院印发的《全民健身计划（2016—2020年）》指出：全民健康是国家综合实力的重要体现，是经济社会发展进步的重要标志。全民健身是实现全民健康的重要途径和手段，是全体人民增强体魄、幸福生活的基础保障。实施全民健身计划是国家的重要发展战略。2021年，国务院印发的《全民健身计划（2021—2025年）》指出：坚持以人民为中心，坚持新发展理念，深入实施健康中国战略和全民健身国家战略，加快体育强国建设，构建更高水平的全民健身公共服务体系，充分发挥全民健身在提高人民健康水平、促进人的全面发展、推动经济社会发展、展示国家文化软实力等方面的综合价值与多元功能。

社会经济发展的最终目标之一是实现国民健康和全民幸福。国民健康也是我国经济和社会可持续发展的强大动力。全民健身是实现国民健康的有效途径之一，对增强人民体质有着不可替代的作用。实施全民健身计划也是我国为实现人民对美好生活的向往所作出的战略选择。

《全民健身计划纲要》指出："全民健身计划以全国人民为实施对象，以青少年和儿童为重点。"董新光在《全民健身大视野》一书中认为："全民健身"已经不仅仅是一个词语，它已经成为社会主义建设的一项事业和亿万

人民的体育实践，已经成为 20 世纪末体育的热点和独具特色的社会现象。

数据表明，全民健身是提高身心健康水平和非医疗干预中最积极、最有效的重要手段，是健康中国建设的战略基础和有力支撑。全民健身具有广泛性、直接性、主动性和投入少、产出大、见效快等特点。因此，全民健身要成为公共卫生和全民健康保障体系的重要一环。

习近平指出，体育在提高人民身体素质和健康水平，促进人的全面发展，丰富人民精神文化生活，推动经济社会发展，激励全国各族人民弘扬追求卓越，突破自我的精神方面，都有着不可替代的作用。我国全民健身的功能和作用已经不仅局限于强身健体，它所倡导的积极向上、团结合作、崇尚规则、公平竞争、人与自然和谐相处的精神与和谐社会的理念是一致的。体育是培养人健康体魄、塑造人健全精神、激励人爱国情怀、促进人全面发展的重要途径。

中国国民健康与营养大数据报告

自 2014 年全民健身上升为国家战略以来，全民健身的内涵和外延都有所发展。在内涵上全民健身的相关法规、组织与管理、活动场地与设施、基本活动内容、全民健身的指导者、不同群体的健身活动、全民健身效果评价，全民健身与教育、卫生、旅游等产业的融合以及全民健身的信息化与智慧化等都发生了重要的变化；在外延上，全民健身作为推动健康中国的有效途径，在健康关口前移、提高全民族身心健康等方面的作用不断增强。

## 二、全民健身的地位与作用

### （一）全民健身对树立国民健康观的地位与作用

近年来，"亚健康"问题受到了越来越多的关注与重视。全民健身能够借助非医疗方式来预防、辅助治疗疾病，促进人的身体健康，是健康关口前移的重要环节。全民健身不仅践行了健康中国的内涵和理念，更从体育、医学、教育、心理等多个方面对健康中国进行了补充和完善。全民健身对树立国民健康观的作用主要表现在以下几个方面：

一是引领科学健身意识的建立。中华人民共和国成立以来，我国长期致力于培养国民的运动意识和健身休闲的爱好，提倡通过运动预防疾病，促进国民健身与健康相结合，提高全民族的健康水平。

二是促进良好生活方式的养成。全民健身有助于国民形成健康的生活方式，跑步、骑行、太极拳、广场舞等运动都可以提升国民健康水平。全民健身活动在国民生活方式转变的过程中，促进了城乡居民健康观、健身观的转变，使越来越多的人树立了"健康第一"的理念。

三是培养国民正确的消费观念。全民健身战略促进了国民体育消费水平的提升，推动了我国体育产业的发展。随着全民健身的不断深入，花钱买健康、接受科学健身培训和指导的理念以及以马拉松、健身路跑、骑行等群众性赛事活动的蓬勃开展，为全民健身体育消费的增量和升级奠定了坚实基础。

**（二）全民健身对促进体育产业发展的地位与作用**

《全民健身计划（2021—2025 年）》指出：全民健身要推动体育产业高质量发展。优化产业结构，加快形成以健身休闲和竞赛表演为龙头、高端制造业与现代服务业融合发展的现代体育产业体系。推进体育产业数字化转型，鼓励体育企业"上云用数赋智"，推动数据赋能全产业链协同转型。促进体育资源向优质企业集中，在健身设施供给、赛事活动组织、健身器材研发制造等领域培育一批"专精特新"中小企业、"瞪羚"企业和"隐形冠军"企业，鼓励有条件企业以单项冠军企业为目标做强、做优、做大。大力发展运动项目产业，积极培育户外运动、智能体育产业等，催生更多新产品、新业态、新模式。在国家体育消费试点城市的基础上，择优确定一批国家体育消费示范城市，充分发挥试点城市、示范城市作用，鼓励各地创新体育消费政策、机制、模式、产品，加大优质体育产品和服务供给，促进高端体育消费回流。

近些年来，我国体育产业取得了一定的发展，也形成了一定的规模，体育产业的市场体系在逐渐形成。但总的来看，我国的体育产业起步较晚，发展速度还不快，产业涉及的领域还不广泛。近几年，国家连续出台了一系列加大体育消费、促进体育产业发展的政策文件，有力推动了体育产业的高质量发展。

全民健身是人们丰富自身活动的一种积极生活方式，体育产业是促进经济发展不可或缺的一部分，二者相互促进、协同发展。一方面，全民健身观念的深入人心将影响和带动体育消费和体育产业的发展。全民健身对体育消费的拉动，可以促进体育产业的发展。另一方面，体育产业的高质量发展也为全民健身提供了更加广阔的空间和物质基础。

全民健身和体育产业协同发展具体表现为"互利共赢、全面发展"。在体育产业中，体育相关产品、体育消费和民众参与三个方面相互促进。全民健身的发展需要体育产业提供相关的健身服务、产品和设施，持续激发产业经济价值。全民健身也有助于扩大体育产品规模，推动体育市场不断壮大。同时，全民健身还有助于体育消费市场结构的优化和体育产业供需平衡的实现。

### （三）全民健身对促进体育公共服务建设的地位与作用

尽管我国全民健身还有区域发展不平衡、公共服务供给不充分等方面的问题，但全民健身公共服务体系一直在完善发展之中。近些年，国务院相关部门已经颁布了一系列关于全民健身的政策文件，尤其是 2014 年国务院印发的《关于加快发展体育产业促进体育消费的若干意见》，把全民健身上升为国家战略，加快了体育公共服务建设的速度和高质量发展，推动了全民健身的蓬勃发展。

统计数据显示，截至 2020 年年底，全国体育场地共计 371.3 万个，比 2019 年末增加 16.86 万个，体育场地总面积约 31 亿平方米，2019 年，我国人均体育场地面积突破 2 平方米，达到 2.08 平方米，2020 年年底人均场地面积提高到 2.2 平方米。

《全民健身计划（2021—2025年）》要求进一步加大全民健身场地设施供给。"十四五"时期要新建或改扩建 2 000 个以上体育公园、全民健身中心、公共体育场馆等健身场地，补齐 5 000 个以上乡镇（街道）全民健身场地，配建一批群众滑冰场，数字化升级改造 1 000 个以上公共体育场馆。开展公共体育场馆开放服务提升行动，控制大型场馆数量，建立健全场馆运营管理机制，改造完善场馆硬件设施，做好场馆应急避难（险）功能转换预案，提升场馆使用效益。

### （四）全民健身在健康中国战略中的地位与作用

健康中国和全民健身都是我国的国家战略，只有全面贯彻落实全民健身战略才能有效地促进健康中国战略的实施。1995 年颁布实施的《全民健身计划纲要》指出要全面贯彻落实全民健身政策，这说明当时我国就已对全民健身高度重视。2014 年，国务院印发的《关于加快发展体育产业促进体育消费的若干意见》正式将全民健身上升为国家战略。2016 年 9 月，中共中央、国务院印发《"健康中国 2030"规划纲要》；2019 年 7 月，国务院印发《健康中国行动（2019—2030 年）》；2021 年，《中华人民共和国国民经济和社会发展第十四个五年规划和 2035 年远景目标纲要》中也强调了全民健身的重要意义和作用，并对全民健身与健康中国的内容与关系进行了阐述和说明。由此可见我国对国民身体素质的重视程度，也说明了全民健身是健康中国战略的重要组成部分，是实现健康中国的重要环节和步骤。

## 第二节 全民健身的发展历程

1919 年，"现代奥林匹克运动之父"顾拜旦首先提出"一切体育为大众"（All sports for All）的理念。顾拜旦在致力于推动国际奥林匹克运动发展的过程中，一直强调大众体育活动是奥林匹克运动的基础。顾拜旦提出的口号奠定了国际大众体育的理论基础。从最初理念的形成到逐步成熟，再到当今的快速发展，大众体育已经成为国际体育的发展潮流。

### 一、全民健身产生的背景

#### （一）国际大众体育兴起的背景

第二次世界大战以后，率先进入工业化社会的国家，社会竞争激烈，人际关系复杂，机器工业占据主导，大众心理比较压抑，这些社会因素促使大众健康问题受到极大关注。伴随着经济水平的不断提高、科学技术的快速发展、人们余暇时间的增多、现代文明病的蔓延、人口老龄化和城市化速度的加快，健康长寿已成为人们的"第一选择"，全球掀起了大众体育的热潮。

20 世纪 60 年代，从联邦德国及挪威等国家兴起的大众体育逐步扩展到其他国家。1969 年 12 月，国际健身大众体育协会在挪威奥斯陆成立。1975 年，欧洲体育部长会议发表了《欧洲大众体育宪章》，阐明"人人都有参加体育活动的权利"。1978 年 11 月 21 日，联合国教科文组织在法国巴黎发布的《体育运动国际宪章》中指出，人们不论种族、肤色、语言、宗教、政治信仰、社会出身、财产等，都享有人权宣言赋予的所有权利与自由。在国际体育发展趋势的影响下，国际奥委会于 1985 年成立了大众体育运动委员会。1986 年，第一届世界大众体育大会在德国法兰克福举行。1993 年 6 月，国际奥委会和世界卫生组织在瑞士洛桑签订了以"全民体育和全民健身"为核心的合作备忘录。1994 年，世界卫生组织开始与国际奥委会一起组织和资助"国际大众体育联合会"。1994 年，在乌拉圭举行的第 5 届世界大众体育大会的主题是"大众体育与健康"，大会主张人类要通过体育活动促进和平、健康，提高生活质量，大会还提出"体育为人人，健康为人人"的口号。世界大众体育大会向全世界广泛传播大众体育的理念，为推动世界大众体育事业的发展提供了广阔的国际交流平台。此后，多个国家和地区相继推出了大众健身计划，有效推动了世界大众体育的发展。

**（二）我国全民健身产生的背景**

1840 年鸦片战争后，近代中国屡遭外国列强的欺凌和侵略，国民体质孱弱。中华人民共和国成立以前，我国国民的预期寿命仅为 35 岁，儿童和青少年营养不良、体质纤弱，国民整体健康状况低下。中华人民共和国成立后，我国政府十分重视人民群众的身体健康，从国家发展的战略高度对体育工作和全民健身作了多次重要的指示。新中国成立后，我国群众体育与全民健身的发展历程可以简要概括为：体育发展起步阶段、立规立法阶段和全民健身国家战略阶段。

体育发展起步阶段：1952 年 6 月 10 日，中华全国体育总会成立，毛泽东为大会题写了"发展体育运动，增强人民体质"的题词，深刻指出了体育运动和增强体质的内在联系，明确规定了我国体育事业必须为人民服务的根本目的和任务，为新中国体育事业的发展指明了方向。从 1952 年开始，一场声势浩大的全国范围的群众体育锻炼热潮蓬勃兴起。

立规立法阶段：1993 年 12 月 4 日，国家体委印发《社会体育指导员等级制度》（以下简称《等级制度》），旨在加强全民健身的科学指导，加强社会体育指导员队伍的建设与管理。《等级制度》的实施对推动我国全民健身运动的开展具有重要的社会意义与现实作用。1995 年 6 月，国务院印发《全民健身计划纲要》（以下简称《纲要》）。《纲要》是国家发展社会体育事业的一项重大决策，是我国第一部涉及全体国民的健身计划纲要，是 20 世纪末和 21 世纪初我国发展全民健身事业的纲领性文件。《纲要》的颁布和实施极大促进了我国全民健身活动的广泛开展，参与全民健身的人群日益增多，国民的身体素质和健康水平登上新的台阶。1995 年 8 月，《中华人民共和国体育法》（以下简称《体育法》）经第八届全国人民代表大会常务委员会第十五次全体会议审议通过。《体育法》的颁布不仅填补了我国体育立法的空白，还标志着我国体育事业开始进入依法行政、依法治体的新阶段，这是新中国体育事业发展的一座里程碑。为了激励人民群众参与健身活动的积极性和持续性，2009年1月，国务院决定将每年的8月8日定为"全民健身日"。2009年8月，国务院印发《全民健身条例》。《全民健身条例》属于国务院行政法规，它的颁布为促进全民健身活动的开展，保障公民在全民健身活动中的合法权益，提高公民身体素质，推动我国全民健身的持续、健康、长期的发展起到保驾护航的作用。

全民健身国家战略阶段：这一阶段的标志是2014年10月国务院印发的《关于加快发展体育产业促进体育消费的若干意见》（以下简称《意见》）。《意见》积极倡导推进健康关口前移，激发群众参与体育活动的热情，并将全民健身上升为国家战略，营造全民健身氛围，把全民健身作为产业发展和扩大消费的基础。2019年，中共中央、国务院印发《"健康中国2030"规划纲要》，国务院办公厅印发《体育强国建设纲要》（国办发〔2019〕40号）《关于促进全民健身和体育消费推动体育产业高质量发展的意见》（国办发〔2019〕43号）；2020年9月，国务院办公厅印发《关于加强全民健身场地设施建设发展群众体育的意见》（国办发〔2020〕36号）；2021年7月，国务院印发《关于印发全民健身计划（2021—2025年）的通知》（国发〔2021〕11号）；2022年3月，中共中央办公厅、国务院办公厅印发《关于构建更高水平的全民健身公共服务体系的意见》。这一系列政策文件的颁布使得全民健身国家战略不断得到夯实。从2014年《意见》将全民健身上升为国家战略到中共中央办公厅、国务院办公厅颁布《关于构建更高水平的全民健身公共服务体系的意见》，在新的历史时期，党和政府从国家发展、民族振兴、实现两个一百年奋斗目标和以中国式现代化全面推进中华民族伟大复兴的高度，对体育工作作出新部署、提出新要求，将引导全社会树立全新的体育发展理念，开创新时代我国体育发展的新局面。

《关于构建更高水平的全民健身公共服务体系的意见》

### 二、全民健身的特征

#### （一）全民性和公益性

全民健身以人为本，以全体国民为服务对象，惠及十几亿人口，保障公民平等参加体育的权利，让全体国民享受到体育的乐趣，体现了全民性。同时，全民健身也体现了全民参与的社会性，不仅人人都有参与的权利，也受社会道德和公共规则的约束。

群众性体育属于公益性事业，所谓公益就是指公共的利益，全民健身事业作为一项公益性的社会事业，在社会主义市场经济体制下的发展，并不是要求国家大包大揽，而是要求政府、社会、公民各司其职，各自承担相应的责任。

**（二）多元性和灵活性**

服务对象的多元性和灵活性。全民健身服务体系面向全体国民，包括婴幼儿、儿童、青少年、中年、老年等不同阶层、不同文化程度、不同职业的所有人群。因此，全民健身活动应针对不同的对象服务不同的人群。

投资主体的多元性和灵活性。实施全民健身计划，需要必要的资金投入。《全民健身计划纲要》提出："体育行政部门要改善资金支出结构，逐步增加群众体育事业费用在预算中的支出比重，鼓励企事业单位、社会团体、个人资助体育健身活动。"这是一种政府拨款、社会筹集和个人投入相结合的多元化资金筹措方式。随着我国经济社会的快速发展，投资主体的多元化和资金筹措的方式也将愈加灵活。

工作方式的多元性和灵活性。随着全民健身活动的深入开展，政府、社团、社区以及民间健身俱乐部构成了多元的工作体系和工作方式。在体育组织中，政府体育机构、体育社会团体、社会体育指导中心、群众健身辅导站、各种健身休闲俱乐部都在发挥各自的功能和作用。

**（三）健身性和娱乐性**

健身性和娱乐性是群众体育的本质追求。群众体育的健身性是指经常参加体育活动，有利于人们增强体质、发展体能、保持健康。群众体育的娱乐性是指人们在体育活动中可以放松身心、排解情绪、振奋精神。群众体育的健身性和娱乐性是相辅相成的，健全的精神寓于健全的身体之中。广大健身爱好者作为参与主体，在自愿、自主的基础上，通过直接的身体活动，达到愉悦身心、强身健体、陶冶情操、增进交流的目的。

**（四）终身性和民族性**

全民健身以全民为主体，是一项有计划、分期进行、跨世纪的社会系统工程。需在相当长的一段时间内，实现并保证全民的主动投入。全民健身的终身性体现在把体育行为融入人们的日常生活之中，使经常性的体育行为成为人们生活的基本内容和行为习惯。

全民健身活动的民族性也是其重要特征之一。人类在特定的地域中自然地形成人种和族别，创造出属于本民族灿烂的民族文化。少数民族文化中蕴含丰富多彩的体育形式和内容，少数民族体育文化所体现的精神、意志和品格，展示了其独具特色的历史文化特点，是全民健身活动中不可或缺的"靓丽风景"。

## 第三节　全民健身与竞技体育、体育产业的协调发展

竞技体育、全民健身和体育产业都是我国体育事业的重要组成部分。竞技体育是指以攀登运动技术高峰和创造优异运动成绩为主要目的的一种运动活动过程；全民健身是以促进国民身体健康为目的的运动健身过程；体育产业是为社会提供体育产品的同一类经济活动的集合以及同类经济部门的综合。三者之间既相互区别又相互联系，只有协调发展才能相得益彰。

### 一、全民健身与竞技体育协调发展

竞技体育是一个国家体育实力的重要标志，也是显示一个国家综合国力的重要方面。全民健身是实现全民健康的重要手段，也是全体人民增强体质、幸福生活的保障。国家体委1994年颁布的《奥运争光计划纲要》和国务院1995年颁布的《全民健身计划纲要》是我国体育事业发展的基本国策。竞技体育对全民健身具有导向和示范作用。例如，乒乓球在我国被称为"国球"，1996年亚特兰大奥运会后，我国几乎包揽了奥运会乒乓球项目的金牌，这不仅极大地鼓舞了全国人民的斗志，还使乒乓球运动成为我国人民最喜爱、参与人数最多的体育运动项目。我国乒乓球运动员在世界大赛中的拼搏精神和优异成绩引发了全国性的"乒乓热"。

全民健身活动是竞技体育可持续发展的基础。相关调查研究表明，中国乒乓球运动的技术水平之所以能够多年保持世界领先，与乒乓球运动在我国深厚的群众基础密不可分，全国性的"乒乓热"给"国球"的后备人才培养、技术水平提升、竞赛成绩的长盛不衰提供了基础。这表明，竞技体育与全民健身协调发展，是中国体育事业不断发展的重要保证。

全民健身与竞技体育毕竟分属两种不同的体育形态，各自有其不同的发展目标、性质、路径和方式。两者关系处理得好，就可以相互依托、相得益彰；处理得不妥当，就可能顾此失彼、相互失衡。

2008年北京奥运会的成功举办，使我国体育发展的目标不再只是重视奥运夺金，而是提出了由体育大国向体育强国迈进的目标。要实现这一目标，就必须立足于我国国情，继续发展体育运动，增强国民体质，特别是增强青少年的身体素质。体育强国建设不但包括竞技水平的提升，还包括国民整体体质以及全民参与体育的程度和水平的提升，金牌也不再是衡量一个国家竞技水平高低的唯一标准。

竞技体育与全民健身是相辅相成的。体育事业的科学发展，首先是竞技体育与群众体育的协调发展。一方面，群众体育赛事扩大了体育的参与面和普及度，增加了体育人才的储备和选拔范围；另一方面，竞技体育的引领效应会吸引更多人参与群众体育活动。

党的二十大报告指出，人民健康是民族昌盛和国家强盛的重要标志。以习近平同志为核心的党中央将全民健身上升为国家战略，广泛开展全民健身运动，推动全民健身和全民健康深度融合。如果没有全民对体育运动的认可和热情，没有后备人才的储备，竞技体育就不能得到持续发展。全民健身如果失去竞技体育的引领，发展也会困难重重。因此，只有全民整体素质的提升，才能为我国竞技体育的发展提供保障。

新时代，我们应与时俱进地发展竞技体育，广泛开展全民健身运动，理性看待在竞技体育与全民健身协同发展中出现的问题，及时总结经验和教训，勇于改革、不断创新，加快推进我国体育强国建设。

## 二、全民健身与体育产业协调发展

2014年10月，国务院印发的《关于加快发展体育产业促进体育消费的若干意见》提出，将全民健身上升为国家战略，把体育产业作为绿色产业、朝阳产业培育扶持。只有全民健身市场实现大突破，体育消费才会有质的飞跃，体育产业才会有大的发展。

全民健身与体育产业是一个有机整体。全民健身是体育产业发展的重要基础，体育产业也为全民健身提供必要的物质条件，促进全民健身的深入开展。

　　全民健身与体育产业能够实现共生互赢。在体育消费市场中，相关产品、服务和消费相互作用，推动彼此共同发展。一方面，全民健身消费需要市场提供健身服务和相关产品，满足新业态要求，创造产业价值。另一方面，多层次、多样化健身服务和产品不断刺激消费，产生市场集聚效应，逐步扩大市场规模并带动投资热潮。全民健身与体育产业正是在市场供需的不断完善之下，增强共生关系，产生能量，从而优化和提升整体增值能力。在体育消费市场，全民健身和体育产业既相互推动又相互制约，两种作用在一定条件下相互转化，并最终平衡。

　　全民健身与体育产业是相辅相成、相互依存、相互促进的关系。一方面，全民健身是体育产业可持续发展的基础和原动力，全民健身的可持续发展除了带来崇尚休闲、娱乐、健身的和谐社会氛围，还能够创造巨大的商业利润，决定体育产业的发展速度与规模。另一方面，体育产业的健康发展为全民健身提供了条件与保障，它对于推动体育体制改革、形成与社会主义市场经济体制相适应的社会体育服务体系、引领全民健身的高质量发展具有重要作用。随着全民健身运动的深入开展，我国参与体育活动的人口数量大幅增加，持续、快速增长的体育需求与体育需求结构的变化也必将促使体育产业的快速发展。因此，准确寻找全民健身与体育产业良性互动的契合点，统筹协调二者的关系是实现双赢的关键。

　　当前，我国体育产业的发展仍面临发展不平衡不充分、有效供给不足、消费水平不高等问题。2019年9月，国务院办公厅印发《体育强国建设纲要》（以下简称《纲要》）和《关于促进全民健身和体育消费推动体育产业高质量发展的意见》（以下简称《意见》）。《纲要》明确提出，到2035年，全民健身更亲民、更便利、更普及，经常参加体育锻炼人数比例达到45%以上，人均体育场地面积达到2.5平方米，城乡居民达到《国民体质测定标准》合格以上的人数比例超过92%；青少年体育服务体系更加健全，身体素养显著提升，健康状况明显改善。《意见》指出，要促进体育消费，增强发展动力。从优化体育消费环境、出台鼓励消费政策、开展促进体育消费试点、培养终身运动习惯等方面，提出了增强发展动力的举措，从而促进全民健身与体育产业的协调发展。

# 第四节　全民健身的发展趋势

2022 年，中共中央办公厅、国务院办公厅印发的《关于构建更高水平的全民健身公共服务体系的意见》（以下简称《意见》）中明确指出：构建更高水平的全民健身公共服务体系，是加快体育强国建设的重要基石，是顺应人民对高品质生活期待的内在要求，是推动全体人民共同富裕取得更为明显的实质性进展的重要内容。《意见》的出台为我国全民健身未来的发展指明了方向。

## 一、全民健身是一项长期的任务和社会责任

近年来，我国通过构建政府主导、部门协同、全社会共同参与的"大群体"工作格局，整合各方资源，积极促进部门协同工作机制的形成，多方协同促进全民健身发展。如在全民健身重大建设项目和资金投入方面，体育行政部门与财政、司法等部门协同工作；在体育公园建设方面，体育行政部门与城管、国土及园林等部门协同配合。积极发挥社会力量，政府先后出台了各类政策文件，厘清各体育管理单位的权力边界，减少行政审批，拓宽市场准入条件，落实行业协会、商会与行政机关脱钩工作。经过多方努力，政府主导、部门协同、全社会共同参与的全民健身"大群体"工作格局初步形成，成效逐步显现。

2016 年 9 月，中共中央、国务院印发《"健康中国 2030"规划纲要》，2019 年 7 月，国务院印发《健康中国行动（2019—2030 年）》。全民健身作为"健康中国"战略的重要内容，相关任务措施的明确为我国全民健身的发展提供了重要机遇。全民健身计划的实施促进了人们体育观念的改变、带动了人们体育需求的提升，这必将有利于全民健身浓厚的社会氛围的形成，推动全民健身的广泛普及。

《"健康中国2030"规划纲要》

全民健身是在终身体育思想的指导之下，在我国广泛开展的一项全民性的体育运动。这是具有政府支持、全民性质，兼具目标、措施、任务、步骤、计划以及具有比较健全的运行机制与管理机制的一项社会系统性工程，同时也是开启我国社会主义现代化建设新征程的重要工程，有助于广大人民

树立正确的体育观念和生活理念，实现全民健康。

## 二、全民健身将成为国民的基本生活方式

20 世纪 80 年代，我国学者就开始对体育如何融入现代生活方式展开了讨论。近年来，我国相继颁布了一系列重要文件来保障人们参与体育的权利。2014 年，全民健身上升为国家战略。全民健身运动的开展加速了体育资源的生产和再分配，同时体育也在人们的生活中扮演越来越重要的角色，成为人们生活的一部分。一方面，体育公共服务更加完善，大规模体育场馆设施的建设，国民体质监测质量的提高，各级健身咨询指导体系的完善等提升了人们健身的参与质量；另一方面，体育产业与其他各类产业的融合发展，社会体育资源的重新整合，使得体育服务的种类更加齐全，为人们提供了更多的体育运动选择。全民健身计划的实质是深入推进群众性体育运动，大众对健康生活方式的认同与推广，有助于全民健身的深入开展。在开展全民健身的过程中，树立正确的体育价值观十分重要。体育价值观是人们从自身出发对体育现象、体育功能所产生的重要性判断的内部标准。体育价值观在个人和群体的社会生活与体育活动中占据着非常重要的地位，主要包括人们的体育认知、体育态度以及体育活动参与等，体育价值观涉及面广、影响时间长，因此，树立正确的体育价值观，使大众自觉意识到健身锻炼的重要性，对促进全民健身的深入开展十分重要。

## 三、全民健身将成为各级人民政府体育工作的重要目标和重点

全民健身上升为国家战略后，各级人民政府纷纷采取了相关举措，包括加大现代体育场馆的建设、鼓励体育产业融合发展、开展多样的全民健身活动、推进体育社会组织改革等。《全民健身计划（2016—2020 年）》中指出，各地要加强对全民健身事业的组织领导，建立完善实施全民健身计划的组织领导协调机制，要把全民健身公共服务体系建设摆在重要位置，纳入当地国民经济和社会发展规划及基本公共服务发展规划，把相关重点工作纳入政府年度民生实事加以推进和考核。这有助于加强政府对群众体育服务供给的监督，进一步解决公共场地不足及不均衡等问题。政府也需要在群众体育服务供给中发挥更重要的作用，如提高公共体育设施的质量、维护体育场地、完善群众体育服务供给的相关机制等，从而更有效地开展全民健身活

动，提供丰富多彩的体育活动供给。

## 四、全民健身将对公共体育服务提出更高的要求

国务院印发的《全民健身计划（2021—2025年）》明确提出了未来几年我国全民健身的发展目标：到2025年，全民健身公共服务体系更加完善，人民群众体育健身更加便利，健身热情进一步提高，各运动项目参与人数持续增加，经常参加体育锻炼人数比例达到38.5%，县（市、区）、乡镇（街道）、行政村（社区）三级公共健身设施和社区15分钟健身圈实现全覆盖，每千人拥有社会体育指导员2.16名，带动全国体育产业总规模达到5万亿元。2022年，中共中央办公厅、国务院办公厅印发的《关于构建更高水平的全民健身公共服务体系的意见》中指出，到2025年，更高水平的全民健身公共服务体系基本建立，人均体育场地面积达到2.6平方米，经常参加体育锻炼人数比例达到38.5%，政府提供的全民健身基本公共服务体系更加完善、标准更加健全、品质明显提升，社会力量提供的普惠性公共服务实现付费可享有、价格可承受、质量有保障、安全有监管，群众健身热情进一步提高。到2035年，与社会主义现代化国家相适应的全民健身公共服务体系全面建立，经常参加体育锻炼的人数比例达到45%以上，体育健身和运动休闲成为普遍生活方式，人民身体素养和健康水平居于世界前列。

由此可见，全民健身上升为国家战略之后，进一步加快了发展步伐和更高质量的发展。随着全民健身计划的不断深入，我国公共健身设施数量和质量不断发展，公共体育服务水平不断提高。公共健身设施和公共体育服务水平不仅可以增强人民体质、提高健康水平、实现人的全面发展，而且其发展规模和能力还可以反映出城市发展综合实力，也是我国乡村振兴战略的重要指标。

## 五、全民健身将成为体育消费和体育产业新的经济增长点

体育消费的增长与体育产业的高质量发展息息相关。当前，我国体育消费的发展与发达国家相比还存在一定差距，但我国体育消费市场发展潜力巨大。近年来，我国居民的消费结构正在不断升级，服务性消费支出比例持续上升，从而拉动了体育产品及服务的消费占比。从体育社会化程度来看，随着全民健身计划的深入实施，我国的体育社会化程度进一步提高，体育人口

数量进一步增加，形成体育产品及服务在消费基数上的增长。我们有理由相信中国体育的市场红利正逐步来临。2022 年 2 月，北京——张家口举办了第 24 届冬季奥林匹克运动会，加上即将在杭州举办的第 19 届亚洲运动会，大型赛事的举办能有效助推体育消费的发展。同时，随着体育旅游、运动休闲、乡村振兴、体育康养和多种多样的全民健身赛事活动的高质量发展，我国体育消费的规模将进一步扩大。

## 思考与练习

1. 简述全民健身的概念、地位与作用。
2. 简述我国全民健身产生的历史背景和特征。
3. 我国实施全民健身战略以来发生了哪些重要变化？
4. 概述我国全民健身发展的趋势。

## 参考文献

［1］国务院. 全民健身计划（2021—2025 年）［EB/OL］. http://www.gov.cn/zhengce/content/2021-08/03/content_5629218.html.

［2］李相如. 论全民健身战略的国家发展地位［J］. 南京体育学院学报（社会科学版），2016，30（05）：7-12+24.

# 第二章　全民健身法治

▶▶▶本章导学▶▶▶

全民健身法治是在全民健身中树立法律的权威，依法行政，依法治体，保障全民的健身权益。本章重点介绍全民健身法治的概念、特点、基本内容和法治化建设中存在的基本问题，分析全民健身的法律制度规定，并重点介绍几部我国现行的全民健身法律法规。

▶▶▶学习目标▶▶▶

1. 了解在习近平法治思想的指导下，全民健身政策法规是推动全民健身的直接依据和根本行为准则，不断提高自身体育法律意识，增强体育法治素养。

2. 了解我国全民健身法治的目的、意义和基本法律制度，掌握并领悟全民健身法治的基本内涵，学会熟练运用全民健身政策法规指导实践。

3. 了解全民健身法治的规则架构，规避可能发生的纠纷和损害。了解寻求救济的合法途径，以保障全民健身良好的秩序状态。

## 第一节　全民健身法治概述

中华人民共和国成立以来，党和政府始终把提高全民族体质健康水平作为发展体育事业的重要任务和目标。在这个过程中，我国全民健身的法治化进程也在探索中不断前行，本节主要介绍全民健身法治的概念、必要性和意义、特点、基本原则。

### 一、全民健身法治的概念

法治是一种以民主为基础的运用法律来进行国家和社会管理的手段、方式和结果的总称。它包括社会制度和社会秩序状态，是一种整体化的社会模式。①这里所说的"法律"主要是指广义的法律（简称为"法"），即主要包括作为根本法的宪法、全国人民代表大会及其常务委员会制定的法律、国务院制定的行政法规、各省（自治区、直辖市）人民代表大会及其常务委员会制定的地方性法规以及民族自治地区人民代表大会制定的自治条例和单行条例等。

全民健身法治是指国家权力依照既定的法律规范在全民健身中的运作形态。其基本的法治运作模式包括四个方面：第一，在法律价值方面，要形成以全民健身权利为本位的新格局，实现由义务本位向权利本位转变的法律价值新取向。第二，在法律地位方面，确立法律在全民健身中的地位，树立法律的权威。第三，在法律运行方面，要形成独立合理的法律运行机制，构建完善合理的高度专业化的法律组织系统和职业体系。第四，在法律功能方面，实现法律在全民健身活动中的社会化，为最广泛的健身活动提供知识和法律技术保障。

要注意区分"全民健身法治"与"全民健身法制"两个概念，它们的含义是不同的。过去很长一段时期，我们国家沿用的是"全民健身法制"概念，主要是指法律在全民健身活动中存在的状态，是区别于经济、政治、文化的法律制度，是以民主政治为内容的法律制度在全民健身活动中的规范调

---

① 卓泽渊. 法治泛论［M］. 北京：法律出版社，2001.

整，是民主的法律化和制度化。"全民健身法制"有几个方面的含义。第一种含义是国家制定的专门调整有关全民健身活动中的各种行为的法律和制度，即法律制度的总和。第二种含义是有关全民健身活动的立法、执法、司法、法律监督等活动，即法制运行的过程。我国的全民健身法制是与我国的民主法治建设相联系的，是按照依法治国原则规范管理各种健身活动的法律制度及其运行。

当前，"全面推进依法治国，必须坚持全民守法"。我们运用"全民健身法治"的概念，主要是运用法治思维、法治方式来开展全民健身，引导各市场主体能依法推动全民健身实现有序化发展。

## 二、全民健身法治的必要性和意义

1. 是满足社会主义市场经济条件下全民健身的切实需要

法治理论的核心要义在于：法律是建立在一定经济基础之上的，什么样的经济基础决定了需要什么样的法律。全民健身法治就是我国市场经济与体育社会化规模扩大的背景下，体育与市场有机统一的内在要求，是全体人民健身权利实现的根本保障。"全面依法治国"基本方略为我国全民健身高质量发展提供了明确指引。尤其是习近平法治思想中的公平竞争法治观为加强竞争法治建设提供了行动指南，指导人们在全民健身实践中依法确认主体资格，运用法律规则规范全民健身，保护正当权益主体，维护全民的健身秩序，使体育发展成果更好地惠及全体人民，不断实现人民对美好生活的向往。

2. 是实现全面依法治国，推进国家法治化进程的重要组成部分

全民健身法治就是全面推进依法治国，建设中国特色社会主义法治体系、建设社会主义法治国家，将关于健身的方针、政策、制度、措施等用法律的形式固定下来，保障各项健身活动和管理工作都依法进行，推动全民健身规范化、制度化和法治化，进一步完善全民健身国家战略实施的法治环境。在全面依法治国背景下，全民健身在全体人民中依法实施与开展，是中国特色社会主义法治体系的重要组成部分。

3. 是满足人民群众的健身和健康需求的制度基础和法治保障

全民健身的普及是一个国家现代化程度的重要标志。随着全民健身国家战略的深入实施，健康中国和体育强国建设的步伐逐步加快，健身与健康的

理念深入人心，大众健身与健康的意识逐步加强。尽管我国的法治建设还不充分，但在我国的体育法治实践中，始终把人民健康放在优先发展的位置，推动全民健身和全民健康深度融合。为了促进我国全民健身更高水平的发展，依法满足人民群众新的健身和健康需求是当前体育强国和健康中国战略的主要任务，全民健身法治将为这一任务的实现发挥坚实的保障作用。中央和地方各级人民政府应建立健全相应的组织机构、制定必需的法规政策，形成自上而下的全民健身管理体制，健全和完善全民健身法律法规体系，在立法、执法和司法方面同步推进建设，为保障全民健身和全民健康营造良好的法治环境，形成有力的法治保障体系。

## 三、我国全民健身法治的特点

### （一）政府依法主导

目前，我国全民健身方面的法规大多数是由政府制定的。如 1995 年 2 月 25 日，国家体委发布《关于公共体育场馆向群众开放的通知》；1999 年 10 月 28 日，国家体育总局发布《关于加强老年人体育工作的通知》；1999 年 8 月，国家体育总局、民政部、公安部颁布的《关于加强健身气功活动管理有关问题的意见》；2009 年 10 月 1 日起国务院施行的《全民健身条例》等大多是由体育行政部门或联合其他有关部门出台的法规，这些法规政策多为政府监管方面的内容。在全民健身运动的推广落实过程中，多是由各级人民政府自主实施或购买公共服务，由政府主导推动开展实施各项健身活动，由政府兴建公共健身设施和购置器材，由政府依法建立全民健身的公共服务路径和体系，整体推进全民健身国家战略的实施。所以，各级人民政府在全民健身战略实施中处于主导作用。

### （二）立法位阶相对偏低

从法律层面看，立法的位阶相对偏低是体育法治化建设的主要困扰。《中华人民共和国体育法》（以下简称《体育法》）作为体育的基本法律，专章规定了全民健身的相关内容，是宪法下关于体育的最高位阶的法律。2022 年 6 月 24 日，第十三届全国人民代表大会常务委员会第三十五次会议通过了新修订的《中华人民共和国体育法》（2023 年 1 月 1 日起施行）。2003 年，国务院印发《中共中央国务院关于进一步加强和改进新时期体育工作的意见》，对全民健身运动的开展作了重要的政策指引。2004 年和 2009 年国务院分别印发的《公共文化体育设施条例》和《全民健身条例》两部法规是我国全民健身法治方面的基础性规范。除此以外，绝大多数有关全民健身的法规是地方各级人民政府部门出台的部门规章和规范性文件以及一些省（自治区、直辖市）的地方性法规，如《国内登山管理办法》《社会体育指导员管理办法》《关于加强健身气功活动管理有关问题的意见》《国民体质测定标准施行办法》《优秀运动员全民健身志愿服务实施办法（试行）》《体育总局关于加强和改进群众体育工作的意见》等，部门规章之间、部门规章与地方法规之间尚不完全协调。从法的位阶看，关于全民健身的法的位阶整体较低。

### （三）全民健身法治发展不均衡

第一，全民健身法治区域发展不平衡。我国东部地区尤其是东南沿海地区，由于全民健身活动开展较好，相关地方性法律法规也较多，全民健身地方性法规和部门规章较健全，法治保障作用明显。中西部地区由于受经济条件、环境气候和健身观念的影响，全民健身的法治氛围依然不足，法律规范的制度体系尚不健全，对全民健身的法治保障作用发挥得不突出。第二，全民健身法治的制度体系不完善。当前的法律法规中主要是关于体育彩票、学校体育活动、体育公共场馆建设、健身俱乐部等内容的规范，对于健身组织发展、健身人群的法律意识和法治素养、健身与健康融合发展的保障等还缺少实际的法治应对。

## 四、全民健身法治存在的问题

### （一）发展中面临的突出矛盾影响全民健身法治的推进

一是人民群众日益增长的多样化健身需求和当前短缺的健身资源之间的矛盾，尤其是保障全民享有健身服务的公共体育资源不足。二是滞后的健身规范管理与快速多变的健身与健康需求之间的矛盾。三是全民享有的平等的健身权益与机会不平等之间的矛盾，在城乡之间、地区之间、不同人群之间健身发展的不平衡。①这些不平衡甚至影响我国全民健身法治化的推进。

### （二）全民健身法律法规体系不够完善

法律制度是保证和推动全民健身法治化的基础。当前，全民健身法律制

---

① 国家体育总局．"十一五"群众体育事业发展规划［EB/OL］．http://www.gov.cn/gzdt/2006-07/27/content_346962.html.

度体系的内容缺失和不全面性是影响全民健身法治的主要问题。具体可从全民健身公共设施、全民健身组织建设、全民健身服务市场、全民健身管理体制、全民健身的科技化电子化信息化的法律规范、全民健身法律责任、反兴奋剂等多方面体现，因此，在新修订的《中华人民共和国体育法》的基础上，进一步修订《全民健身条例》，加快推进地方性全民健身的立法工作，加快完善法律制度和推进法治体系建设是全民健身法治的主要路径。

### （三）全民健身法治精神缺失，法治观念整体不强

法治精神是法治的灵魂，如果公民没有法治精神、社会没有法治风尚，法治只能是无本之木、无根之花、无源之水。在我国的全民健身实践中，出现一些缺乏法治思维，滥用行政权、司法权侵犯公民合法权益的现象。一些公民"敬法"氛围淡薄，钻法律空子，恶意违法现象时有发生。在权利意识空前高涨、利益格局日益多元化的背景下，公众对法律常识和法治内涵的认识和理解亟待提升。当前，我国全民健身法治的普法模式仍偏向于单向的法律知识"灌输"，普法实效不足。党的十八届四中全会提出"增强全民法治观念，推进法治社会建设"。提高公民的健身法治意识，加强立法和加大法治宣传教育是当前的主要任务。全民健身法治就是要人民群众学习更多法律知识、培植深厚法律意识、树立正确法治观念，在全社会营造全民信法、全民守法的社会氛围，引导公民树立法治理念，养成遵纪守法和用法律途径来解决问题的良好习惯，真正使法治精神深入人心。

## 五、全民健身法治的基本原则

全民健身是广大人民增强体魄、健康生活的基础和保障，没有全民健康就没有全面小康。新时代，我国全民健身实践中，法治是内在要求，发挥着引领、规范、保障的作用。2020年，在全面依法治国工作会议上，党中央正式提出了"习近平法治思想"，习近平法治思想是指导全面依法治国的根本遵循和行动指南。根据全民健身的需求和发展规律，结合我国国情，全民健身法治应在习近平法治思想的指导下遵循以下原则：

### （一）坚持人和社会的全面发展，协调全民健身法治的渐进性、自发性与人的主动性、创造性之间的关系

公民的健身权利和权益保障是国家应提供的体育公共服务，是人和社会全面发展的体现。在国家法治秩序的建构中，人的主动性、创造性对国家的

法治化进程发挥积极的推动作用。全民健身法治对于倡导健康文明的生活方式，形成和谐的社会精神风貌，促进健身活动的公平有序有一定的推动作用。加强全民健身法治建设，倡导民主和谐，形成良好的社会秩序状态，是全民健身法治建设的根本方向和追求。

**（二）坚持政府主导与全民参与相结合，注重自上而下和自下而上的全民健身法治协调发展**

按照国家法治建设的一般理论，我国全民健身法治的推动是由政府自上而下进行的。"政府作为一种最典型、拥有最广泛公共权力的公共机构，应当承担必要的公共服务供给的法定职责"，①从制度安排、服务方式、服务范围及职责等方面自上而下进行强制性的法律变迁。而健身法治化也必须依靠社会中多元化权力和利益的推动，自下而上地进行自发性法律变迁。

国家对全民健身法治的推动，应从根本上提高、强化公民的健身法治意识，反映在为公民健身提供有效的法制条件与保障上，通过调动与发挥公众的积极性和创造性，形成国家推进和公民参与的良性配合，形成互促共进的全民健身法治动力系统。②

**（三）坚持国内与国外相结合，兼顾全民健身法治的本土化和国际化协调发展**

人类社会从人治走向法治，是历史大势与法律发展的双重必然。尽管存在社会制度和意识形态的差异，世界各国仍将走向法治作为共同的追求目标，这是由法治的共同性所决定的。当前，我国的全民健身体育法治正在以前所未有的速度发展，为推进全球的体育法治化进程作出贡献。

当然，我国的全民健身法治也具有中国特色。健身项目的内容细分、健身人群的参与认知、健身项目的选择适用等方面均有本土特点，这是由本国国情决定的。

**（四）坚持以满足全民健身和健康需求为目标，注重全民健身法治建设协调发展**

社会需求决定着法律的质，也制约着法律的量。目前，我国全民健身的法律法规体系建设还不能完全满足各个方面主体的实际需要。

---

① 袁曙宏. 服务型政府呼唤公法转型——论通过公法变革优化公共服务 [J]. 中国法学，2006（03）：46-58.

② 于善旭. 试论我国全民健身法治系统 [J]. 天津体育学院学报，2000（01）：36-41.

我国的全民健身法治建设要以满足全体人民的健身和健康需求为目标，坚持法治的协调发展。既要考虑健身法治与经济基础、上层建筑的关系，又要协调法治内部关系；既要注重健身法律法规体系的协调又要重视健身体育法治理论与实践的协调。

**（五）坚持正式制度与非正式制度相结合，注重健身法规的国家统一性与地方性的协调发展**

正式制度是指人为创制的，具有强制力的法律、法规和政策等，通常包括国家法律、政府政策条例、公司规章、合同等。非正式制度是指自发形成的，包括具有持久生命力的文化传统、道德观念、价值取向、伦理规范、风俗习惯、意识形态等。法治追求的是形式合理性的正式程序，在这种秩序中，国家的正式制度在社会控制的诸多手段中处于首位。非正式制度的存在也有其合理性，往往代表着一般民众日常生活的意义，因其有效性、传统性、经济性、自发性、内生性等特点，有较强的亲和力。在我国健身体育法治建设过程中，应更多考虑国家正式制度与非正式制度的契合，促进全民健身法治的发展。

## 第二节 我国全民健身法的地位和基本制度

随着依法治国方略的深入贯彻和我国法治建设的不断推进，全民健身作为我国体育事业发展的重要内容，需要不断加大依法治理、依法推进的力度，不断提升和落实全民健身的法治地位，进一步加强全民健身的法治建设。

### 一、全民健身法的地位

法的地位主要是指法律规定的主体的权利与义务关系的实际状态。

**（一）全民健身从纲要上升为国家战略**

2014 年国务院印发的《关于加快发展体育产业促进体育消费的若干意见》提出，营造重视体育、支持体育、参与体育的社会氛围，将全民健身上升为国家战略。全民健身作为国家战略，对提升国民体质、促进全民健康具有不可替代的作用。2021 年 7 月，国务院印发的《全民健身计划（2021—

2025 年）》提出，进一步强化构建健身公共服务体系，明确了全民健身作为一种公共服务内容的法律地位。

从法律及规范性文件中实现"社会体育"向"全民健身"概念的转变，《宪法》和有关法律对社会体育地位有明确规定。如《宪法》第二十一条规定，国家发展体育事业，开展群众性的体育活动，增强人民体质；第二十二条规定，国家发展为人民服务、为社会主义服务的文学艺术事业、新闻广播电视事业、出版发行事业、图书馆博物馆文化馆和其他文化事业、开展群众性的文化活动。《体育法》对健身活动也有规定。如新修订的《体育法》设专章规定了全民健身的内容，表明全民健身是整个体育领域非常重要的组成部分。特别是第二条规定："体育工作坚持中国共产党的领导。坚持以人民为中心，以全民健身为基础，普及与提高相结合，推动体育事业均衡、充分发展，推进体育强国和健康中国建设。"充分反映出全民健身活动在我国体育事业发展中具有的地位和作用，突出了开展全民健身活动的重要性。当前，随着全民健身法治的推进，全民健身概念在法律规范中的使用越来越多，定位更清晰明确。国务院印发的《全民健身条例》和各省（自治区、直辖市）地方性《全民健身条例》以及其他有关部门颁布的许多规章和规范性文件，都有关于健身活动的规定，指导和促进我国全民健身活动的开展。《中共中央国务院关于进一步加强和改进新时期体育工作的意见》强调了健身在增强人民体质等方面的重要作用，进一步将"以满足广大群众日益增长的体育文化需求为出发点，把增强人民体质、提高全民族整体素质作为根本目标"作为新时期发展我国体育事业的重要内容。文件明确指出："开展全民健身活动，增强人民体质，是体育工作的根本任务，是利国利民、功在当代、利在千秋的事业。体育工作一定要把提高全民族的身体素质摆在突出位置"，并提出"努力构建群众性的多元化体育服务体系"的任务要求，为我国体育事业和社会体育的发展指明了方向，也表明了全民健身重要的法律地位和公共服务的法律属性。

**（二）全民健身法的依据**

目前，我国全民健身相关法的依据主要有：《宪法》《体育法》《公共文化体育设施条例》《全民健身条例》等法律法规和部门规章、地方性法规及各级规范性法律文件等。

《宪法》是我国健身体育活动最根本的法律依据，在我国法律体系中处于最高的位阶。《宪法》第二十一条规定："国家发展体育事业，开展群众性的体育活动，增强人民体质"，就是以最高法的形式为全民健身活动提供了直接的依据，从根本上保障了人民的健身权益。

《体育法》是全民健身活动的直接法律依据。《体育法》在保障公民的健康权、社会经济权利和文化权利等方面发挥了重要的作用。如新修订的《体育法》第十六条规定："国家实施全民健身战略，构建全民健身公共服务体系，鼓励和支持公民参加健身活动，促进全民健身与全民健康深度融合。"《体育法》作为体育领域的基本法律制度，是指导和规范我国全民健身法治建设、开展我国全民健身活动的直接法律依据。

中共中央、国务院印发的《关于进一步加强和改进新时期体育工作的意见》中提出，大力推进全民健身计划，构建群众性的多元化体育服务体系。

2009 年，国务院印发的《全民健身条例》是指导广大人民群众依法健身的直接依据，也是指导地方各级人民政府开展全民健身公共服务的根本法律依据。

全国各地出台的地方性《全民健身条例》是根据各自条件和体育发展实际，对全民健身活动的基本内容、服务体系、保障条件和法律责任等作出规范，是地方全民健身活动开展的重要法律依据。

2021 年 8 月，中共中央、国务院印发《法治政府建设实施纲要（2021—2025 年）》，这是我国"十四五"时期全面推进法治政府建设的路线图和施工图。法治政府建设是全面依法治国的重点任务和主体工程，应当在法治中国建设中率先突破。

### （三）全民健身法的关系

法的关系，是指人们的社会生活中依照法律的规定所结成的一定的社会关系，即法律规范在调整人们行为过程中所形成的法律上的权利和义务关系。这里的法指的是广义的法，有的地方称为法律。

全民健身法的关系，是指由健身法律规范所确认和调整的主体之间权利与义务的关系。在健身活动中，人们会产生各种各样的联系，具有以下特征：

（1）全民健身法的关系是健身法律规范在健身活动中的体现，是由现行的健身法律规范确认和调整的。

（2）全民健身法的关系取决于社会物质生活条件，由健身体育社会关系和健身法律的性质和内容所决定，属于上层建筑范畴。

（3）全民健身法的关系是由国家强制力保证实施的社会关系。

**（四）全民健身法的关系的主体**

全民健身法的关系的主体是指全民健身社会关系中的参加者，即享有权利和承担义务者，亦称"健身权利主体""健身义务主体"。可以成为全民健身法的关系的主体有国家、公民和其他社会力量。

国家作为主体之一，应保障全民享有基本的公共体育服务，保障全民族健康素质切实提高。国家应为全民健身提供更多的健身公共服务的政策支持和支出性保障，这是国家很重要的义务。

公民是另一重要主体。公民依法享有健身权利和承担健身义务，是全民健身活动的主要参与者。这里的公民既包括中华人民共和国公民，又包括在我国的外国人、无国籍人，他们均可享受健身公共服务。

国家体育行政机关和其他国家机关是依照组织法、体育法建立起来的行使体育活动管理职权的行政主体。国家体育总局是全国性健身活动的业务主管部门，地方各级人民政府的体育行政部门是当地健身活动的业务主管部门。

其他企事业组织和社会组织是具体配合政府组织公民实施健身活动的社会组织。如学校应从场地、器材、教育、医疗等方面加强管理。

国家鼓励社会力量兴办公益性健身事业。社会力量可通过直接投入或购买公共服务的形式参与全民健身运动中，发挥重要的社会组织功能。

## ⇨ 二、全民健身法律法规的内容

我国学者对全民健身法的内容做了大量研究，有学者将全民健身法规从内容上划分为 11 个部门法规，即全民健身综合管理法规、社会体育法规、学校体育法规、军队体育法规、健身标准与体质监测法规、学校体育法规、军队体育法规、健身标准与体质监测法规、群众性体育训练与竞赛法规、群众体育人才与科教法规、全民健身物质保障法规。[1]有学者按体育的分类研究健身体育法律制度，也有学者从健身组织运行的角度研究全民健身的法律制度。

简单来看，全民健身法律法规就是规范健身体育活动中的一系列行为的

---

[1] 于善旭. 建构全民健身法规体系初探 [J]. 天津体育学院学报，1997（03）：53-57.

规范性法律文件和相关政策，是以着重解决人民切身利益，以增强人民体质，提高全民族健康水平为目标的、由国家举办的、以全民健身活动为内容的法律规范。具体来说有以下几个方面内容：

### （一）全民健身管理方面的制度

我国建立了全民健身领导体系和组织网络，为开展全民健身活动提供保障。比如地方各级人民政府成立全民健身工作委员会，以体育社团、体育俱乐部、街道办事处等为主体，构建了以政府为主导，公民与社会组织共同参与的健身管理模式。鼓励社会力量参与和兴办全民健身活动，开展健身志愿服务标准化建设，依法推动和支持志愿服务组织发展。法律还规定加大培育社会组织力度，建立行业组织和社区组织参与全民健身事业的制度，发挥这些社会组织的积极作用。这些内容规定都从法律法规的制度层面作出了安排，充分保障了我国全民健身的法治化进程。

### （二）体育锻炼标准制度

教育部出台的《学校体育锻炼标准》规定了学校体育中体育课程的教学安排和课外体育活动的开展，并对课时作出规定。鼓励学校开展课余体育竞赛活动，使体育节、体育兴趣小组、学校体育俱乐部等成为中小学体育活动的新形式。

### （三）实施国民体质监测制度与全民健身活动状况调查制度

国家实行国民体质检测与监测制度。国家积极开展健身咨询、体质测试，对不同年龄、不同性别的人群进行定期体质检测，了解国民的体质状况，建立了国民体质监测体系。

此外，我国对全民健身活动状况进行周期性调查，便于全民健身的科学指导。　县级以上各级人民政府应当定期组织有关部门对全民健身计划实施情况进行评估，并将评估情况向社会公开。

### （四）社会体育指导员技术等级和职业认证制度

我国实行社会体育指导员技术等级制度，分级指导全民健身活动的开展。社会体育指导员技术等级由低到高分为：三级社会体育指导员、二级社会体育指导员、一级社会体育指导员、国家级社会体育指导员。国家支持社会体育指导员开展志愿服务，并依法保护社会体育指导员的合法权益。国家依法对社会体育指导员工作进行管理、指导、监督。各级社会体育指导员由其开展志愿服务所在地的县级体育行政部门实行属地管理。

此外，我国还实行社会体育指导员职业认证制度，推动社会体育指导员取得劳动保障部门的职业认证，合法任职。

### （五）全民健身公共服务制度

我国全民健身公共服务制度主要体现在以下几个方面：通过法律法规的制度规定，推动地方各级人民政府贯彻落实全民健身公共服务体系的建设和实施，推动政府投资新建、改建、扩建大型公共体育场馆，为健身提供场地条件保障。通过法律法规的制度规定，政府依法积极开展各种全民健身活动，主导并带动社会力量落实全民健身公共服务内容。实施健身体育事业经费保障制度，如在政府财政中单列健身事业经费和基本建设经费，实行健身财政补贴，规定体育彩票公益金投入健身领域的比例等；建立健全健身信息化制度和服务制度，保障全民健身公共服务。

### （六）全民健身产业制度

全民健身产业制度是国家通过制定指导性计划和产业政策的相关法规性文件，或通过体育法等法律规定，运用财政、金融等经济手段影响健身市场各主体，调节地区、产业和健身市场主体的行为，使之符合国家宏观经济和社会发展目标，从而合理地配置资源，指导健身经营活动合法开展的手段。同时，国家通过制定体育产业政策，借助财政、税收、金融、价格等对企业活动加以调控，协调地区、部门、企业间的关系。通过加快立法促进体育彩票、健身用品、健身休闲娱乐市场的合法有序发展。

### （七）全民健身法律责任制度

健身法律责任是国家对违反法定义务、超越法定权利或滥用权利的违法行为所作的否定性的法律评价，是国家强制责任人做出一定行为或不做出一定行为，补偿和救济受到侵害或损害公民的合法利益和法定权利。主要是指健身活动伤害责任，如涉及体育运动事故伤害问题、公共健身设施安全导致身体损伤问题、健身活动中猝死问题等产生的事故责任，健身活动组织者安全保障义务的责任问题等，如《中华人民共和国民法典》（以下简称《民法典》）对于"自甘风险"原则和关于安全保障义务的责任条款均适用于全民健身。

全民健身法律责任的归责原则适用过错责任原则和过错推定原则。随着人们对健康越来越重视，体育锻炼成为越来越多人的一种习惯和生活方式。参加体育活动，特别是身体接触多、对抗性强的体育活动，如球类运动等受伤在所难免。出现损害或损伤后如何确定责任？根据《民法典》规定，将分为两种责任的承担。一是过错责任原则，即一方仅在有过错的情况下，才承担赔偿责任。二是过错推定原则，即如果一方不能证明自己没有过错，就推定其有过错，需要承担赔偿责任。

### （八）全民健身法律救济制度

法律救济不同于一般意义上的"困难救济"，是指通过一定的程序和途径裁决健身活动中的纠纷，从而使权益受到损害的相对人获得法律上的恢复和补救。法律救济制度是民主政治和法制健全的结果。实施健身法律救济制度的根本作用在于有效保护参与健身活动的人民群众的合法权益。在健身纠纷中，常用的法律救济制度有以下几种：

#### 1. 宪法救济制度

当公民的基本权利受到某法律规范的约束，或者说法律规范中规定的对当事人的惩罚侵害到了《宪法》中规定的公民的基本权利时，公民或者执法机关必须找到解决此类问题的途径，这个途径就是宪法救济。我国全民健身中涉及的健身权利是公民基本的体育权利，是受我国宪法保护的基本公民权，当公民的健身权利受到某种侵害或非法剥夺时，公民有权依照相关程序提请宪法救济保护，以维护公民最基本的体育权利。

#### 2. 民事权利救济法律制度

民事权利救济是基于健身主体的民事权利受到侵害或受到人身安全威胁而产生的，目的是使相对人停止侵权或消除危险因素或不公平状态，从而恢复健身主体应享受的基础民事权利或实现某种权利。当事人使用救济权要求侵权者给予赔偿必须是在该侵权行为造成了实际损失的情况下。此制度的落实需要健身主体具有较强的法律意识。

#### 3. 社会救济法律制度

比如健身公众责任险制度。公众责任险，又称普通责任险，是指以损害公众利益的民事赔偿责任为保险标的的责任保险，它是承保被保险人在固定的场所从事生产经营等活动时因意外事故造成他人人身伤亡或财产损失，依法应由被保险人所承担的各种损害赔偿责任的保险。健身活动的经营者及组织者未尽到安全保障义务的侵权损害赔偿责任，就是公众责任险的承保范围。在健身房购买公众责任险是比较普遍的做法。

#### 4. 行政救济法律制度

行政救济法律制度是指行政相对人因国家行政机关的违法或不当行政处

分使其利益或权利受到损害时，依法向有关行政机关或司法机关请求撤销或变更其违法不当的行政行为，从而使其受到损害的权利或利益得到救济的制度。行政救济最重要的三项法律制度分别是：行政复议、行政诉讼和国家赔偿。

5. 司法救济法律制度

司法救济是指当宪法和法律赋予人们的基本健身权利遭受侵害时，人民法院应当对这种侵害行为作有效的补救，对受害人给予必要和适当的补偿，以最大限度地救济他们的生活困境和保护他们的正当权益。司法救济主要包括仲裁和诉讼两种。诉讼包括民事诉讼、行政诉讼和刑事诉讼。

一般意义上讲，法律救济途径有三种：诉讼渠道（司法解决）、行政渠道（行政申诉、行政复议等）、其他渠道（调解、仲裁等）。

# 第三节　我国现行的全民健身法律法规

根据《体育总局关于公布现行有效的体育法律、法规、规章、规范性文件和制度性文件目录的通知》（截至 2021 年 12 月 31 日），目前我国现行有效的法律 1 部，行政法规 7 部，中央与国务院文件 26 件，部门规章 31 件，规范性文件 165 件，体育总局制度性文件 110 件。本节将选取其中几个重要的全民健身的法律、法规和政策进行介绍。

## 一、《中华人民共和国体育法》

《中华人民共和国体育法》（以下简称《体育法》）于 1995 年经第八届全国人民代表大会常务委员会第十五次会议审议通过。作为我国体育领域最高立法层次的基本法律，是我国全民健身事业发展强有力的法律依据。2022年 6 月，《体育法》经第十三届全国人民代表大会常务委员会第三十五次会议修订通过，自 2023 年 1 月 1 日起施行。《体育法》中明确规定"国家实施全民健身战略"，着力强调"国家倡导公民树立和践行科学健身理念，主动学习健身知识，积极参加健身活动"，还设专章规定了全民健身有关的条款，对全民健身活动在全国的普及与推广，提高群众健身意识起到了一定的作用，也进一步强化了国家对全民健身事业全面施行和保障的制度，凸显了全民健身活动的法律地位。

《体育法》关于"全民健身活动"的规定包括如下条款（表2-1）：

表2-1　新修订的《体育法》关于"全民健身活动"的部分条款内容

| 序号 | 条文内容 |
| --- | --- |
| 第二条 | 体育工作坚持中国共产党的领导，坚持以人民为中心，以全民健身为基础，普及与提高相结合，推动体育事业均衡、充分发展，推进体育强国和健康中国建设。 |
| 第六条 | 国家扩大公益性和基础性公共体育服务供给，推动基本公共体育服务均等化，逐步健全全民覆盖、普惠共享、城乡一体的基本公共体育服务体系。 |
| 第十五条 | 每年8月8日全民健身日所在周为体育宣传周。 |
| 第十六条 | 国家实施全民健身战略，构建全民健身公共服务体系，鼓励和支持公民参加健身活动，促进全民健身与全民健康深度融合。 |
| 第十七条 | 国家倡导公民树立和践行科学健身理念，主动学习健身知识，积极参加健身活动。 |
| 第十八条 | 国家推行全民健身计划，制定和实施体育锻炼标准，定期开展公民体质监测和全民健身活动状况调查，开展科学健身指导工作。国家建立全民健身工作协调机制。县级以上人民政府应当定期组织有关部门对全民健身计划实施情况进行评估，并将评估情况向社会公开。 |
| 第十九条 | 国家实行社会体育指导员制度。社会体育指导员对全民健身活动进行指导。社会体育指导员管理办法由国务院体育行政部门规定。 |
| 第二十条 | 地方各级人民政府和有关部门应当为全民健身活动提供必要的条件，支持、保障全民健身活动的开展。 |
| 第二十一条 | 国家机关、企业事业单位和工会、共产主义青年团、妇女联合会、残疾人联合会等群团组织应当根据各自特点，组织开展日常体育锻炼和各级各类体育运动会等全民健身活动。 |
| 第二十二条 | 居民委员会、村民委员会以及其他社区组织应当结合实际，组织开展全民健身活动。 |
| 第二十三条 | 全社会应当关心和支持未成年人、妇女、老年人、残疾人参加全民健身活动。各级人民政府应当采取措施，为未成年人、妇女、老年人、残疾人安全参加全民健身活动提供便利和保障。 |

## 二、全民健身行政法规和部门规章

行政法规和部门规章泛指国家行政机关制定和发布的规范性文件，这是国家行政机关依据宪法和法律规定行使职权的一种表现。行政法规的法律效力低于宪法和法律。目前，我国的健身活动法律规范形式主要是行政法规和部门规章，它们分别由国务院、国务院体育行政主管部门、国务院其他组成部门制定和颁布，也有由几个部门联合制定颁布的行政法规和部门规章。

### （一）国务院制定的行政法规

行政法规是国务院根据宪法和法律制定的关于国家行政管理活动方面的规范性文件。行政法规的法律效力仅次于宪法和法律，它是国家通过行政机关行使行政权，实行国家行政管理的一种重要形式。这类规范性文件的名称一般为条例、规定和办法。

国务院作为我国最高权力机关的执行机关，其制定和颁布的有关全民健身运动的规范性文件，对全民健身运动的发展具有重要意义。近年来，国务院相继颁布了一系列体育行政法规，如 2003 年 6 月印发的《公共文化体育设施条例》；2003 年 12 月 31 日经国务院第 33 次常务会议通过的《反兴奋剂条例》；2007 年 9 月，国务院印发的《大型群众性活动安全管理条例》等，这些行政法规直接指导和规范着全民健身运动的组织、运行和责任形式。

1. 《全民健身条例》

国务院颁布的全民健身行政法规中最具有代表性的是《全民健身条例》（以下简称《条例》）。新中国成立特别是改革开放以来，我国的竞技体育得到了长足发展。2008 年北京奥运会上，我国取得了金牌总数第一的骄人成绩，赢得了良好的国际声誉。与此形成鲜明对比的是，我国全民健身运动开展得不够普遍，青少年的身体素质持续下降。北京奥运会后，群众健身热情高涨。为了鼓励人民群众参与健身活动的积极性，2009 年 1 月 7 日，国务院决定将每年 8 月 8 日定为"全民健身日"，并于同年颁布了《全民健身条例》。

《全民健身条例》在立法思路上主要体现以下几点：一是组织方面，坚持党的统一领导、部门各负其责、社会共同支持、全民积极参与，鼓励广大人民群众投身全民健身运动；二是管理方面，要求政府加大对农村地区和城市社区等基层公共体育设施的投入，明确管理责任，扩大现有公共体育设施的开放范围，促进全民健身事业均衡、协调发展；三是安全方面，加强对高危险性体育项目经营活动的监管，加强社会体育指导员队伍建设，确保公众参加健身活动的安全。

《全民健身条例》在内容体系上分为 6 个章节、40 个条款。表 2-2 将从条例目的、学校体育、健身保障和法律责任四个方面予以简要梳理与介绍：

表 2-2　条例目的、学校体育、健身保障和法律责任内容

| 名称 | 内容 | 条款内容 |
| --- | --- | --- |
| 《条例》目的 | 说明《条例》的宗旨和所要解决的问题 | 第一条　为了促进全民健身活动的开展，保障公民在全民健身活动中的合法权益，提高公民身体素质，制定本条例。 |
| 学校体育 | 要求各级各类学校积极组织学生开展体育活动 | 第二十一条　学校应当按照《中华人民共和国体育法》和《学校体育工作条例》的规定，根据学生的年龄、性别和体质状况，组织实施体育课教学，开展广播体操、眼保健操等体育活动，指导学生的体育锻炼，提高学生的身体素质。学校应当保证学生在校期间每天参加 1 小时的体育活动。 |
| 健身保障 | 学校应当给予场地、设施等保障 | 第二十八条　学校应当在课余时间和节假日向学生开放体育设施。公办学校应当积极创造条件向公众开放体育设施；国家鼓励民办学校向公众开放体育设施。县级人民政府对向公众开放体育设施的学校给予支持，为向公众开放体育设施的学校办理有关责任保险。学校可以根据维持设施运营的需要向使用体育设施的公众收取必要的费用。 |
| 法律责任 | 未完成《条例》规定需要承担的法律责任 | 第三十五条　学校违反本条例规定的，由县级以上人民政府教育主管部门按照管理权限责令改正；拒不改正的，对负有责任的主管人员和其他直接责任人员依法给予处分。 |

**相关链接**

### 依据《全民健身条例》进行判罚的案例

案件：（2014）穗中法行终字第 668 号

案情：原告广州侨鑫物业有限公司于 2013 年 5 月申请办理该公司管理的多个游泳池的高危险性体育项目经营活动许可手续，相关部门要求其分开申请。2013 年 10 月 31 日，原告获得汇景新城小区别墅区游泳池（非本案所涉游泳池）的《广东省高危险性体育项目经营活动许可证》。2013 年 6 月 1 日，原告管理的汇景新城小区龙熹山会所室外游泳池开业并于 6 月 2 日发生一起儿童游泳溺亡事故。2013 年 6 月 4 日，被告广州市文化市场综合行政执法总队到现场对泳池进行了检查，认为原告未取得《广东省高危险性体育项目经营活动许可证》，造成人员伤亡。被告于 2013 年 9 月 12 日向原告发出《行政处罚决定书》，以原告违反《全民健身条例》相关规定为由，对原告处以 10 万元的罚款，原告不服，向广州市人民政府申请行政复议，广州市人民政府于 2013 年 12 月 11 日作出《行政复议决定书》，维持被告作出的行政处罚决定，原告仍不服，向原审法院提起行政诉讼，要求撤销该处罚决定。

判决：上诉人的上诉请求，理据不足，驳回上诉，维持原判。

本案争议焦点是：① 原告有无在规定时间内取得有效的《广东省高危险性体育项目经营活动许可证》；② 原告取得的《广东省高危险性体育项目经营活动许可证》许可经营游泳项目的场所范围是否涵盖本案所涉游泳池。

按照《全民健身条例》第三十六条规定："未经批准，擅自经营高危险性体育项目的，由县级以上地方人民政府体育主管部门按照管理权限责令改正；有违法所得的，没收违法所得；违法所得不足 3 万元或者没有违法所得的，并处 3 万元以上 10 万元以下的罚款；违法所得 3 万元以上的，并处违法所得 2 倍以上 5 倍以下的罚款。"《经营高危险性体育项目许可管理办法》第三十二条规定："在高危险性体育项目目录公布前，已经开展目录中所列高危险性体育项目经营的，经营者应当在目录公布后的 6 个月内依照本办法申请行政许可。"第三十四条规定："本办法自

2013年5月1日起施行。"上诉人在未取得汇景新城小区龙熹山会所室外游泳池高危险性体育项目经营活动许可证的情况下，于2013年6月1日擅自对外营业，并造成一人死亡，被上诉人据此对上诉人作出罚款的行政处罚决定，符合上述规定，并无不当，维持原判。

上诉人于2008年11月7日取得《广东省高危险性体育项目经营活动许可证》（有效期：2008年11月7日至2012年11月6日），涉案泳池是2013年6月1日开始经营，对此上诉人的管理人员在被上诉人的询问笔录中已承认涉案泳池未取得《广东省高危险性体育项目经营活动许可证》，故上诉人认为《广东省高危险性体育项目经营活动许可证》涵盖涉案泳池的上诉理由，缺乏事实依据，本院亦不予支持。

2. 《学校体育工作条例》

《学校体育工作条例》是1990年2月20日经国务院批准颁布的。2017年，《学校体育工作条例》进行修订，共包括9章31条。①

学校体育是全民健身的重要组成部分，《学校体育工作条例》从全民健身角度，对学校体育工作给予规范。条例的第一条提出"该条例是为保证学校体育工作的正常开展，促进学生身心的健康成长"而制定的条例，且在第三条中明确提出学校体育工作的基本任务是"增进学生身心健康、增强学生体质"。由此可见，学校体育工作对于促进学生身心健康成长具有重要作用。此外，《学校体育工作条例》分别对体育课教学组织、课外体育活动开展、课余体育训练与竞赛、体育教师管理、场地器材设备和经费使用、组织机构设置与管理、奖励与处罚等内容作出明确规定。

**相关链接**

依据《学校体育工作条例》进行判罚的案例

案件：（2019）鲁1522民初5353号

案情：原告王某及被告徐某均系被告某中学初三年级学生。2019年

---

① 中国政府网. 学校体育工作条例［EB/OL］. http://www.gov.cn/gongbao/content/2017/content_5219126.htm,2020-12-25.

5月7日上午课间操时，学校安排初三年级学生根据自己选择的中考体育考试科目在操场上分场地进行训练，由各班班主任老师随班照看。徐某根据老师安排在铅球训练场地练习投掷铅球时，投出的铅球不慎砸到了蹲坐在场地一侧的非铅球训练人员王某的头部，致其受伤。事发时，没有老师在铅球投掷现场监督、指导，亦无专人看管铅球落地区，训练场地未明确画线或设置警示带等其他安全防护设施。

判决：被告学校承担70%的赔偿责任；被告徐某承担20%；原告自行承担10%。

"学校应当按照《学校体育工作条例》和教学计划组织体育教学和体育活动，并根据教学要求采取必要的保护和帮助措施。本案中，该中学在组织学生进行投掷铅球这一危险性较高的体育训练时，未明确划定活动范围，未设置警示标线或警示带对铅球落点区域进行必要的防护，训练现场没有安排专职教师进行监督、指导和现场安全防护，应认定其未尽到教育、管理职责，对事故的发生存在过错，应承担相应的赔偿责任。"

3.《公共文化体育设施条例》

2003年，国务院印发《公共文化体育设施条例》，旨在促进公共文化体育设施的建设，加强对公共文化体育设施的管理和保护，充分发挥公共文化体育设施的功能，繁荣文化体育事业，满足人民群众开展文化体育活动的基本需求，该条例共6章34条。

**（二）国务院部门规章**

我国有关健身活动的部门规章主要是体育行政主管部门——国家体育总局（1998年由国家体委改组）制定和颁布的一系列规范性文件。这些行政规章涉及健身活动的行政组织机构、人事、经费、教育、科研、对外交往等各个方面。2000年9月18日颁布的《中国体育彩票全民健身工程管理暂行规定》提出，由国家体育总局统一组织，将各级体育行政部门的体育彩票公益金作为启动资金，捐赠给城市社区和农村乡镇的受赠单位，由受赠单位兴建，旨在开展全民健身活动的公益性体育场地设施。此外，还有1999年10月11日颁布的《大型运动会档案管理办法》，2000年5月18日颁布《全国综合性运动会工作人员纪律规定》等，这类规章占我国健身活动法规政策的绝大多数。

国务院组成部门如教育部、财政部、国家发展和改革委员会，也制定了许多体育部门规章。如 1990 年 3 月 20 日国家教委、国家体委印发的《学校体育工作条例》；1998 年 9 月 1 日国家体育总局、财政部、中国人民银行颁布的《体育彩票公益金管理暂行办法》；国家体育总局、教育部于 1999 年 2 月 4 日印发的《儿童青少年体育学校管理办法》等。2002 年，为促进社区体育活动的开展，国家体育总局和中央文明办制定《全国"体育进社区"活动工作方案》，2004 年出台了《全国城市体育先进社区评定办法》，把发展社区体育纳入城市社会发展的总体规划，对城市社区体育工作提出了全面的要求。

### （三）国务院印发的其他规范性文件

《全民健身计划（2021—2025 年）》

新时代，为推进我国全民健身事业高质量发展，2021 年 8 月，国务院印发《全民健身计划（2021—2025 年）》（以下简称《计划》），对全民健身事业发展的指导思想、发展目标、主要任务、保障措施和组织实施等作出规定。《计划》指出，全民健康是国家综合实力的重要体现，是实现全民健康的重要途径和手段，是全体人民增强体魄、幸福生活的基础保障。该计划指出，应坚持以人民为中心，深入实施健康中国战略和全民健身国家战略，加快体育强国建设，构建更高水平的全民健身公共服务体系，充分发挥全民健身在提高人民健康水平、促进人的全面发展、推动经济社会发展、展示国家文化软实力等方面的综合价值与多元功能。计划提出的发展目标为：到 2025 年，全民健身公共服务体系更加完善，人民群众体育健身更加便利，健身热情进一步提高，各运动项目参与人数持续提升，经常参加体育锻炼人数比例达到 38.5%，县（市、区）、乡镇（街道）、行政村（社区）三级公共健身设施和社区 15 分钟健身圈实现全覆盖，每千人拥有社会体育指导员 2.16 名，带动全国体育产业总规模达到 5 万亿元，并提出了 8 个方面的具体任务。

### 三、全民健身地方性法规

地方性法规是指地方国家权力机关及其常设机关为保证宪法、法律和行政法规的遵守与执行，结合本行政区内的具体情况和实际需要，依照法律规定的权限通过和发布的规范性文件。地方政府规章是指地方国家行政机关根据和为保证法律、法规和本行政区内的地方性法规的遵守和执行，制定的规范性文件，其效力低于地方性法规。

近年来，我国地方体育立法的步伐不断加快。在全民健身领域，《北京市全民健身条例》就是其中的代表。随着生活水平和健康意识的提升，全民健身日益成为最受大众关注的民生话题之一。北京市早在 2005 年 12 月就制定出台《北京市全民健身条例》（以下简称《条例》），推动了当地全民健身事业的发展。该《条例》共 8 章，分别为：总则、政府责任、公共健身场地、设施、社会促进、健身服务业、法律责任和附则。《条例》通过政府主导下的公共治理，创新体制机制，探索治理新路。充分发挥社会机制作用，支持公民自发健身团队、单位内部健身团队、跨行业跨社区健身组织和团队建设；转变综合性、专业性体育协会工作重点，发挥各类社会组织的主体作用，采取发展会员、互助合作、民主自治、签订民事合同、慈善志愿等多种方式，使各类组织及其成员与场地设施单位、市场主体、政府、基层自治组织等成为互相合作、互相帮助的全民健身共同体。除北京外，山东、河北、山西、湖南等省（自治区、直辖市）也相继出台了全民健身条例，用以指导本地区人民的全民健身实践。

## 思考与练习

1. 什么是全民健身法治？
2. 全民健身法治建设的任务是什么？
3. 全民健身法律制度有哪些？
4. 简述全民健身活动主体的法律地位。

## 参考文献

［1］卓泽渊. 法治泛论［M］. 北京：法律出版社，2001.

［2］袁曙宏. 服务型政府呼唤公法转型——论通过公法变革优化公共服务［J］. 中国法学，2006（03）：46-58.

［3］于善旭. 试论我国全民健身法治系统［J］. 天津体育学院学报，2000（01）：36-41.

［4］于善旭. 建构全民健身法规体系初探［J］. 天津体育学院学报，1997（03）：53-57.

［5］胡鞍钢，方旭东. 全民健身国家战略：内涵与发展思路［J］. 体育科学，2016，36（03）：3-9.

［6］于善旭. 论《全民健身条例》对公共体育服务的制度推进［J］. 天津体育学院学报，2010，25（4）：277-281.

［7］李相如，展更豪，周林清等. 我国城市社区实施全民健身工程的现状与对策研究［J］. 体育科学，2001（02）：28-33.

［8］于善旭. 论我国全民健身的宪法地位［J］. 体育科学，2019，39（02）：3-14.

# 第三章　全民健身组织与管理

**本章导学**

对全民健身活动进行高效的组织与管理，是保障其顺利进行的必要条件，也是一项极为复杂的任务。本章重点介绍了全民健身活动组织与管理的概念、任务、目标、特点，总结了全民健身活动组织与管理的原则及方法；介绍了我国全民健身活动的组织结构与管理体制，并对国外的相关管理体制特征进行了梳理和分析。

**学习目标**

1. 从概念、原则、方法、体制四个方面了解全民健身活动组织与管理的相关知识，明确全民健身活动组织与管理在全民健身事业发展中的作用和地位。

2. 明确全民健身活动组织与管理的相关要素，从整体上掌握我国全民健身相关管理体制及发展趋势。

3. 明确全民健身活动组织与管理的一般方法和原则，学会科学分析全民健身活动组织管理过程中出现的问题。

## 第一节 全民健身组织与管理概述

全民健身活动是调动全国人民积极参加以增进身心健康为主要目的的群众性体育健身活动。它是体育事业的重要组成部分，是关系民族繁荣昌盛、人民健康幸福的事业。全民健身的发展水平是一个国家体育发展水平的重要标志。因此，科学合理地组织与管理全民健身活动对于国家发展和人民幸福都尤为重要。

### 一、全民健身组织与管理的概念

从管理学的角度来看，组织与管理是指组织中的管理者，遵循事物发展的客观规律，运用合理的手段、方法及程序对管理客体实施计划、协调和控制等职能，以发挥系统内资源的最佳效益，从而实现系统既定目标的活动过程。因而，全民健身活动的组织与管理是指全民健身活动的管理者为保证活动的正常进行，实现全民健身活动的既定目标对体育健身活动所进行的安排、控制等过程。

### 二、全民健身组织与管理的目标

2014年10月，国务院印发的《关于加快发展体育产业促进体育消费的若干意见》[国发（2014）46号]将"全民健身"上升为国家战略。这从几个层面体现了全民健身的价值与意义：一是在国家战略的大背景下，社会重新认识和定义了全民健身的内涵和价值，特别是对全民健身的社会价值、经济价值的认识上升到了前所未有的高度；二是全民健身资源配置的方式由政府主导转变为社会和市场主导，资源配置方式的变化必然带来整个行业发展结构的调整和变化；三是全民健身的发展方式朝着健康服务业、旅游产业、文化产业的跨界融合发展的方向迈进。

目标是组织通过决策和行动争取达到的理想目的以及验证其决策行动与目的相符程度的衡量指标。我国全民健身组织与管理的最终目标在于改善与提高人们的健康水平，降低疾病发生率，促进社会经济的发展；培育群众养成终身体育的意识、兴趣、习惯和能力，形成分阶段、分层次、分类别的新型体育体系，在全社会形成持续健身、终身健康、快乐生活的体育风尚。当前，我国正在积极探索和构建社会组织和市场提供公共体育服务的机制，逐步形成和完善政府委托社会体育组织提供公共体育服务或政府购买公共体育服务的制度，实现公共体育服务供给主体的多元化，尽可能地提高公共体育服务的质量和效率，这同样也是全民健身组织与管理目标实现的重要依托。当然，为实现这一管理目标还需要一系列的管理工作子目标，如发展体育人口、开展国民体质监测、进行全民健身宣传、培训社会体育指导员、筹措全民健身经费等。

## 三、全民健身组织与管理的任务

### （一）增加参与健身活动的人口

改善与提高人们的健康水平是我国全民健身的根本目标，而将这一目标落实到全民健身活动组织与管理工作中需要广泛开展形式多样、健康文明的全民健身活动，动员更多的人参与全民健身活动。

### （二）改善全民健身活动的环境

为了使更多人参与体育健身活动，我们不仅要营造一定的舆论氛围，还需要提供一定的物质保障条件。要通过各种宣传活动，引导激励人们树立科学健身的理念，使全民健身成为社会的普遍共识；要为人们参与健身活动创造更好的条件，不断建设和完善体育设施、体育组织、社会体育指导员等多元化体育服务体系，以支持、吸引、动员更多的人参与全民健身运动。这不仅是政府的责任，也是有条件的社会组织和个人的共同责任。

### （三）刺激健身与健康投资

健康是人们生存、享受与发展的基础，向体质与健康投资，进行体能与健康储备，如同知识储备与能力储备一样重要。促进健康消费，就如人们进行教育消费一样，应成为人们日常消费的一部分。全民健身工作应当在开展群众性体育活动中引导人们进行体质投资和体育消费，并不断致力于繁荣发展全民健身产业，使人们的不同体育需求能较好地得到满足。

### （四）提高全民健身的效果

全民健身的对象是人，是各类有不同的物质需要和精神需要的人。这些人（尤其是成年人）具备自身发展的动机和能力，在全民健身过程中，具有全民健身客体与主体的双重性。全民健身工作者担负着实施全民健身的任务，是全民健身的组织者和管理者，他们要运用一定的科学知识与原理向全民健身对象施加影响，使之达到目的。全民健身管理工作要不断地为人民群众提供科学文明、丰富多彩的体育知识和技术，提高人们健身的效果。

**（五）规范全民健身活动的内容**

当前，广大人民群众的健身需求日益高涨，这就要求全民健身管理者的服务更加专业化、科学化和多元化。目前，我国全民健身活动的内容多种多样，发展水平参差不齐，现有的组织与管理水平难以满足广大群众日益增长的健身消费需求。因此，全民健身活动组织与管理的一项重要任务就是规范全民健身活动的内容，保障全民健身服务市场健康有序的发展。

## 四、全民健身组织与管理的特点

全民健身活动组织与管理的特点来源于它的活动形态，比如，它具有广泛的群众性、明确的健身性、完全的业余性和充分的娱乐性等。随着我国经济社会的不断发展，全民健身组织与管理又产生了许多新的时代特点，具体如下：

**（一）对象的广泛性与管理目标的多样性**

全民健身是一种社会活动。全民健身的参与者与管理者对于健身功能的需求，都可能形成专门的管理目标。不同地区、行业和单位应制订不同的健身计划，以满足人们不同的体育需求。对健身活动的内容和方法也不宜强求。例如在经济较发达地区，全民健身管理者可以鼓励吸引大众积极参与体育消费，鼓励全民健身产业的发展。而在经济欠发达地区，全民健身管理者应设法创造基础条件，以维持全民健身的正常开展。如何确定管理目标和制订合理的管理计划，是全民健身管理成败的关键。

全民健身是全体国民都可以参加的活动。全民健身对象不受人的性别、年龄、运动能力与天赋等自然属性和地域、职业、社会地位、宗教信仰等社会属性的限制，所有人均可享受社会提供给公民的身体运动的机会和环境条件。相对于个体而言，全民健身贯穿于每个人的一生，在人生的每个阶段都可以参与其中，因此，全民健身的对象极其广泛。

**（二）对象的多样性与管理系统的复杂性**

全民健身的对象包括所有的社会成员，这些社会成员由于居住的地域不同，所处的社会阶层不同以及年龄、性别、职业、爱好、身体健康状况等方面的差异，他们对体育的认识、需求、参与程度会呈现出多样性特征。全民健身对象的广泛性决定了其多样性。若以年龄进行划分，可将全民健身对象分为儿童、青少年、成年和老年人；若以性别为划分特征，可将全民健身对象分为男性和女性。由于每类人群都具有各自的特征（包括生理、心理特征等），因此，必须从不同侧面和角度把握全民健身对象的特殊性，进而探索出适用于各类人群的全民健身锻炼内容、组织方式、运动方法，有针对性地对每一类对象施加影响，从而确保全民健身目的、任务的实现。

全民健身管理系统具有复杂性。全民健身运动的管理者有专门的政府管理部门，也有社会管理组织；有各行业、各单位的全民健身管理部门，也有社会各界的全民健身指导者。被管理者也有很大的差异性，分布于从农村到城市的广大地区，从事不同的职业，享有不同的社会地位和经济地位，具有不同的参与体育的目的。全民健身管理系统的复杂，使得全民健身的组织和管理成为一项既有困难又极富挑战性的工作。

### （三）参与的自愿性与管理组织的服务性

全民健身活动的组织与管理归根结底是相关部门为人民群众参与体育活动而服务。服务的对象是人，他们既是全民健身动员的对象，又是全民健身的主体，必须引导他们充分认识个体价值，培养和形成社会成员自我运动的意识和能力，激发其主动精神，强化主体地位，自主实现强身健体的目的。此外，组织与管理者也要进行广泛的宣传、教育、引导工作，这是因为全民健身活动一般是利用业余时间进行，群众自愿参加，但不少人对体育的功能了解不够，因此体育锻炼的积极性不高，缺乏锻炼热情，必须有一定的组织来承担这方面的宣传引导工作。

### （四）活动的社会性与管理边界的模糊性

全民健身活动同社会有着广泛的结合点，具有较强的包容性和适应性，不仅与政府、企事业单位等组织有着密切的关系，而且与许多社会团体的工作也互相融合。由于或多或少受到各方面影响，全民健身活动的组织与管理易造成组织边界不清等问题，导致管理的模糊性，使计划的制定和过程的控制难以把握，从而增加了管理难度。

### （五）内容的丰富性与管理形式的灵活性

全民健身活动的组织形式具有较大的灵活性。开展全民健身活动可以以个体为单位，也可以以群体为单位；既可由社会集体组织，又可由参与者个人或几个人自由组织，没有统一的规定和模式。就身体锻炼的形式而言，也是丰富多彩、因人而异的。全民健身活动的内容及项目十分丰富，既有正规的现代体育项目，又有传统的民族民间体育项目，还有许多群众自编自创的趣味性项目。全民健身管理的对象既包括个体又包括群体。全民健身活动组织与管理的过程中必须充分重视对象的扶持、引导与培养，充分发挥群体的作用。

## 第二节　全民健身组织与管理的原则

为保证全民健身计划的顺利实施，高效的组织与管理必不可少。全民健身组织与管理应遵循的基本原则主要包括以下几个方面。

### 一、整分合原则

全民健身活动管理目标的多样性使管理者存在管理难度，因而应采用整分合原则，使复杂多样的目标条理化、系统化、科学化。全民健身组织与管理整分合原则具体包括：

#### （一）对系统目标进行总体把握

全民健身活动的根本目标是增强人民体质，提高全民素质和生活质量。由于全民健身活动是由各个不同的社会系统共同组织管理，代表着不同的立场和诉求，因此必须强调各部门对全民健身的整体利益的价值，明确全民健身的总目标，在实现社会总目标的同时尽可能多地照顾社会各部门的分目标和局部利益。

#### （二）将总体目标科学地分解为各个分目标

从组织系统的角度，可以把组织的总体目标分解为各个二级目标。例如可把一个省的目标分解到各个市，成为各市的目标；从管理要素的角度，可以把总体目标分解为人事目标、财务目标、资源配置目标等；从一个具体活动组织而言，又可能涉及体育行政部门、社会体育组织、群众等多个部门或个体，要创新思维，调动各种社会力量的积极性，促进全民健身社会化。

#### （三）进行有效整合，实现系统的总体目标

分工不是管理活动的终结，而是管理活动的细化和继续。分工后的各个

环节，可能在时间、空间、数量和质量等方面存在差异，因而需要严密地组织、有力地协调、科学地整合。

这样一个总体—分解—综合的过程，很好地诠释了整分合原则。在贯彻执行整分合原则时，还要注意两点：① 分解是管理目标的分解，而不是管理职能和职权的分解。任何一个承担任务的组织或个人，必须对所承担的工作负有计划、组织、控制等职能。② 承担任务的组织或个人，应享有一定人财物的自主权，实现责权利的统一。

## 二、区别对待原则

由于全民健身管理系统存在复杂性，社会环境的差异、参与人员的差异以及活动内容的差异，都会对全民健身产生巨大的影响。因此要注意针对不同情况采取不同的管理办法。

### （一）注意社会环境条件的差异

我国地域辽阔，受地理环境、经济社会发展水平、人才、科技等因素的影响，不同地区全民健身活动开展程度存在很大差异，这就造成了全民健身管理环境的千差万别和管理因素的错综复杂。因此，在全民健身活动管理中，必须贯彻区别对待原则。

### （二）注意活动内容和形式的差异

由于参与全民健身活动的人有着千差万别的体育需求，全民健身的内容也应是丰富多样的。目前健身、健美等体育形式已被人们所接受并呈现出良好的发展势头。

### （三）注意参与人员的差异

全民健身的参与人员范围很广，对于不同年龄、性别、职业、文化和社会背景的参与者要有所区别。

## 三、激发性原则

激发性原则是指采用各种形式与手段激发人们自觉经常地参加体育活动。开展全民健身活动的关键在于群众参与的积极性，这种积极性不是靠行政手段强迫出来的，而是靠宣传、教育、启发等多种形式激发出来的。在贯彻激发性原则时应注重以下几点：

### （一）激发参加者体育活动的动机

激发参加者的主动性，使"让我参与"变成"我要参与"。在激发群众参与全民健身活动的同时要注意增强参与者的自信心，使他们意识到自己可以做得很好。

### （二）激发榜样的力量

通过树立样板、典型示范等方式提供人们学习的榜样，运用榜样的力量激励人们积极地参与体育活动，并在活动中取得良好的效果。

### （三）激发竞争意识

虽然全民健身不是以竞技成绩为目标，但是通过引入各种形式的竞争，可以满足人们的好胜心与成就感，提高人们的参与兴趣。

## 四、可行性原则

可行性原则是指全民健身的组织、内容、形式及计划、方案、措施等，必须从实际出发，做到切实可行。贯彻可行性原则，应注意以下三点：

（1）从我国经济社会发展实际出发，利用有限的人力、物力、财力多办事。

（2）从我国人民身体素质实际出发，选择全民健身活动内容。

（3）从各民族文化及生活习惯出发，形成各具特色的全民健身特点。

## 五、多样性原则

多样性原则是指为了照顾各类人群的需要，根据地域差异、季节变化等，采取多种多样的活动内容、组织形式和竞赛方式，使全民健身活动得以持久、生动地开展。全民健身活动的多样性主要体现在活动内容的多样性、组织形式的多样性和竞赛方式的多样性。在组织和管理全民健身活动时，不能完全囿于固定的模式，应当因地、因人、因时采用灵活多样的形式，让更多人积极参与到健身中来。

## 六、以人为本原则

全民健身活动的组织与管理是一项以人为本的管理活动，人本原则是以调动人的主观能动性、创造性为根本，使全体人员积极主动、创造性地完成工作。在全民健身活动组织与管理中，应用人本原则要遵循以下几点：

### （一）满足人的基础性需求是前提

物质动力、精神动力和信息动力是推动全民健身活动组织与管理系统向整体最优化目标发展，促使人高效、创造性地完成工作任务的手段。其中，物质动力是激励，精神动力是引领，信息动力是完善和补充。满足人的基本需求是全民健身活动组织与管理最重要的前提。

### （二）提升人的精神境界是目标

在全民健身活动组织与管理活动中，要以满足人最基本的生存权为基础，在管理体制、管理方式、管理手段上体现出以人为本，关注人的心理、重视人的精神需求、尊重人的个性展示与发展，实现个体的自信、尊严和价值。这也是全民健身活动组织与管理发展的必然趋势。

## 第三节 全民健身活动组织与管理的方法

方法通常是指实现目标的手段。全民健身活动组织与管理的方法是指在全民健身活动中，为实现全民健身活动的目标所采取的各种具体手段和措施。管理原则是制定管理方法的基础，管理方法是管理原则的具体化。因此，全民健身活动的组织与管理方法也一定要根据全民健身活动的特点和具体情况来确定。

### 一、行政方法

行政方法是指按照一定的职权范围，下达指令直接管理对象的方法，下达指令的方式包括命令、指令、条例、规定、通知和指令性计划等。运用行政方法有一定的条件，即指令的目标性、科学性和权威性。在全民健身活动组织与管理工作中，由于管理目标具有多样性，因此在运用行政方法时，一定要慎重，不能违背管理目标。科学性是指行政指令要实事求是，要经过科学的调查研究。管理过程中应注意管理者是否具有权威性，因为行政指令被接受和执行的程度取决于管理组织和管理者的权威。权威越高，指令被接受和执行得效率越高，反之效率越低。实际工作中一般可采用的行政方法有：

（1）依靠各级体育行政部门。将全民健身工作纳入其工作计划和规划。

（2）争取单位的支持。将全民健身工作纳入单位的工作计划、工作目

49

标，积极向单位领导进行宣传，得到领导的指示。

（3）正式向有关部门提出请示或报告。争取得到有关部门对全民健身工作计划的批示，便于推动工作。

（4）纳入领导议事日程，形成工作决议。

（5）制定一些行之有效的制度。

（6）设计基层全民健身活动的计划和规划。

（7）制定一些有利于促进基层体育活动开展的规定和标准。

## 二、法律方法

法律方法主要包括法律、法令、条例、决议、命令、细则、合同、标准、规章制度等。在全民健身活动的组织与管理中，各体育组织之间，体育管理者和参与者之间都可以合同的方式规定各自的权利和义务，做到有章可循，各司其职。

## 三、经济方法

经济方法是指使用经济手段，利用经济利益的后果影响被管理者的一种方法。经济方法常用的形式有拨款、投资、赞助、奖金、罚款、经济责任制、承包制、招标制等。采用经济方法进行管理时要特别注意不能脱离主要的管理目标，还应注意兼顾社会效益。实际工作中可采用的具体经济方式包括：

### （一）争取广泛赞助

开展全民健身活动的资金可通过广泛争取赞助实现。赞助的内容不仅是金钱，还可以是人、物、场地等。

### （二）筹募资金

全民健身活动的组织还可以采用集资的方式，比如通过收取报名费把资金集中起来举办活动。

### （三）奖罚结合的办法

奖励与处罚方法相结合，既可以是物质奖励与处罚，又可以是精神奖励与处罚。比如规定一次活动中出席人数达到一定比例时予以奖励，达不到时给予处罚等。在奖励和处罚中要注意调动参与者的集体荣誉感。

## 四、宣传方法

全民健身活动组织与管理的宣传方法，从根本上说就是做人的工作，要充分调动广大参与者的积极性和主动性，使之围绕着共同的管理目标工作。宣传方法是进行全民健身管理的一个重要方法。宣传可以采用各种不同的形式，除了口头宣传，还可运用广播、宣传栏、电视、互联网等。在举行大型活动时，还可以争取电视台及新媒体转播。要充分发挥宣传在基层全民健身管理中的作用，具体可采取以下方式：

### （一）加强对基层的宣传

主要是宣传党和国家的全民健身方针政策，宣传全民健身改革的新思路、新举措、新观点，宣传先进单位的典型经验等。

### （二）加强对群众的宣传

主要是宣传科学的健身知识和方法，转变陈旧落后的健身观念，宣传科学、健康、文明的生活方式，动员更多的群众参与全民健身。

## 五、竞赛评比法

体育竞赛具有对抗性、观赏性、不可预知性，竞赛各方激烈的角逐对抗，竞赛过程的千变万化，都会引发观众情绪的起伏。一场精彩的竞赛活动，不仅让参赛者沉浸其中，也让观众获得美的感受。在全民健身活动组织与管理过程中运用竞赛评比法，能让更多的人参与其中、积极体验。

## 六、其他方法与手段

### （一）表彰与评比

这种手段是利用人的向上心理和竞争机制，树立典型，鼓励先进，激励后进，找出差距，通过典型经验分享，推动全局工作。

### （二）检查与评价

督促、检查计划完成的情况，对于任务完成有重要作用。任何工作不能只有布置没有检查，评价也是如此，只是评价有时要制定标准，使工作有所遵循，便于贯彻落实。

### （三）协调关系

树立全民健身组织和成员的良好形象，协调好各方关系，疏通各类渠道，寻求各方面的支持，是基层全民健身管理工作的重要手段。

#### （四）分类指导

分类指导是指在全民健身组织与管理工作中，因人、因地、因时制宜，根据不同任务提出不同的要求，并在工作中给予具体指导。

#### （五）与特定节日相融合

让群众喜闻乐见的体育活动形成传统。如每年利用"全民健身日"或传统节日开展形式多样的全民健身活动，不仅让人们感受到节日的欢快气氛，而且可以享受参与体育活动的诸多益处。

## 第四节　全民健身管理体制

全民健身管理体制是指全民健身事务的权责划分、组织结构、职能配置与运行方式、运行机制等的总和。管理体制的核心内容是责权的划分和职能的配置。组织结构是管理体制的表现形式，是责权与职能的组织载体。组织结构包括各级各类组织及其之间的相互关系。本节主要从组织结构的角度介绍国内外全民健身管理体制。

### 一、国外全民健身管理体制

#### （一）国外全民健身管理体制的类型

1. 政府管理型

政府管理型体制的特点是由政府设立专门的机构管理全民健身工作。政府的权力高度集中，并采用行政的方式进行从宏观到微观各个层次的全面管理。政府管理型体制主要存在于一些社会主义国家，如苏联、古巴、朝鲜等，我国在全民健身管理体制改革之前也采用政府管理型体制。政府管理型体制有利于强化领导、集中调配、统筹兼顾全民健身工作，缺点是容易抑制社会对体育的参与和支持，从而限制全民健身的发展。

2. 社会管理型

社会管理型体制的特点是全民健身的工作主要由各全民健身组织进行管理，政府一般不设立专门的全民健身管理机构，政府对全民健身事务很少介入和干预，即使介入，也常常采用经济、法律等手段间接地进行。多数采用社会管理型体制的国家，管理权力分散于各个全民健身组织之中，因而又可称为分权型体制。例如美国的全民健身管理体制就是比较典型的分权型体制。

　　美国政府部门中不设立专门的全民健身管理机构，美国"总统健康与运动委员会"实际上只是一个促进大众体育发展的咨询机构，在全民健身的组织体系中没有实质性作用。但是，在全美有 70 多个机构或多或少地管理着与大众体育有关的休闲资源，如国家公园服务部与森林服务部，主要通过美国国家公园向人们提供野营、徒步旅行、滑翔伞、自行车等活动的资源和环境。此外，美国还有许多志愿组织，这些组织雇用许多专业人员开展青少年体育活动，同时也对地方的体育指导员进行培训。美国的宗教组织也经常组织野营活动和其他体育活动。美国的大众体育活动均通过各种体育俱乐部得到开展。这种体制有利于发挥社会各方面的积极性，使各个体育组织不受外界干扰，实行有效管理，但各个组织之间的协调需要以体育产业和体育市场的充分发展为前提（图 3-1）。

**相关链接**

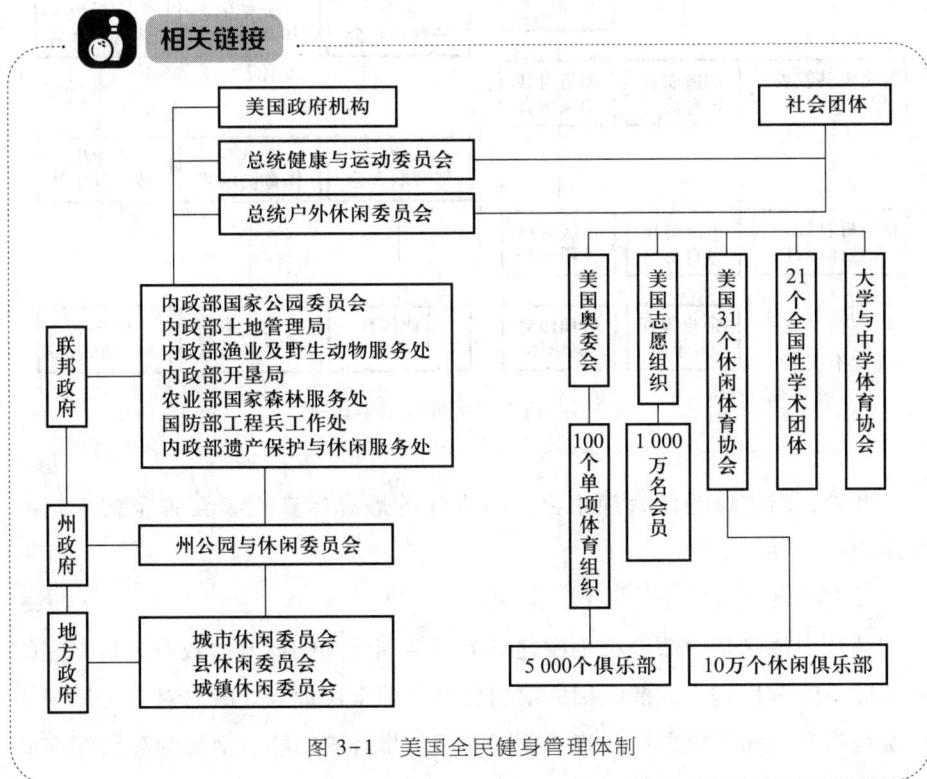

图 3-1　美国全民健身管理体制

在一部分采用社会管理型体制的国家中,政府指定一两个全民健身组织行使全民健身管理权力。在这种情况下,全民健身管理权限相对集中,行使权力的组织虽然带有半官方的性质,但本质上仍是具有法人资格的独立社会团体,如日本的财团法人——日本体育协会。

日本的行政管理为三级管理体制,即中央政府、都道府县政府和市区町村政府,与此相适应,日本全民健身管理体制中,政府管理系统和社会团体管理系统也分为三级管理。日本的全民健身就是通过这样一个金字塔型的管理体制得以振兴和发展的(图 3-2)。

**相关链接**

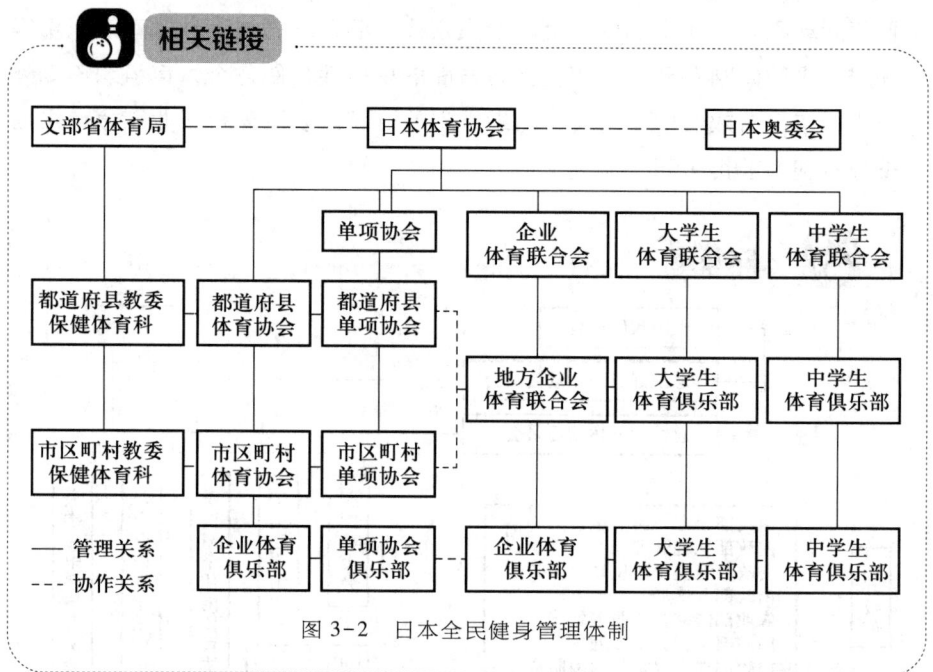

图 3-2 日本全民健身管理体制

此外,新加坡的体育理事会、西班牙的最高体育理事会等也属于这种情况。

3. 结合型

结合型体制是由政府和全民健身组织共同管理的体制。政府设有专门的全民健身管理机构,或指派相关部门负责管理全民健身。政府对全民健身实行宏观管理,即制定方针政策,发挥协调、监督的功能。全民健身组织在政府的宏观管理下,负责全民健身的业务管理,如制订项目发展规划、各种规章制度、组织活动和比赛等。大多数国家都采用结合型管理体制，如德国（图3-3）。

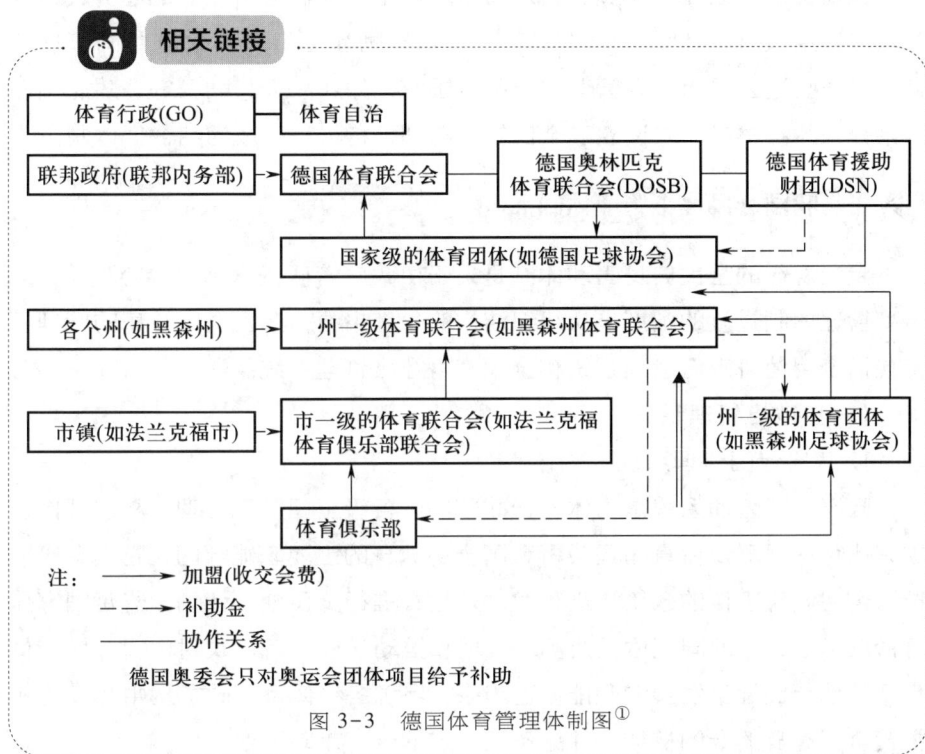

图3-3　德国体育管理体制图[①]

这些国家一般都设有专门的全民健身管理部门，负责协调各体育社会团体之间的关系，对全民健身进行宏观管理。但整个全民健身活动的领导和组织都由各级体育联合会和遍布全国的体育俱乐部具体实施。体育社会团体和体育俱乐部与政府之间只存在财政补助与监督方面的关系，组织内部实行民主管理。

结合型体制有利于发挥政府的主导作用和鼓励社会对体育的支持和参与。但在权限划分和利益分配方面存在一定的困难。

**（二）国外全民健身管理体制的发展趋势**

由于全民健身管理体制的分类并没有具体的划分标准，因此并不存在绝

---

[①]　中国群众体育现状调查课题组. 中国群众体育现状调查与研究［M］. 北京：人民体育出版社，1998.

对的政府管理型体制和绝对的社会管理型体制，在实行社会管理型体制的国家中，政府也或多或少以不同方式参与并介入大众体育的管理。

目前各个国家在全民健身管理体制形态上存在着融合发展的趋势，即一些过去采用政府管理型体制的国家，开始鼓励社会组织与政府共同管理体育，而一些过去采用社会管理型体制的国家，如加拿大、韩国等，政府逐渐开始介入体育事务，并设立了全民健身管理机构，从而成为结合型体制。

## 二、我国全民健身管理体制

我国现行的全民健身管理体制是处于由政府管理型体制向政府与社会结合型管理体制过渡的类型。从组织结构的角度来看，我国全民健身的管理系统包括全民健身政府管理系统和全民健身社会管理系统。

### （一）政府管理系统

#### 1. 政府专门管理系统

政府专门管理系统是由体育行政部门中各级全民健身管理机构组成的。国家体育总局群众体育司是负责我国全民健身的主要职能部门，它具有研究撰写全民健身工作的政策法规和发展规划；推行全民健身计划、监督国家体育锻炼标准、开展国民体质监测；指导和推动学校体育、农村体育、城市体育及其他全民健身发展的职能。近年来，我国各级体育行政机构中都设置了主管全民健身的专门机构，并配备了一定的专、兼职干部。

县级以上地方各级人民政府体育行政部门主管本行政区域内的体育工作，包括全民健身工作。这类体育行政部门中一般设有群众体育处或群众体育科等，或在业务部门中设专人负责全民健身工作。有些县级人民政府不再设立体育行政部门，而将原有的体育行政部门过渡为事业单位或体育社会团体。但本级人民政府仍然授权这些单位行使主管本行政区域内体育工作的行政职权。这是我国行政体制改革中出现的新的行政机构形式。

#### 2. 政府非专门管理系统

在政府非专门管理系统中，有些部门还设有全民健身管理部门。例如，国务院其他有关部门在各自的职权范围内管理体育工作，这类管理有两种类型：一种是国务院有关部门按照国务院体育行政部门的统一部署，直接管理本部门的体育工作。比如教育部主管学校体育工作；国家民族事务委员会负责少数民族传统体育工作；农业农村部、公安部等负责本行业的体育工作等。另一种是国务院有关部门在自己职权范围内开展与体育有关的业务管理工作。如民政部依法对全国性体育社会团体进行登记和管理；公安部依法对群众性体育活动中的治安问题进行管理；国家工商行政管理局（现"国家市场监督管理总局"）、国家税务总局对体育经营问题和税收问题依法进行管理等。

新修订的《体育法》明确规定："地方各级人民政府和有关部门应当为全民健身活动提供必要的条件，支持、保障全民健身活动的开展。"当前我国很多基层行政部门都将全民健身工作列入政府工作内容，指定专门人员负责全民健身工作。

### （二）社会管理系统

全民健身的社会管理系统由体育社会组织、其他社会组织和体育营利组织组成。

#### 1. 体育社会组织

体育社会组织是指人们自愿组成为实现特定的体育服务目的或共同的体育意愿，按照其章程从事各种体育运动和健身活动的非营利性、民间性社会组织。[①]我国与全民健身有关的体育社会组织主要包括：体育社会团体、体育类民办非企业单位以及未登记的体育社会组织（也称"草根"体育社会组织）。

#### （1）体育社会团体

体育社会团体是指人们自愿组成，为实现共同的体育愿望，按照其章程开展活动的非营利性社会组织。体育社会团体在实现人们的共同体育愿望、维护争取体育权益、组织开展竞赛活动、普及推广体育运动、提高运动技术水平和提供专业化体育服务等方面具有独特功能和作用。作为体育社会组织的主要组成部门，体育社会团体数量最多，我国目前法人登记的体育社会组织中体育社会团体占比达到60%，未登记的体育社会组织（"草根"体育社会组织）中体育社会团体占比90%以上。按照服务对象和范围区分，体育社会团体包括体育总会、体育单项协会、人群体育协会、行业体育协会、体育科学学会和未登记体育社会组织等；按照组织性质和任务区分，体育社会团体涵盖专业性、学术性、行业性和联合性社团，其中以学会、研究会命名的为学术性体育社团，如中国体育科学学会等；行业协会是以同行业的企业或

---

① 刘国永，裴立新. 中国体育社会组织发展报告（2016）[M]. 北京：社会科学文献出版社，2016.

企业家为会员，服务于全行业共同事务和共同利益的非政府的公益性会员组织，具备这一条件的为行业性体育社会团体，如中国体育产业协会、中国体育场馆协会等；以从事某种运动项目的普及、推广与提高，服务于项目发展的是专业性体育社会团体，如篮球运动协会、足球运动协会、游泳运动协会等；以具有沟通交流、维护权益、人群协会为主的是联合性体育社团，如体育总会、老年人体育协会、农民体育协会等。

（2）体育类民办非企业单位

体育类民办非企业单位是指企业、事业单位、社会团体、其他社会力量和公民个人利用非国有资产举办的，不以营利为目的的，以开展体育活动为主要内容的民办的中心、院、社、俱乐部、场馆等社会组织。体育类民办非企业单位是目前我国唯一法定的体育类社会组织，是由社会力量举办的公益性服务机构，其主要作用是向社会提供专业化体育服务。《体育类民办非企业单位登记审查与管理暂行办法》规定：体育类民办非企业单位可以从事以下五类业务：一是体育健身的技术指导与服务，二是体育娱乐与休闲的技术指导、组织、服务，三是体育竞赛的表演、组织、服务，四是体育人才的培养与技术培训，五是其他体育活动。体育类民办非企业单位是不以营利为目的民办体育社会组织，其获取发展资金的来源主要有以下四个方面：一是接受捐赠、资助，二是接受政府、企事业单位、社会团体以及其他社会组织和个人的委托项目资金，三是为社会提供与业务相关的有偿服务所获得的报酬，四是其他合法收入。目前我国体育类民办非企业单位的主要组织形式是青少年体育俱乐部，占比80%以上。

（3）未登记体育社会组织（"草根"体育社会组织）

未登记体育社会组织（"草根"体育社会组织）是指那些不具备法人条件，未在民政部门进行登记，为满足共同体育需求自愿发起成立的体育组织，组织成员形成一定的关系结构和共同规范的自治集体或群体。这类体育社会组织的人员组成及形式十分复杂，但目的很明确，就是为了满足体育健身需求，包括全民健身站点、健身团队、基层体育协会、健身俱乐部、网络体育组织等。只要未在民政部门登记的以体育为目的的，无论是实体性的还是非实体性的都属于未登记体育社会组织。①

---

①　刘国永，裴立新. 中国体育社会组织发展报告［M］. 北京：社会科学文献出版社. 2016.

## 2. 其他社会组织

某些社会组织虽然不是专门的体育组织，但它们下设的如工会、共青团、妇联等都设有体育机构，负责组织单位职工、青年群体和妇女群体的体育活动。

## 3. 体育营利组织

体育营利组织是指经过法定登记注册的以营利为目的，自主经营、独立核算、自负盈亏、具有独立法人资格的体育组织，主要包括体育企业。在我国，体育营利组织主要有各类健身会所、体育俱乐部、健身中心等。这类组织是开展全民健身活动的重要补充，经常会吸纳一些具有个性化健身需求的群体，由于其运作方式灵活、服务专业，受到广大年轻人的喜爱。

**相关链接**

美国早期的体育俱乐部主要是带有休闲性的乡村俱乐部，参加俱乐部的人需一次交纳一笔类似投资的费用，之后还要定期交纳会费。这些俱乐部的项目多为高尔夫、网球和游泳，俱乐部的成员还可在俱乐部内开展其他社交娱乐活动。20世纪60年代以后，随着网球、高尔夫等运动在美国的兴起，体育俱乐部的数量迅速增加。20世纪70—80年代，以有氧健身操为代表的有氧运动风靡全美，进一步带动了体育健身娱乐的发展。1993年，美国每年参加体育健身活动超过100天的人数达到4 350万，35~54岁年龄段体育人口增加的幅度最大。1987—1996年，美国各类体育俱乐部的会员数增加了51%。

美国学者把美国的大众体育俱乐部分为三个层次。第一层次是那些传统的老式俱乐部，如网球俱乐部、高尔夫俱乐部、帆船俱乐部等，这类俱乐部大约有6 000个；第二层次主要是健身俱乐部和运动项目俱乐部，这类俱乐部有8 000~10 000个；第三层次是隶属于各类社会组织（如男青年基督教联合会、女青年基督教联合会、青年天主教联合会）的所谓"准俱乐部"以及公园、医院、旅馆、疗养院的休闲健身俱乐部，这类俱乐部的数量最多，超过2万个。

托尼·德莱克斯将美国的大众体育俱乐部分为7种类型：

① 商业性健身中心和健美俱乐部；

② 私人体育健身俱乐部；

③ 旅馆、大型建筑和公园中的休闲和健身中心；

④ 隶属于社会团体的俱乐部；

⑤ 各类公司的体育健身俱乐部（健身中心）；

⑥ 心血管康复中心及运动医学活动和恢复中心；

⑦ 业余和职业的运动项目俱乐部。

由此可见，美国大众体育俱乐部的范围很广，其经营管理模式也表现出多样化的特征。

### （三）我国全民健身管理体制的发展趋势

目前，我国全民健身管理体制正在朝着政府与社会结合型体制过渡，政府在全民健身管理中仍发挥着重要的作用，这在现阶段我国体育社会组织发育尚不完善，自身运行机制尚未形成的情况下，具有一定的合理性。但从长远来看，随着我国全民健身机制的优化和政府机构改革的深入，政府将越来越多地承担宏观调控、协调、监督的职责，而将全民健身的组织与管理交由各级各类体育协会去承担。随着体育改革的深入，我国全民健身将逐渐形成政府宏观协调，各级体育总会管理，各体育协会和群众性社团组织开展的网络型组织结构。目前全民健身活动开展最活跃的晨晚练点、辅导站等将同各种体育俱乐部一起纳入体育协会的组织体系，体育社团组织将真正成为我国群众体育组织体系的主体。

### 思考与练习

1. 全民健身管理的目标和任务是什么？

2. 全民健身管理的特点和方法有哪些？

3. 简述国外全民健身管理体制的类型。

4. 试述我国目前全民健身管理体制的系统结构。

### 参考文献

[1] 李相如，苏明理. 全民健身导论 [M]. 北京：高等教育出版社，2008.

［2］国家体育总局《全民健身指导丛书》编委会. 体育健身活动的组织与管理［M］. 北京体育大学出版社，2003.

［3］王占坤，高继祥. 浙江省公共体育服务体系建设研究［J］. 首都体育学院学报，2018，30（03）：20-26.

［4］张瑞林. 体育管理学［M］. 3版. 北京：高等教育出版社，2015.

［5］申丽琼，邱勇. 社会体育指导员培训教程［M］. 北京：北京师范大学出版社，2012.

［6］［美］伯尼·帕克豪斯. 体育管理学——基础与应用［M］. 3版. 秦椿林，李伟，高春燕等译. 北京：清华大学出版社，2003.

［7］史国生，邹国忠. 体育竞赛组织与管理［M］. 南京：南京师范大学出版社，2008.

［8］张国华，陈雪红，彭春江. 社会体育活动方案设计与组织［M］. 北京：北京师范大学出版社，2010.

［9］唐大鹏，汪玉涛，管继辉等. 共享经济背景下全民健身公共服务供给侧改革研究［C］//第十一届全国体育科学大会论文摘要汇编. 中国体育科学学会，2019：821-823.

［10］陈德旭，李福臻，成向荣. 欧美发达国家公共体育服务体系建设的特征及启示［J］. 体育成人教育学刊，2020，36（01）：42-50.

# 第四章 全民健身活动场地设施

>> **本章导学** >>>

　　随着《关于加快发展体育产业促进体育消费的若干意见》《体育强国建设纲要》和《健康中国行动（2019—2030年）》等一系列政策文件的颁布，我国的全民健身环境发生了巨大的变化。作为全民健身的重要载体，体育设施建设正全面开展。全民健身运动的迅速普及，使体育健身成为人们必不可少的一种生活方式，加强全民健身场地设施建设，发展群众体育，是政府重要的公共服务职能，是贯彻落实全民健身战略、实施健康中国行动的必然要求。因此，需完善健身设施建设的顶层设计，增加全民健身设施的有效供给，补齐群众身边的全民健身设施短板，以促进全民体育活动的广泛开展。本章对全民健身活动场地设施的分类、供给、标准等方面进行介绍。

▶️ 学习目标 ▶▶▶

1. 了解和掌握我国全民健身活动场地设施的类型、特点及作用。

2. 掌握各类全民健身活动场地设施的供给属性、来源，理解其产生背景和发展趋势。

3. 了解国家体育标准体系的制定与作用，拓展了解《体育场所的开放条件与技术要求》。

# 第一节 全民健身活动场地设施的分类

全民健身活动场地设施是保障全民健身活动开展的重要物质条件和基础，一定程度上决定和影响着"健康中国"战略实施的深度和广度。目前，全国各地兴起了健身场地设施建设的新浪潮，遍布在城市和乡村的健身场地设施极大地方便了全民健身活动的开展。根据我国全民健身活动场地设施建设现状及性质，大体可分为公益性、非公益性和混合性三种类型。

## 一、公益性场地设施

全民健身公益性场地设施多以政府为主导，以供给公共体育服务为主要内容，包括全民健身中心、全民健身路径、体育公园、学校体育场馆等。

### （一）全民健身中心

全民健身中心一般指由政府主导建设或政府引导社会资本，通过新建、改建、扩建，以室内为主、不设固定看台、专用于开展体育健身活动，向公众提供公共服务的综合性体育设施。全民健身中心可包括其附属的室外休闲健身的场地设施。按建设规模、室内体育场地面积、空间类型和经常开展体育活动场地种类来划分，全民健身中心可分为小型、中型和大型三类（表4-1）。

表4-1 全民健身中心分类

| 分类 | 建筑规模 | 室内体育场地面积 | 大空间健身用房 | 小空间健身用房 | 服务功能用房 | 经常开展体育活动场地种类 | 必配场地 |
|---|---|---|---|---|---|---|---|
| 小型 | 1 200 m² ~ 2 000 m²（不含2 000 m²），宜为1 500 m² | ≥1 000 m² | 可选设1间大于或等于800 m² | 累计大于或等于200 m² | 累计大于或等于40 m² | 大于或等于3种 | 乒乓球场地、体质测试场地、棋牌室 |

续表

| 分类 | 建筑规模 | 室内体育场地面积 | 大空间健身用房 | 小空间健身用房 | 服务功能用房 | 经常开展体育活动场地种类 | 必配场地 |
|---|---|---|---|---|---|---|---|
| 中型 | 2 000 m² ~ 4 000 m²（不含 4 000 m²），宜为 3 000 m² | ≥1 500 m² | 至少1间大于或等于800 m² | 累计大于或等于500 m² | 累计大于或等于100 m² | 大于或等于4种 | 乒乓球场地、体质测试场地、篮球场地、基础健身区 |
| 大型 | 至少4 000 m² | ≥3 500 m² | 至少2间大于或等于1 600 m² | 累计大于或等于1 200 m² | 累计大于或等于200 m² | 大于或等于5种 | 乒乓球场地、体质测试场地、篮球场地、羽毛球场地、基础健身区 |

注：表中大空间健身用房、小空间健身用房和服务功能用房的面积均为使用面积

全民健身中心在功能上与大型体育综合体或大型体育场馆有显著的区别，主要以满足人们的体育参与和健身活动需求为主。全民健身中心的建设标准相较于大型体育场馆的要求低，资金的投入较大型体育场馆少，更适合于城市的规划与布局，与体育综合体形成搭配。加之全民健身中心的公共服务属性，更能吸引广大的体育爱好者参与自己所喜爱的运动项目。

**（二）全民健身路径**

全民健身路径是指利用城市、乡镇现有的公共活动场所，如公园、小区、城市绿化地设置一些群体健身器械，并辅以活动路径的体育健身集合设施。健身路径在某些国家被称为"室外健身设施""健身径""健身路径"或"多功能健身路径"等，是一种设置在户外，由具有多种功能的运动器械组合而成的系列配套体育设施。20 世纪 80 年代，健身路径在欧美国家兴起，多设在环境较好的公园、绿地、河边等处。1996 年，广州天河体育中心建成了我国第一条"多功能健身路径"，它以占地不多、投资不大、简便易

建、方便群众等优点广受欢迎。目前，我国的全民健身路径是国家体育总局倡导并推行的全民健身工程的重要组成部分，是国家体育总局利用体育彩票公益金会同地方体育局为社区投资兴建的供全民健身活动使用的公益性体育场地设施。2021 年全国体育场地统计调查数据显示，我国现有全民健身路径 92.93 万个，已遍布城市和乡镇。

我国全民健身路径的设置一般以社区为单元，每个社区的器材配置数量均有最低要求，一套完整的全民健身路径一般由数站构成（5～20 站不等），它所包括的全套器械对人的四肢、躯干、背部、肩部、腹部、腰部、颈部等部位的肌肉都有锻炼作用，有助于提升人的攀爬、跳跃、平衡等能力，从而达到全面发展大众身体素质和增强体质的功效。每一个或几个健身路径器械旁一般设有标牌，写明锻炼方法、主要功能、安全注意事项等，避免大众锻炼的盲目性，尽快达到锻炼和健身的目的。

伴随我国制造业水平的不断提升，全民健身路径在制造工艺、色彩配色方面向景点化方向发展，在功能上也更具信息化、智能化。目前，全民健身路径已成为我国许多城市公园设施配置的必备设施，是城市一道靓丽的风景。

除此之外，我国还设有针对残疾人士健身与康复需求的自强健身示范点。2007 年，国务院印发的《关于进一步加强残疾人体育工作的意见》中指出，要"广泛开展残疾人群众性体育活动""利用各种社会资源为残疾人参加体育活动提供场地和设施"。为贯彻《国务院关于加快推进残疾人小康进程的意见》（国发〔2015〕7 号），经中国残联批准，我国在全国范围内推进残疾人自强健身示范点建设，所颁布的《残疾人自强健身示范点建设办法（暂行）》中对"示范点"建设需要满足的基本条件和服务标准作了明确要求，提出"示范点"必须能够满足至少 10 位且能满足 2 种以上残疾类别的残疾人同时进行健身活动的要求。要求室内活动场所面积不小于 60 平方米，适合残疾人使用的健身体育器材、设施不少于 12 种（其中残疾人专用器材不少于 5 种），能够满足残疾人参与健身体育活动的基本需求等。

**（三）健身步道**

健身步道是一种提供人们进行慢走、跑步等锻炼的道路，此外，人们还可以在健身步道上开展骑自行车、轮滑、滑板等活动。

健身步道的宽度可根据具体情况和条件设定，其道路的一侧或两侧通常有里程数标识、健康与健身指南标识以及其他身体测试和保障设施设备。有些较长的健身步道可在起点、中途点、终点等地为锻炼者设立"健身驿站"。"健身驿站"具有休整、餐饮、测试、救助等多种服务功能。

近年来我国非常重视健身步道的建设，2018 年，国家体育总局等 12 个部门联合印发《百万公里健身步道工程实施方案》，肯定了健身步道体系建设对于落实全民健身国家战略的重要意义。2021 年全国体育场地统计调查数据显示，我国现有健身步道 10.59 万个，长度 26.34 万千米，场地面积 7.47 亿平方米，极大地满足了人们健身的需求。但目前我国的健身步道主要集中在市区，为了构建更高水平的全民健身公共服务体系，2022 年，中共中央办公厅、国务院办公厅印发的《关于构建更高水平的全民健身公共服务体系的意见》中又提出了要在全国建设国家步道体系，支持依法利用林业生产用地建设森林步道、登山步道等健身设施。

国家步道是指建设于生态与人文资源丰富的山岳、水岸或郊野地区，穿越并连接具有代表性的人文与生态资源，串联多样性国家景区，为到访者提供自然人文体验、环境与文化教育、休闲健康游憩等多元机会的同时，实现传承保护文化遗产、利用生态资源、促进旅游产业、活跃乡村经济的步道廊道系统。我国国家步道的建设将为公众提供开放、安全、科学、规范的户外运动健身场所，其生态环保功能、文化资源保护功能、广泛的大众使用功能以及形成的运动休闲旅游产业链，将使国家步道成为新的民生工程。

### （四）体育公园

体育公园是以体育健身为重要元素，与自然生态融为一体，具备改善生态、美化环境、体育健身、运动休闲、娱乐休憩、防灾避险等多种功能的绿色公共空间，是绿地系统的有机组成部分。它是一种以体育运动为主题特色、具有体育功能和景观功能的公园类型，借助景区园林绿化，合理安排与体育健身有关的运动场所，吸引广大游客来此休闲、观赏或配合举办各类体育运动赛事的公园。这种形式充分体现了"体育"和"公园"的和谐统一，把体育休闲运动公园的文化价值和功能设计要求进行充分融合。

城市体育公园是城市体系的重要组成部分，是我国城市体育现代化建设发展的重要标志之一。城市体育公园将健身运动场所与公共开放空间有机结合，既可以满足居民运动健身和亲近自然的双重需求，又能增加城市绿地面积，改善城市环境，维护城市生态稳定。同时，还可以有效解决健身场地面积不足的现实问题，有效提高我国城市土地绿化率，增加城市人均绿地面积。可见，城市体育公园的规划建设不仅在生态上具有重要价值，而且可以提高一个城市的文化品位，塑造城市文明形象，促进城市的整体协调发展。特别是在全民健身战略背景下，可持续的、绿色环保、功能齐全的现代化城市体育公园建设势在必行。

### （五）学校体育场馆

城市化的发展必将使学校的选址更多地靠近居住区，目前我国各类各级学校都建有体育场馆设施，占所在地区体育场馆比例较高，且设施比较齐全。因此，学校体育场馆是理想的居民健身场所。学校体育场馆向居民开放，不仅可以解决社区体育场馆不足的问题，可以提高学校体育场馆的利用率，也有助于学校体育与社区体育的交流，可大大缓解因资金、场地等问题造成的健身设施缺乏的局面。

调查显示，目前我国向社会开放的学校体育场馆很少。人民日益增长的体育需求和体育场馆缺乏的矛盾，使学校与社区间的资源共享变得更加紧迫。国外许多国家很早就开始社区与学校体育场馆共享的实践，并取得成效。比如日本约有 97.5% 的学校体育设施已经对外开放。

未来，我国要进一步落实开放学校体育场馆的具体措施，制定学校体育场馆对外开放管理办法，以便于学校体育场馆的维护、管理和更新，做到体育资源共享。建立社区、学校体育场馆互补模式，将体育场馆对外开放的学校纳入全民健身工程（点）建设的布局范围，不仅可以减少投资成本，又可实现资源共享，提高场馆设施使用率，可谓一举多得。

### 二、非公益性场地设施

非公益性场地设施的代表是体育健身俱乐部，它们是满足人们个性化体育健身需求的重要场所。近年来，在体育强国战略的指引下，我国大力发展体育产业，促进体育消费，一大批各具特色的体育健身俱乐部，构成了一张庞大的全民健身社会化体系网络，体育健身俱乐部不仅丰富了人们的日常生活，而且成为促进体育产业发展的重要手段。

体育健身俱乐部围绕各自的特色与定位，在场所设计、设施配置上尽力营造良好的健身体验。近年来，配置恒温游泳池、室内攀岩场、壁球馆等集合多种运动项目的城市健身俱乐部已逐渐成为主流。随着冰雪运动、户外运动等新兴运动项目的普及与推广，以体育健身俱乐部形式出现，因地制宜构造的多主题、多项目的运动场所与设施，使人们的个性化体育需求得到了极大满足。

目前体育健身俱乐部种类繁多，但按照主要服务人群可划分为两类：一类是面向中高档消费者的高级健身俱乐部（会所），这类俱乐部数量较少，难以成为全民健身活动的主渠道。另一类是面向大众的体育健身俱乐部，如社区体育健身俱乐部。这类俱乐部数量较多，分布广泛，消费人群以普通百姓为主，收费较低，易于普及。

### 三、混合性场地设施

混合性场地设施的代表是体育综合体，是以特色体育场馆为依托，以体育服务为内核，集健康、文化、休闲、教育等功能于一体的城市建设综合型项目。体育综合体既是体育产业聚集区，又是不可或缺的城市功能区。当前我国的城镇化建设中，由于体育综合体依托的优势资源有所不同，所形成的特色也各不相同。很多大型体育综合体已成为城市的地标性建筑，与城市的经济、社会、文化发展等方面的定位融为一体。

体育综合体是城市开展全民健身活动的重要推手，大型体育综合体的核心功能是组织举办赛事，通过引入高级别的体育赛事，助推当地的全民健身项目发展。大型体育综合体通常是按照专业赛事与训练的级别建设场馆，同时也会布局诸如露天篮球场、足球场、室内综合练习馆等面向社会大众的运动场所。大型体育综合体的运营有政府的财政补贴，通常会向市民免费或低收费开放。完善的体育配套设施可以为市民带来舒适、专业的运动体验，是一个城市全民健身运动发展水平的缩影。

借助体育综合体，通过高水平赛事的欣赏，可以激发人们参加运动的兴趣和动力。体育综合体在全民健身运动中是促进地区经济发展的一个重要引流手段，也是体育消费升级的重要抓手，未来它的功能将会更加丰富，服务也会更加人性化。

## 第二节　全民健身活动场地设施的供给

加强全民健身场地设施的建设，是地方各级人民政府重要的公共服务职能，是为促进我国全民健身事业的发展、贯彻全民健身国家战略、实施健康中国行动的必然要求。为完善健身设施顶层设计，增加健身设施有效供给，补齐群众身边的健身设施短板，我国在大型体育场馆免费或低收费、挖掘学校体育场地设施对外开放的潜力、构建 15 分钟健身圈、鼓励利用城市空闲土地及城市公益性用地建设健身设施、加大健身设施审批领域"放管服"改革力度、支持鼓励社会力量建设全民健身体育场地与设施等方面相继出台了一系列政策，为全民健身体育场地设施的供给提供了保障。

当前，我国全民健身活动场地设施供给的资金来源途径主要有体育彩票公益金、市政建设资金、新农村建设资金和社会投资资金，分别对应全民健身工程建设、城镇规划建设、乡村振兴战略中的体育场地设施建设和社会投资建设四个方面。

## 一、全民健身工程建设

20 世纪 90 年代中期，随着我国社会经济的发展，参与体育活动、增进健康、提高生活质量成为人们追求的新目标。但我国体育场地设施不足，尤其是群众体育场地设施严重缺乏的局面没有得到根本性改变，建设老百姓身边的场地，发展社会公益性场地设施成为亟待解决的民生问题。1997 年，国家体委下发《关于 1996 年度体育彩票公益金用于实施全民健身计划的通知》，开始实施全民健身工程。2000 年，国家体育总局颁布《中国体育彩票全民健身工程管理暂行规定》，对全民健身工程作出全面、明确的规定。本着"取之于民，用之于民"的原则，全民健身工程建设启动资金由国家体育总局和地方体育行政部门按一定比例从本级体育彩票公益金中投入。同时，国家也鼓励和提倡受赠单位从本地实际出发，筹集和吸引其他资金共同投入。

健全群众身边的体育健身组织、建设群众身边的体育健身设施、丰富群众身边的体育健身活动、支持群众身边的体育健身赛事、加强群众身边的体育健身指导、弘扬群众身边的体育健身文化，是全民健身"六个身边"工程。其中体育健身设施的供给与建设，主要通过全民健身路径工程、全民健身活动中心工程、雪中送炭工程、绿色体育工程、农民体育健身工程等，在社区、公园、广场等便于群众健身且安全的场所兴建。

全民健身工程以面向大众、满足群众的基本需要为出发点，以免费的形式向大众开放，具有公益性，是实施《全民健身计划纲要》的重要举措。作为构建公共体育服务体系的重要方面，它提升了全国各地公共体育设施的数量和质量，带动了体育组织建设和全民健身活动的开展，使体育工作基础更加坚实，被广大群众誉为"造福工程"。

## 二、城镇规划建设

完善的体育场地设施是实现全民健身的重要保障。2019年，国务院办公厅印发的《体育强国建设纲要》中，要求各地统筹建设全民健身场地设施。将全民健身场地设施纳入各级政府经济社会发展规划和各级国土空间规划，统筹考虑全民健身场地设施、体育用地需求，建立社区全民健身场地设施配建标准和评价制度。研究完善建设用地标准，在国家土地政策允许范围内，保障重要公益性体育设施和体育产业设施、项目必要用地，并依法依规办理用地手续。在2022年印发的《关于构建更高水平的全民健身公共服务体系的意见》中提出，2025年，我国人均体育场地面积达到2.6平方米。新建居住区要按室内建筑面积人均不低于0.1平方米或室外人均用地不低于0.3平方米的标准配建公共健身设施，纳入施工图纸审查，验收不达标不得交付使用。随着我国城镇化的推进与发展，地方各级人民政府将健身设施作为城市建设"补短板、强弱项、惠民生"的重要切入口、突破口，一方面，因地制宜、积极利用城市的存量空间，结合旧城改造、环境整治等，挖掘城市、街道和社区中的空闲地、边角地等，通过整合、腾退、置换等方式，建设改造健身设施，破解空间资源紧张、体育健身场所不足的问题。另一方面，在城市转型发展中，兴建体育公园、健身中心、体育场馆，完善学校体育设施规划等，不断增加城镇人均体育场地设施面积。鼓励利用社会资金，结合城市主体功能区、风景名胜区、新农村的规划与建设等，合理利用旅游景区、郊野公园、城市公园、公共绿地、广场及空置场所建设体育公园。在多种措施并举的城市规划与建设下，现如今，全国各地各具特色的体育公园、健身步道、体育小镇已成为城市景观和亮点，极大地满足了人民群众对健身场地的需求。

## 三、乡村振兴战略中的体育场地设施建设

党的十九大提出乡村振兴战略。《中共中央国务院关于实施乡村振兴战略的意见》中指出，走中国特色社会主义乡村振兴道路，让农业成为有奔头的产业，让农民成为有吸引力的职业，让农村成为安居乐业的美丽家园是新时代我国农业农村工作的新目标。农村体育事业与加快推进农业农村现代化

建设，实现农业强、农村美、农民富的目标任务紧密相连；开展农村体育工作是实施全民健身国家战略的重要组成部分，切实提高农民身体素质和身心健康，是实现"两个一百年"奋斗目标的重要内容。

2017 年 12 月，农业部（今农业农村部）、国家体育总局联合印发的《关于进一步加强农民体育工作的指导意见》中要求，建设和利用农民群众身边的场地设施。结合农村社区综合服务设施建设和乡村文化站（中心）资源整合，继续加大"农民体育健身工程"实施力度，有条件的地方要积极探索农民体育健身工程向人口相对集中的自然村屯延伸，选择部分有代表性的村屯开展农村体育设施整村全覆盖试点工作，为农民体育健身工程升级版积累经验和探索途径。结合扶贫攻坚项目，优先扶持贫困农村体育健身场地设施建设。按照全国体育场地人均面积要求，以多种方式留足农村体育健身用地，提倡利用农村闲置房屋、集体建设用地、"四荒地"等资产资源，并注意与土地利用总体规划和休闲农业及乡村旅游等项目相衔接。积极探索农村体育场地设施更新和维护管理长效机制，体育、农业部门要建立定期巡检制度，做好已建成场地设施的使用、管理和提档升级。鼓励有条件的乡村企事业单位和学校向农民免费或低收费开放体育场地设施。按照实施乡村振兴战略总要求和"因地制宜、整合资源、乡土特色、方便实用、安全合理"原则，紧密结合美丽宜居乡村、运动休闲特色小镇建设，科学规划和统筹建设农村体育场地设施，促进农民体育与乡村旅游、休闲农业融合发展，充分利用好农业多功能特点，鼓励创建休闲健身区、功能区和田园景区，探索创建乡村健身休闲产业和运动休闲特色乡村。2020 年，实现农村体育健身公共服务水平和乡村居民身心健康水平双提升，农民健身公共服务体系基本建立。实现"农民体育健身工程"行政村全覆盖，农民人均体育健身场地面积达到 1.8 平方米。

## 四、社会投资建设

全民健身既是国家战略，又带动了巨大的产业动能，吸引了众多社会资本投入全民健身事业中。动员社会力量投资建设和运营管理全民健身体育场馆，是加快缓解全民健身场馆设施数量少以及政府投入建设资金不足的有效途径。当前国内各类社会资本在全民健身领域的投入方兴未艾，是全民健身场地设施供给的另一强大力量，丰富了广大群众的个性化需求，形成各类形式多样的服务体系，对人们养成健康的生活方式有明显的促进作用。同时，在社会资本参与全民健身事业的投入与产出循环中，我国体育产业的发展也呈现出欣欣向荣的局面。

全民健身场地设施具有准公共物品的属性。近年来，虽然我国地方各级人民政府对其的财政投入越来越大，但是，很多情况下政府不能够及时、迅速、有效地满足人民群众多元化的全民健身需求。我国民间资本丰富，如何充分利用民间资本充裕、灵活的优势，发挥其在全民健身场地设施建设中的作用，是解决我国全民健身场地设施不足的途径之一。建议把民间资本引入全民健身场地设施建设和运营管理中来，利用民间资源来管理公共设施，提高服务质量并节约经费。实施体育场地设施运营的"PPP模式"，通过签署合同来明确双方的权利和义务，以确保合作的顺利完成。积极探索政府财政投入与民间资本的"共同投入"模式。以社区健身场地设施为例，社区健身场地设施利用率相对较高，政府可以制订一系列优惠政策，如批准房地产企业以低于建筑用地价格获得社区健身场地建设用地，或者给予一定的税收优惠等，鼓励房地产企业参与健身场地设施的建设。总之，可充分调动各方的积极性和主观能动性，多元化、多手段开拓资金来源渠道，努力从社会团体、单位、个人、公益基金等渠道获得资助，为我国全民健身场地设施的建设创造条件。

## 第三节　我国全民健身活动场地设施的标准

体育场地设施建设标准化工作是国家体育事业发展的基础，是竞技体育、全民健身活动设施建设的基本保证，也是体育行业的技术基础。我国于1988年启动了专业的体育设施标准研究制定工作。2002年4月，国家体育总局批准成立了体育设施建设和标准办公室，标志着我国体育行业的标准化建设进入一个新的时期。

### 一、国家体育标准体系框架

我国体育标准体系框架是由体育标准体系结构向下映射而成，是形成体育标准体系的基本组成单元。体育标准体系框架包括"01基础""02体育管理""03体育服务""04运动方法""05器材装备技术"和"06设施设备工艺"标准6个部分。其中，"06设施设备工艺"标准为全民健身场地设施建设的重要标准。涉及内容广泛，旨在全方位支撑体育强国建设和体育产业的发展（图4-1）。

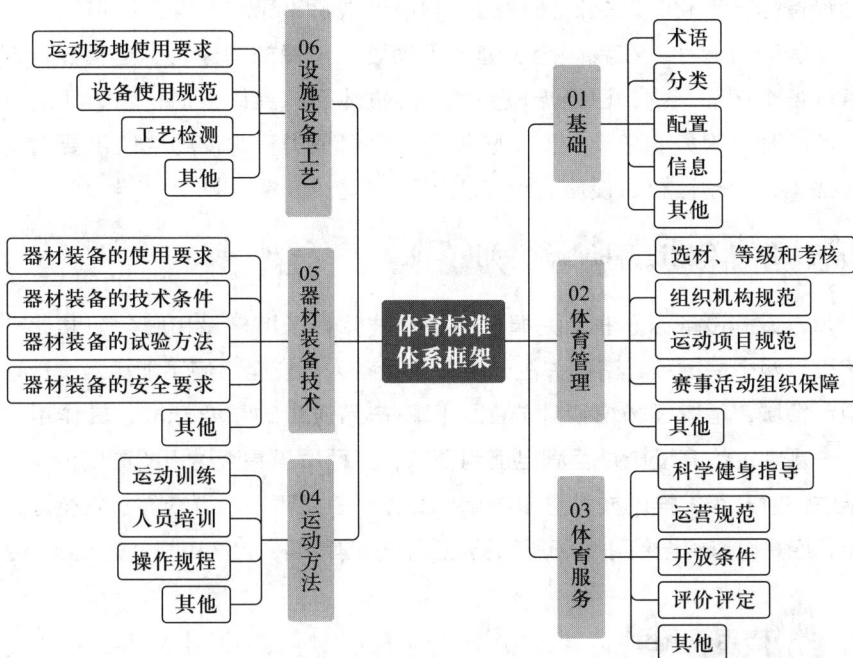

图4-1　体育标准体系框架

　　我国体育领域的标准主要由国际标准、国家标准、行业标准和地方标准构成。国家标准由国家体育总局提出，全国体育标准化技术委员会设施设备技术委员会归口，中华人民共和国国家质量检验检疫局、中国国家标准化管理委员会发布，每个国家标准均会有"GB"英文字母开头的编号，每份国家标准均有明确的发布日期和实施日期。行业标准是根据不同行业对体育设施设备建设的不同要求而制定的标准，如国家体育总局发布的体育行业标准、住房和城乡建设部发布的关于体育建筑类的设计规范与标准等。此外，还有一些地方根据地区发展实际情况，提出了特殊的体育设施设备标准要求，由地区主管部门制定与发布，这些标准有的甚至高于国家标准，被要求在地区建设体育设施设备时采用，这些标准被称为地方标准。

## 二、体育设施设备标准体系的制定与组成

　　国家体育设施设备标准均严格按照国家标准化管理委员会、国家体育总

局相关管理办法要求，经过立项、起草、征求意见、审查、报批、发布等严格的工作程序产生。体育设施设备标准平均标龄为 5 年。近年来，我国体育设施设备标准老化、缺失、滞后的问题得到缓解，标准内容与时俱进，具备指导实践的有效性。在我国全民健身活动场地与设施的建设、运营、管理、服务等各个环节当中，已经形成完整的标准体系，具体包括：场馆建筑设计类；场所开放服务要求类；安全防护与安全管理类；体育场地使用要求与检验方法类；运动器材、设施、设备工艺要求类。

## 三、体育设施设备标准的作用

体育设施设备标准准确把握了服务竞技体育场馆建设和服务公共体育设施建设这两个关键点，密切关注体育设施设备人身安全、使用能耗、设计理念等重点领域，是指导场馆设计施工，保障产品质量的重要标准，其作用体现在：一是判定体育设施是否满足使用要求，工程质量是否达标的重要依据；二是促进产业升级，推动技术进步的重要载体；三是可以为群众健身安全起保障作用；四是可以将全民健身场所的管理工作引向科学、有序和规范的发展轨道。

**相关链接**

### 《体育场所的开放条件与技术要求》 系列标准

该系列标准是由国家体育总局组织有关专家或企业代表，依据一系规范性引用文件制定的，由中华人民共和国国家质量监督检验检疫总局（现国家市场监督管理总局）和中国国家标准化管理委员会共同发布，共包括《总则》与 32 个部分，涉及 32 类（项）体育运动场所。

《体育场所的开放条件与技术要求》 系列标准的各个部分针对一类（项）运动项目场所，每部分的标准内容包括：范围；规范性引用文件；术语与定义；从业人员资格；场地、设施设备的条件；卫生、环境管理要求；安全保障 7 个部分。《体育场所的开放条件与技术要求》的系列标准明确规定了各类体育场所开放的基本原则、从业人员要求、场地设备条件、卫生环境要求和安全保障要求，适用于我国所有社会开放的运动场所，也是运动场所开放的强制性要求，使我国的大众健身场所管理工作向科学、有序和规范的方向发展。

## 思考与练习

1. 全民健身活动场地设施分为哪几类？
2. 什么是全民健身路径？
3. 健身步道有哪些特点？
4. 概述全民健身工程的目的和作用。
5. 简述国家体育标准体系的内容。

## 参考文献

［1］国务院办公厅. 关于加强全民健身场地设施建设发展群众体育的意见［EB/OL］. http://www. gov. cn/zhengce/content/2020 - 10/10/content _ 5550053.htm.

［2］王权振. 扬州市宋夹城体育休闲公园公共体育服务及对小学生体育素养影响的研究［D］. 扬州：扬州大学，2021.

［3］教育部 国家体育总局关于推进学校体育场馆向社会开放的实施意见［J］. 中国学校体育，2017（04）：26-27.

［4］叶建华，邓逢明. 论城市生态体育公园的开发与建设［J］. 安徽体育科技，2005（02）：9-11.

［5］孟语. 城市体育公园规划设计与发展研究［D］. 北京：北京林业大学，2016.

# 第五章　全民健身活动的指导者

**本章导学**

社会体育指导员是全民健身活动中最主要的指导者，是实施全民健身计划的重要骨干队伍，是构建全民健身服务体系中的重要环节。本章重点介绍了我国社会体育指导员的发展概况，系统阐述了公益性社会体育指导员和职业性社会体育指导员的定义、特点、作用及培养管理等问题，并预测了我国社会体育指导员未来发展的趋势。

**学习目标**

1. 了解我国社会体育指导员队伍的产生背景与发展现状，理解我国社会体育指导员制度的建立背景与意义。

2. 了解公益性社会体育指导员的定义及性质，掌握公益性社会体育指导员志愿服务的宗旨与特点，了解公益性社会体育指导员队伍的作用及培养与管理方式。

3. 理解职业性社会体育指导员的定义及等级体系，能简述申报职业性社会体育指导员的条件与鉴定的程序，了解职业性社会体育指导员的培养与管理方式。

4. 了解我国社会体育指导员未来发展的趋势。

# 第一节　我国社会体育指导员的发展概况

随着"全民健身"上升为国家战略，群众多样化的健身需求日益增强，社会体育指导员队伍逐渐成为我国全民健身公共服务体系的重要组成部分和宝贵的人力资源，是我国实现经济社会全面发展的重要保障。我国有两类不同性质的社会体育指导员，一类是公益性社会体育指导员，另一类是职业性社会体育指导员。本节将重点阐述我国社会体育指导员队伍的产生与发展以及社会体育指导员制度的建立。

## 一、我国社会体育指导员队伍的产生与发展

### （一）我国社会体育指导员队伍产生的背景

1. 社会经济和体育事业迅速发展

我国社会体育指导员队伍的产生和发展，是在改革开放的背景下，主动适应国家社会经济和体育事业发展，适应群众科学健身需求应运而生的必然产物。党的十一届三中全会后，党和国家的工作重心实现了根本性转移，我国进入改革开放和社会主义现代化建设新时期。

随着经济体制的逐步转轨和国民经济实力的迅速增强，与之相适应的社会事业也逐步列入国家的发展议程，推动着我国体育事业不断开创新的局面。在我国竞技体育取得奥运会等国际大赛重大突破、为国家争得荣誉和振奋民族精神的同时，全社会体育意识逐渐增强，体育热情不断高涨，群众性体育活动也普遍开展起来。

2. 人民群众科学健身需求增长和组织化程度提高

生活水平的逐步提高，闲暇时间的不断增加以及现代"文明病"的逐步蔓延，使提高生活质量、建立科学健康文明的生活方式，逐步成为人们的普遍追求和社会发展的重要内容，体育健身融入百姓的日常生活。

伴随着体育活动的广泛开展，参加体育健身活动的群众自发地结成各种健身组织。在健身活动的交往互动中，广大人民群众对健身科学指导的要求越来越强烈，对健身方法的科学性提出了客观需求。在这样的过程中逐步孕育和培养出一大批社会体育骨干，业余体育活动辅导员开始活跃在各地的体

育健身活动场所，活跃在人民群众身边指导他们的健身活动，社会体育指导员的发展初见端倪。

3. 全民健身发展的规范化、法治化

随着改革开放的不断推进，民主和法治建设日益加强。国家和体育行政部门在体育改革的过程中，逐步将体育发展纳入规范化、法治化的发展轨道，不断加强体育法规制度的建设。正在起步发展的社会体育指导工作需要通过相关的立法保障来填补社会体育工作队伍和人员管理方面的制度空白。

4. 世界大众体育和社会体育指导员制度的发展

20 世纪中叶以来，发达国家在竞技体育迅速发展的同时，又形成一个被称为"第二奥林匹克运动"的世界性大众体育热潮。各种社会组织积极参与兴办大众体育，各国政府和国际组织也加强协调并采取各种制度措施加以推动。很多国家开始对大众体育中涌现出来的指导活动进行立法上的支持与调整，纷纷建立各种类型的社会体育指导员制度，为我国社会体育指导员工作的管理和发展提供了有益的参照与借鉴。

**（二）我国社会体育指导员队伍的发展现状**

体育人才资源是推动我国体育事业科学发展的第一资源。2019 年《国务院关于实施健康中国行动的意见》，对我国群众健康知识普及、健康行为参与、健身活动开展提出了新要求。社会体育指导员作为我国群众体育健身知识的传递者、健康行为的引导者、健身活动的指导者，对促进"全民健身"事业的发展及"健康中国"战略的实施，具有重要的作用。随着国家体育总局《全国体育人才发展规划（2010—2020 年）》的有序推进，我国社会体育指导员数量不断增加，为国家体育战略的实施奠定了重要的人力资源基础。但社会体育指导人员供给不足，区域分布不均衡等矛盾，依然是"全民健身"与"健康中国"等战略实施过程中亟待解决的重要问题。自 1993 年颁布《社会体育指导员技术等级制度》以来，我国社会体育指导员的发展经历了 2001 年出台《社会体育指导员国家职业标准》和 2011 年颁布《社会体育指导员管理办法》的变化发展过程。在我国社会体育指导员队伍发展壮大的过程中，工作内容和涉及范围越来越广，参与的部门和人员越来越多，需要的社会与政策支持不断增加，所形成的社会影响也日趋扩大。

从我国社会体育指导人员发展情况看，社会体育指导员数量呈现逐年递增的趋势，对群众体育健身活动的开展和实施"全民健身"与"健康中国"等国家战略，起到了重要的推动作用。

虽然，近年来社会体育指导员数量明显提升，但与快速发展的群众体育事业需求依然具有较大差距，社会体育指导员发展的地区差异与区域非均衡分布特征依然明显。其中，2017 年，区域社会体育指导员发展数量最高的是华东地区（117.74 万人），其次是华南地区（51.38 万人），而区域社会体育指导员人数最少的是西北地区，仅为 25 万人，相较之下社会体育指导员的东西分布差异较大。

《"健康中国 2030"规划纲要》中明确提出，2030 年我国要实现每千人拥有社会体育指导员 2.3 名，这对加强社会体育指导员队伍建设提出了具体的数量要求。同时，在国务院颁布的《全民健身计划（2011—2015 年）》《全民健身计划（2016—2020 年）》《全民健身计划（2021—2025 年）》中，都对我国社会体育指导队伍建设提出了阶段性的数量要求，以保证社会体育指导员队伍能持续不断、有计划地发展。

截至 2020 年，我国公益性社会体育指导员达到 260 多万人，每千人拥有社会体育指导员 1.86 名。但总体数量上离《"健康中国 2030"规划纲要》的要求还有一定距离。解决社会体育指导员不足并不只是解决数量上的问题，更为关键的是加强社会体育指导员的上岗率，只有提升真正在一线服务的社会体育指导员数量，才能把相关计划落到实处。

## 二、我国社会体育指导员制度的建立

1994 年 6 月 10 日，国家体委颁布的《社会体育指导员技术等级制度》正式施行。以此为标志，社会体育指导员制度这一我国改革开放后较早建立的群众体育工作制度进入实际运行阶段。二十多年来，社会体育指导员制度获得了明确的法律和工作地位，为全民健身活动的蓬勃开展和不断加强体育法治建设发挥了重要的作用。

### （一）建立我国社会体育指导员制度的背景

1.《社会体育指导员技术等级制度》在改革开放中应运而生

改革开放以来，我国社会经济快速发展，人民生活水平日益提高，体育健身日益成为人们生活方式的重要内容，并在体育健身活动组织化程度的逐步提高和科学健身指导需求的日益增长中，孕育和涌现出一些为群众健身提供组织指导服务的工作骨干。根据这一现象并参考国外建立体育指导制度的经验，我国逐步提出了建立社会体育指（辅）导员制度的问题。在国家体委群众体育司的领导下，在原天津市体委拟制的地方群众体育辅导员管理文件的基础上，原天津市体委和天津体育学院自 1991 年合作建立课题组，通过深入调研和反复研究，完成了社会体育指导员技术等级制度的起草工作。1993 年 12 月 1 日，国家体委颁布了《社会体育指导员技术等级制度》（以下简称《等级制度》），自 1994 年 6 月 10 日起施行。这是我国改革开放以来在群众体育领域制定较早的一部属于部门规章层次的立法文件，标志着我国社会体育指导员制度的正式建立与运行。

随后，社会体育指导员制度得到 1995 年相继颁布的《中华人民共和国体育法》《全民健身计划纲要》的立法确认，获得了国家推行实施的重要法律地位，并通过一系列实施推动，产生了建立社会体育指导员队伍和促进全民健身事业发展的积极效果，日益彰显出这一体育制度创新的重要价值。2009 年，时任国家体育总局局长刘鹏在一次讲话中再次对其进行了高度评价："社会体育指导员制度是 1993 年提出来的，当时提的这个事情，用今天比较时髦的话说叫文化创意工程，而且是伟大的文化创意工程。1993 年提出社会体育指导员工作的思路，真是很不容易，是很有远见的。"

2.《社会体育指导员国家职业标准》在市场需求呼应下出台

在社会主义市场经济体制改革的日益推进和体育产业化的逐步发展中，体育健身服务业日渐兴起，商业化的体育健身场所和经营活动不断增多，体育健身消费群体逐步扩大，从而形成一定的职业体育健身指导服务规模化需求。相应地，建立职业体育健身指导队伍并对其进行制度确认与管理成为现实需要。

1998 年，国家体育总局提出了建立社会体育指导员职业制度的思路，在与劳动和社会保障部（现人力资源和社会保障部）研究协商后专门设立了社会体育指导员职业，正式进入我国的职业分类体系。1999 年 10 月，国家体育总局组织北京体育大学、首都体育学院等单位的人员建立研制组，开始对构建我国的社会体育指导员职业技能鉴定体系进行系统的研究，完成了《社会体育指导员国家职业标准》（以下简称《职业标准》）的研制。2001年 8 月 7 日，劳动和社会保障部（现人力资源和社会保障部）颁布了该标准并同时施行。国家体育总局还举办了新闻发布会，从适应社会主义市场经济发展的需要，从衡量与利用社会体育指导员职业能力和劳动资源的角度明确了《职业标准》的重要意义。

国家《职业标准》的出台，表明了社会体育指导员工作在制度层面的能动适应和创新调整，对《等级制度》中从事经营性指导活动的社会体育指导员职责标准作出了具体规范，实现了适应社会主义市场经济需要对《等级制度》的进一步发展和完善。国家体育总局 2003 年在部分地区进行《职业标准》施行试点之后，2005 年开始在一些省市建立体育职业技能鉴定站，逐步展开实质性的职业社会体育指导员鉴定工作。截至 2014 年年底，通过培训和鉴定获得职业资格的社会体育指导员已有 14 万多人，他们在发展体育健身市场和服务体育健身消费中成为新的社会职业力量。

《职业标准》研制、颁布和实施期间，正值我国社会主义市场经济体制的探索和完善时期，医疗、教育等领域都出现了不同程度的过度商业化问题，当时国家体育总局对公益性指导员是否纳入职业范畴也出现了模糊认识。因此在《2001—2010 年体育改革与发展纲要》中指出："加强社会指导员队伍建设，稳妥做好向职业资格制度过渡的工作。"这意味着以职业指导员为发展方向，志愿服务类型的社会体育指导员制度将消失。这个决定引起国内学者纷纷发声，他们主张两类指导员分别发展。有学者认为：社会主义市场经济并不意味着市场能够代替政府在公共事业中的作用，市场机制和手段是提高公共产品和公共事业供给效率的有效方式，但无法替代政府在公共事业和公共服务当中的主导作用和财政投入。

为了纠正因实施《职业标准》而要求社会体育指导员整体向职业资格制度过渡的认识错位，国家体育总局于 2002 年及时发布《关于进一步做好〈等级制度〉实施工作的通知》，又通过《〈全民健身计划纲要〉第二期工程第一阶段（2001—2015 年）实施计划》，明确了继续实施《等级制度》和稳步推行《职业标准》的社会体育指导员工作思路。在开展相关调研的基础上，国家体育总局于 2005 年制定发布了《关于进一步加强社会体育指导员工作的意见》，强调公益和职业社会体育指导员都是我国社会体育指导员队伍不可缺少的重要组成部分，两种类型的社会体育指导员将并存发展，相互促进，并按照各自的工作方式共同为全民健身事业作出贡献，指明了社会体育指导员工作进一步发展的方向，有力地保证和促进了我国社会体育指导员制度继续推进实施。

3. 全民健身新发展对颁行《社会体育指导员管理办法》的积极推动

我国成功举办北京奥运会后，国家体育发展进入体育强国建设的新阶段。2009 年，国务院相继设立了"全民健身日"，颁布实施《全民健身条例》，反映了党和政府将体育工作重心向全民健身转移的政策布局。国家体育总局相关领导也特别强调，建设体育强国必须以突破性的思维措施推动全民健身的跨越式发展，要将抓好社会体育指导员队伍的建设作为全民健身突破发展的"牛鼻子"，强调社会体育指导员工作要有更大的发展，并相应地采取了一系列实质推进社会体育指导员工作发展的组织和政策措施，这为社会体育指导员制度的更好实施创造了有利的条件，也对加快修订完善现行制度文件存在的某些不适应缺陷提出了迫切的要求。

2006 年 7 月，天津体育学院课题组承接了国家体育总局关于完善我国社会体育指导员制度的研究任务，在课题组多次反复研讨论证的基础上，2011 年 10 月 9 日，国家体育总局颁布《社会体育指导员管理办法》（以下简称《管理办法》），于 11 月 9 日起施行。《管理办法》自施行起，《等级制度》即行废止，《管理办法》以更加全面和可操作性的规范内容，成为当前推动全民健身志愿服务和社会体育指导员工作制度化发展的新依据。

**（二）我国建立社会体育指导员制度的意义**

1. 促进了我国社会体育的社会化、组织化、规范化和法制化

我国通过体育行政部门制定《等级制度》进而为法律法规确认所建立起来的社会体育指导员制度，促进了我国社会体育的社会化、组织化和规范化、法制化。正是在与社会需求的适应与互动中，社会体育指导员制度成为我国群众体育和全民健身发展常抓不懈的一项制度建设和重要工作，形成一支从无到有、数量可观的志愿服务队伍，成为政府向公众提供全民健身公共服务的重要渠道。

随着社会体育指导员制度的建立和完善，各级社会体育指导员协会也加快成立和发展，社会体育指导员工作规范化程度逐步提升，广大社会体育指导员的工作保障逐步落实。同时通过不断提高培训质量以及不断增加社会体育指导员之间的交流，保障了指导员队伍自身的质量。社会体育指导员的宣传、表彰、信息服务管理进一步加强，对全民健身服务体系的构建起到了良好的支撑作用，为"健康中国"战略的贯彻实施注入了更加坚实的力量。

国家体委原主任伍绍祖在 1996 年谈到，社会体育指导员制度打破了计

划经济条件下那种技术职称与工作待遇、福利直接挂钩的办法，更多地倡导无私奉献、服务社会。这是群体改革的产物，是群体工作实行社会化改革的重要措施。中国只有造就上百万的社会体育指导员大军，全民健身计划的实施才不是空话。当上百万的社会体育指导员活跃在各个晨晚练点中、活跃在街头巷尾、活跃在群众体育健身各个场所，中国的群众体育事业将大有希望。

2. 明确了两类社会体育指导员并行发展、分类管理的要求

社会体育指导员是我国发展全民健身事业的重要力量，国家通过相应的法律制度对社会体育指导员工作予以规范和保障。以《社会体育指导员技术等级制度》的颁布实施为标志，我国社会体育指导员制度在长期的实施过程中，逐渐形成公益性社会体育指导员和职业性社会体育指导员两支队伍与两类制度的并行状态，职业资格认证相关工作由国家体育总局人力资源管理中心负责，公益类相关工作由国家体育总局社会体育指导中心负责。

公益性和职业性社会体育指导员都是我国社会体育指导员队伍不可缺少的重要组成部分，两种类型的社会体育指导员将并存发展，相互促进，实行分类管理，并按照各自的工作方式共同为全民健身事业作出贡献，指明了社会体育指导员工作进一步发展的方向，有力地保证和促进了我国社会体育指导员制度顺畅地推进实施。

## 第二节　公益性社会体育指导员

公益性社会体育指导员是发展我国体育事业，增进公民身心健康，提高生活质量，建设社会主义精神文明的一支重要力量。国家对不以收取报酬为目的，向公众提供传授健身技能、组织健身活动、宣传科学健身知识等服务的社会体育指导人员实行技术等级制度。我国的社会体育指导员制度和队伍形成两种类型并存的局面后，有关规章对公益性社会体育指导员予以全民健身志愿服务者的明确定位。

### 一、公益性社会体育指导员的定义与性质

#### （一）公益性社会体育指导员的定义

《社会体育指导员管理办法》规定：社会体育指导员是指不以收取报酬

《社会体育指导员管理办法》

为目的向公众提供传授健身技能、组织健身活动、宣传科学健身知识等全民健身志愿服务并获得技术等级称号的人员。社会体育指导员包含三个要素：社会体育指导员是落实公共体育服务的队伍，其工作是公益性的（志愿服务），不以收取报酬为目的，与营利性的服务和有偿性服务有着本质的区别；社会体育指导员的主要职责是面向广大群众和整个社会开展健身指导、组织健身活动、宣传全民健身理念和科学健身知识等；社会体育指导员应经过国家认定的正规培训基地培训并获得技术等级称号。

### （二）公益性社会体育指导员的性质

公益性社会体育指导员面向广大人民群众和整个社会开展健身指导、组织健身活动、宣传全民健身理念和科学健身知识等，是以奉献为基本宗旨的全民健身志愿服务者。

2009 年，国家体育总局、中央文明办等六个部门印发的《关于广泛开展全民健身志愿服务活动的通知》明确指出社会体育指导员是中国特色的全民健身志愿者，是开展全民健身志愿服务活动的主力军。2010 年，国家体育总局印发的《建立全民健身志愿服务长效化机制工作方案》再次强调了要发挥公益性社会体育指导员的骨干带头作用，形成以公益性社会体育指导员队伍为主体的全民健身志愿服务者队伍。目前公益性社会体育指导员是我国全民健身志愿服务队伍中规模最大、影响最深、持续开展健身服务最久的力量，是我国全民健身志愿服务体系的核心力量和全民健身公共服务体系的重要组成部分。我国自实施社会体育指导员制度和建立社会体育指导员队伍以来，活跃在广大健身群众身边的社会体育指导员以不计报酬的无偿劳动，为广大健身群众送去了体育健身的知识和方法，向社会广泛传播科学健身的理念和文化。广大社会体育指导员自愿无偿地以自己的知识、技能、经验、精力和时间等帮助和带领群众开展健身活动，提升人民群众身心健康水平，其性质是公益性的志愿服务者。

### 二、公益性社会体育指导员的技术等级及授予部门

公益性社会体育指导员技术等级称号由低到高分为四个等级：三级社会体育指导员、二级社会体育指导员、一级社会体育指导员、国家级社会体育指导员。

各级体育行政部门或经批准的协会按照社会体育指导员技术等级标准批

准授予相应等级社会体育指导员称号。县级体育行政部门批准授予三级社会体育指导员技术等级称号；地（市）级体育行政部门或经批准的省级协会批准授予二级社会体育指导员技术等级称号；省级体育行政部门或经批准的全国性协会批准授予一级社会体育指导员技术等级称号；国家体育总局批准授予国家级社会体育指导员技术等级称号。

## 三、公益性社会体育指导员志愿服务的宗旨与特点

### （一）公益性社会体育指导员志愿服务的宗旨

广大公益性社会体育指导员秉承"奉献、服务、健康、快乐"的宗旨，组织和带领群众广泛开展体育健身活动。

1. 奉献

奉献精神是一种对事业不求回报的爱和全身心的付出，是社会责任感的集中体现。奉献精神的关键在于自愿通过无偿为他人和社会服务来获得成就感和内心的快乐。公益性社会体育指导员自觉担负起发展全民健身事业、提高人民群众体质健康水平的社会责任，以淳朴爱心和满腔热情通过各种指导服务活动，义务向健身群众默默奉献自己的知识、技能、精力和时间而不求回报，从健身群众的身心发展和健康幸福中分享喜悦与快乐。奉献是公益性社会体育指导员志愿服务精神的精髓。甘于奉献、乐于奉献是公益性社会体育指导员持续进行全民健身志愿服务的动力源泉。

2. 服务

服务是为他人做事，以提供劳动而非实物形式来满足他人需要，使他人从中受益的活动。公益性社会体育指导员的指导活动就是以自身专业的体育知识、技能，通过教学传授和组织引导，使健身群众在健身能力与锻炼效果方面获益的服务性活动。公益性社会体育指导员作为社会体育指导活动的主导者，其指导工作的根本目的和指导过程的每个环节，都是以满足健身群众的身心发展需求为出发点，都是在为健身群众能够科学健身而贡献力量。以为健身群众服务为己任，以不断提高健身群众的健身成效为目标，这是社会体育指导员不懈的追求。

3. 健康

健康是指人在身体、精神和社会适应等方面都处于良好的状态。健康是人的基本权利，是生活质量的基础，是生命存在的最佳状态，也是人生

最宝贵的财富之一。追求健康、实现健康是公益性社会体育指导员服务的内容和目的，也是激励和感染广大群众投入体育健身指导活动的魅力所在。传播健康理念和文化，引领健康的生活方式，培育崇尚健康的社会风尚，提高群众的健康水平，将成为公益性社会体育指导员奉献与服务的光荣使命。

4. 快乐

快乐是对满意或幸福的切身感受，是愉悦和美好的心理体验，是人们普遍的精神追求。公益性社会体育指导员所从事的体育健身指导服务，能够满足健身群众科学健身和发展身心的需要，使健身群众获得快乐的体验。而公益性社会体育指导员在奉献与服务的过程中，也能够产生愉悦、收获快乐。因而快乐既是公益性社会体育指导员奉献服务的追求，也是他们乐观的态度。

### （二）公益性社会体育指导员志愿服务的特点

1. 公益性

"公益"的基本含义是指公共的利益即有益于多数人的、符合最大多数人的共同利益。公益性社会体育指导员的志愿服务同其他志愿服务一样，是一种公益性活动，面对的是广大人民群众。通过全民健身志愿服务活动来倡导健康文明的生活方式，提高全民的体质健康水平，作用和影响于全民健身事业发展的活动，具有明确和显著的公益性，是社会公益活动和公共体育服务的重要内容。各级政府和社会各界应对公益性社会体育指导员开展的公益性全民健身志愿服务活动予以多方面的资助和保障。

2. 自愿性

自愿性是指主观上的自觉选择，公益性社会体育指导员的志愿服务也与其他志愿服务一样是以自愿为基础，基于道义良知和社会责任感，是一种内在动机支配下的主动行为。公益性社会体育指导员投入志愿服务活动是出于对全民健身事业的热爱，充满着对体育健身项目活动的兴趣爱好和乐于为此奋斗和奉献的主动选择。获得社会体育指导员技术称号、参加社会体育指导员协会、开展社会体育指导服务活动都是以自愿为前提。正是自愿性的内在驱动力使得公益性社会体育指导员能够克服各种困难、不断创造条件积极做出受到社会欢迎和称颂的志愿服务业绩。

3. 无偿性

无偿性是包括公益性社会体育指导员志愿服务在内的各种志愿服务的显

著特征之一，所以《社会体育指导员管理办法》对社会体育指导员的界定首先就是不以收取报酬为目的。公益性社会体育指导员的指导工作是一种非劳动岗位、非职业性的工作，不追求经济利益和物质回报，所期待的是更多群众能参加体育健身活动，广大健身群众通过指导服务能有效地增强健身能力并产生身心和谐发展的效果。公益性社会体育指导员从为健身群众服务和为社会作出贡献的过程中得到满足与快乐。

4. 专业性

专业性是指一项工作或活动应具有的专门技术和业务方面的特性。志愿服务因服务于特定的场合或人群都会有一定的专业性要求。但相比较而言，社会体育指导志愿服务的专业性要远大于一般的志愿服务活动。社会体育指导作为一项作用于人的身心健康发展的指导服务活动，要求有一定的科学性保证。公益性社会体育指导员应掌握专门的体育知识和技术，因而需要对社会体育指导员进行业务能力培训和评定。目前社会体育指导员技术称号要根据专门的技术等级条件、经过专门的培训与考核、通过专门的审查和批准以及遵循特定的程序、步骤和方法才能获得。

5. 长期性

长期性是相对短期性、临时性而言的，是社会体育指导服务活动有别于许多短期的临时性志愿服务活动的特点。由于增进健康是一个持续的过程，体育健身活动需要持续开展，因而社会体育指导就不能是一时的、临时性的工作，必须要长时间、持续不断地进行。因此经常开展社会体育指导服务成为公益性社会体育指导员一项重要的职责要求。为了保证社会体育指导服务的长期性，《社会体育指导员管理办法》不但在条件和职责要求上对社会体育指导员提出了经常参加指导活动的规定，而且规定了其确认和晋升不同等级称号的时间，并对停止指导服务的人员，设立了不能工作注册和晋升等级的制约措施。

6. 资证性

1993 年 12 月，国家体委颁布实施了《社会体育指导员技术等级制度》，标志着社会体育指导员工作成为我国一项基本的体育制度，其中对社会体育指导员技术等级的获得有明确的规定。2011 年 10 月 9 日，《社会体育指导员管理办法》以附件的形式对社会体育指导员技术等级标准进行了修订和确认。社会体育指导员称号需要确定技术等级标准，有明确的资质要求，并要经过专业培训和考核，通过一定的程序审查批准才能获得。

## 四、公益性社会体育指导员队伍的作用

国家体育总局原局长刘鹏曾将社会体育指导员的职责概括为"全民健身宣传者、科学健身的指导者、群众体育活动组织者、体育场地设施的维护者、健康生活方式的引领者"。多年来，广大公益性社会体育指导员立足于城乡社区，普及科学健身知识、开展体育健身活动，以自己的热情服务和义务奉献，受到了健身群众的欢迎，赢得了社会各界的赞誉。公益性社会体育指导员队伍是我国全民健身公共服务体系和全民健身志愿服务体系建设的重要组成部分，在全民健身中发挥着不可替代的作用；在全面开启社会主义现代国家新征程、构建健康中国、体育强国的道路上发挥着积极作用。

### （一）组织开展健身活动，引领健康生活方式

随着社会经济和体育事业的发展，群众的体育文化需求日益增长，在各级政府和社会各界的推动下，特别是 2008 年北京奥运会的成功举办，为我国体育事业的发展带来巨大影响，自发的、自主的群众体育活动蓬勃发展。广大公益性社会体育指导员深入健身站点和广场公园，宣传和普及科学健身知识，传授健身技能，带领广大群众开展健身活动。

### （二）增进国民体质健康水平，增强国家综合国力

现代社会，国家和民族实力的竞争已经表现在经济社会的各个方面，最根本的是人力资源和国民素质的竞争。

国民素质是一个国家综合实力的重要体现，是经济社会发展的重要基础性资源。国民素质包括思想道德素质、科学文化素质和健康素质等多方面内容。其中健康素质是思想道德素质和科学文化素质的物质保障，是民族整体素质的基础。党的十六大明确提出提高全民族的健康素质，努力形成比较完善的医疗卫生和全民健康体系的目标。国民的健康素质包括国民的健康素养和体质健康水平。公益性社会体育指导员开展的志愿服务通过专业化、科学化的健身指导，帮助群众形成健康的生活方式，减少现代社会慢性病和"文明病"对人民健康的威胁，提高国民体质健康水平，这对于增强全民族的综合素质、提高国家的综合实力都有着重要的作用和影响。

### （三）有助于构建和完善多元化的全民健身体系

全民健身体系是一个能够不断为全体人民提供体育健身的基本环境和条

件，满足全体人民体育健身的基本需求，使全体人民健康素质得到明显提高的服务和保障系统。1995 年，国务院印发《全民健身计划纲要》，提出到2000 年"基本建成具有中国特色的全民健身体系框架"。2002 年，党的十六大提出形成比较完善的全民健身体系和医疗卫生体系。随着服务型政府的建设，人们多用全民健身公共服务体系来代替全民健身体系。党的十八大报告指出，必须从维护最广大人民根本利益的高度加快健全基本公共服务体系。2014 年 10 月 20 日，国务院印发的《关于加快发展体育产业促进体育消费的若干意见》提出将全民健身上升为国家战略，把增强人民体质提高健康水平作为根本目标。积极倡导健康生活方式，推进健康关口前移，将全民健身作为产业发展和扩大消费的基础。全民健身上升为国家战略意味着全民健身的多元社会功能和综合社会价值日益融入国家发展的整体目标。全民健身将日益与国民经济、社会建设、教育文化等融合发展。

公益性社会体育指导员队伍是全民健身公共服务体系的重要组成部分，是全民健身志愿服务体系的核心力量。公益性社会体育指导员队伍的建设和发展，对于满足广大群众多元化的健身需求、构建和完善全民健身体系具有积极的促进作用。

**（四） 促进不同群体的融合，推进和谐社会建设**

广大的公益性社会体育指导员作为群众健身指导和活动开展的骨干力量，能够团结广大群众形成快乐、和谐、互助、友爱的健身团队。通过开展团体性体育运动促进不同社区居民之间的感情交流，形成理性平和、宽容接纳、诚信友爱、平等尊重的居民关系，不仅能够建立健全社区支持网络，还能够增强居民的社区凝聚力、归属感和人文关怀，促进社区乃至整个社会的和谐与稳定。

此外，团队成员参与制订、执行健身团队的活动内容与活动方案，能够主动参与社区公共事务，这一方面有助于加强社区居民的自身能力建设，另一方面有助于借助居民的集体智慧增强社区的发展能力。公益性社会体育指导员队伍和健身团队作为基层的健身组织是政府和老百姓之间的桥梁和纽带。他们能够向政府职能部门反映基层的实际情况和实际需求并积极争取政策支持。因此公益性社会体育指导员队伍不仅是发展体育事业的重要力量，在基层的民主建设、和睦融洽的社区氛围建设、安定团结的社会环境建设中也发挥着重要的作用，有助于推进健康中国建设。

## 五、公益性社会体育指导员的培养与管理

### （一）公益性社会体育指导员的培养途径

（1）各级体育行政部门要制订能够适应本地区社会体育发展水平的社会体育指导员培养规划，分层分级进行培养。

（2）各级社会体育指导员培训部门要加大培训的力度，要为基层社会体育指导员的培训和培养工作提供相应的条件。

（3）委托高等体育院校和有条件的普通高等院校，承担本地区社会体育指导员的培训和培养工作。发展高校教职工和学生成为社会体育指导员到社区指导体育健身活动，是一条有效、可行的途径。

（4）实行"两条腿"走路的方式，加快公益性社会体育指导员和职业性社会体育指导员双轨发展的建设步伐。

### （二）公益性社会体育指导员的管理

（1）国家体育总局主管全国的社会体育指导员工作，县级以上地方体育行政部门负责本行政区域内的社会体育指导员工作。

各级体育行政部门应当将公益性社会体育指导员工作纳入体育工作规划，列入工作考核评价体系，为公益性社会体育指导员开展志愿服务提供保障，依法对公益性社会体育指导员工作进行管理、指导、监督，由其开展志愿服务所在地的县级体育行政部门实行属地管理。

（2）各级体育行政部门可以委托社会体育指导员协会等群众性体育组织和基层文化体育组织，承担社会体育指导员管理的具体工作。

具有较好社会体育指导员工作条件和能力的全国性和省级行业、单项体育协会，经向国家体育总局和省级体育行政部门申请并获得批准，可负责相应等级的社会体育指导员培训、审批等工作。

（3）建立全国性和地方性社会体育指导员协会。社会体育指导员协会应当依据法律、法规和协会章程，加强社会体育指导员队伍建设，为社会体育指导员提供服务，反映社会体育指导员需求，维护社会体育指导员的权益，承担体育行政部门委托的社会体育指导员管理工作。社会体育指导员自愿加入开展志愿服务所在地的社会体育指导员协会。

（4）各级各类体育组织和国家机关、企业事业单位和其他组织应当支持社会体育指导员开展志愿服务并提供条件和便利。

**相关链接**

标识名称：**真心服务社会　健康拥抱未来**（图 5-1）

标识主题：**奉献　服务　健康　快乐**

标识解读：标识以"三个运动的人"组合成三颗心的图案，寓意着千千万万的社会体育指导员带着千千万万颗奉献的爱心，在全民健身活动中共同践行着"全民健身的宣传者、群众健身活动的组织者、科学健身的指导者和群众体育健身场地器材的管理者"的责任和信念。

图 5-1　社会体育指导员标识

图案主体采用了红、绿、蓝为主色调，其中红色代表社会体育指导员的热心和激情，寓意着无私奉献社会，热心服务大众；绿色代表健康、环保、自然，象征着全民健身给人民带来健康和快乐；蓝色代表蓝天，寓意社会体育指导员和广大群众同在一片蓝天下，广泛开展各种体育活动，也蕴含在全民健身活动中每一名社会体育指导员都能撑起群众健身的一片蓝天。

"运动的人"采用了现代、简洁、抽象的设计，以点、线勾勒的方式体现了体育的特征如舞动着的彩带，同时又形同"三个拥抱的人"，体现了社会体育指导员奉献、服务、健康、快乐的宗旨。

另外，红色主色调是由浅黄色渐变为红色，因此标识由红色、绿色、蓝色为主体，再加上部分黄色构成。这四种色调同时也分别作为区分社会体育指导员国家级、一级、二级、三级的四个级别。以此类推，这四种级别的徽章、证书等也分别由这四种颜色构成基准色调。

（资料来源：社会体育管理中心. 标识解读［EB/OL］. http://shtygr.com/index/Keyvalue/detail/id/2.）

# 第三节 职业性社会体育指导员

职业性社会体育指导员作为体育健身服务业的技能型从业人员，已经纳入国家职业人员分类体系。国家对以健身指导为职业的社会体育指导人员实行职业资格证书制度，对从事高危险性体育项目健身指导的社会体育指导人员，应当依照国家有关规定取得职业资格证书。

## 一、职业性社会体育指导员的定义及职业方向

### （一）职业性社会体育指导员的定义

《中华人民共和国职业分类大典》（2015 年版）将"社会体育指导员"定义为在群众性体育活动中，从事运动技能传授、锻炼指导和组织管理工作的人员。从事的工作主要包括：（1）指导参加体育活动的群众学习、掌握运动技能；（2）指导群众进行体育训练；（3）对群众体育活动进行组织管理。

职业性社会体育指导员与公益型社会体育指导员之间的根本区别在于是否将传授体育知识、组织体育学习与开展体育活动等作为一种职业获取劳动报酬。总的来说，职业性社会体育指导员是指通过专门的体育职业技能培训、考核，取得职业资格及水平等级认定，具有较高职业体育技能和素养，主要以从事传授运动技能知识、提供健身指导以及组织体育管理等工作为职业手段的人员。

### （二）职业性社会体育指导员的职业方向

1999 版《中华人民共和国职业分类大典》中，首次将社会体育指导员作为正式职业列入国家标准。目前 2015 版《中华人民共和国职业分类大典》中，我国职业分类结构分为 8 个大类、75 个中类、434 个小类、1 481 个职业，社会体育指导员职业属于第四大类"社会生产服务和生活服务人员"，职业编号为：4-13-04-01。

社会体育指导员职业下设 92 个不同职业方向，具体分为：拔河、棒球、保龄球、蹦床、冰壶、冰球、车辆模型、登山（高山探险）、登山（攀冰）、登山（山地户外）、登山（拓展）、钓鱼、定向越野、冬季两项、帆

板、帆船、飞镖、风筝、橄榄球、高尔夫球、国际跳棋、国际象棋、航海模型、航空（热气球运动）、航空（飞行运动）、航空（航空模型运动）、航空（滑翔运动航空）、航空（跳伞运动）、花样滑冰、滑冰、滑水、滑雪（单板）、滑雪（双板）、击剑、健美、健身教练、健身气功、毽球、举重、空手道、篮球、垒球、龙舟、轮滑、马术、门球、摩托车、摩托艇、排球、攀岩、皮划艇（激流回旋）、皮划艇（静水）、乒乓球、汽车、潜水、桥牌、曲棍球、拳击、柔道、赛艇、射击、射箭、手球、摔跤、水球、台球、跆拳道、体操、体育舞蹈、田径（竞走）、田径（跑步）、田径（跳跃）、田径（投掷）、跳水、铁人三项、团体操、网球、围棋、武术（散打）、武术（套路）、舞龙舞狮、现代五项、信鸽、雪车、雪橇、游泳、羽毛球、掷球、中国象棋、自行车（公路）、自行车（山地）、足球等。

2009 年颁布实施的《全民健身条例》明确规定："国家对以健身指导为职业的社会体育指导人员实行职业资格证书制度。"因此作为一名从事或准备从事（职业）社会体育指导员工作的人员，必须经过正规的职业培训并参加相应等级的考试，才能获取相应级别的（职业）社会体育指导员国家职业资格证书和职业技能等级证书。

《全民健身条例》还明确规定"对涉及高危险性体育项目的指导人员和救助人员实施行政许可"。2013 年，国家体育总局、人力资源和社会保障部、国家安监总局（现应急管理部）等 5 部门联合颁布《第一批高危险性体育项目目录公告》，游泳、高山滑雪、潜水、攀岩 4 类被列入高危项目，因此游泳、高山滑雪、潜水、攀岩等职业性社会体育指导员实行职业准入，需要进行职业资格鉴定，其他项目实行职业技能等级认定。

## 二、职业性社会体育指导员的职业等级及申报条件

### （一）职业性社会体育指导员的职业等级

《社会体育指导员国家职业技能标准》中将职业性社会体育指导员分为五个等级，从低到高分别为：五级/初级工、四级/中级工、三级/高级工、二级/技师、一级/高级技师。

### （二）职业型社会体育指导员的申报条件

每个职业等级都有相对应的申报条件和标准，具体条件如表5-1所示。

《国家职业技能标准——社会体育指导员》

表 5-1　各职业等级社会体育指导员申报条件表

| 职业等级 | 文化程度 | 申报条件 |
| --- | --- | --- |
| 五级/初级工 | 初中 | 具备以下条件之一者，可申报五级/初级工：<br>（1）经本职业五级/初级工正规培训达到规定标准学时数，并取得结业证书。<br>（2）累计从事本职业或相关职业工作1年（含）以上。<br>（3）取得二级（含）以上运动员等级证书或同等运动技术等级证书。 |
| 四级/中级工 | 初中 | 具备以下条件之一者，可申报四级/中级工：<br>（1）取得本职业或相关职业五级/初级工职业资格证书（技能等级证书）后，累计从事本职业或相关职业工作1年（含）以上，经本职业四级/中级工正规培训达到规定标准学时数，并取得结业证书。<br>（2）取得本职业或相关职业五级/初级工职业资格证书（技能等级证书）后，累计从事本职业或相关职业工作2年（含）以上。<br>（3）取得一级（含）以上运动员等级证书或同等运动技术等级证书，累计从事本职业或相关职业工作1年（含）以上。 |
| 三级/高级工 | 初中 | 具备以下条件之一者，可申报三级/高级工：<br>（1）取得本职业或相关职业四级/中级工职业资格证书（技能等级证书）后，累计从事本职业或相关职业工作1年（含）以上，经本职业三级/高级工正规培训达到规定标准学时数，并取得结业证书。<br>（2）取得本职业或相关职业四级/中级工职业资格证书（技能等级证书）后，累计从事本职业或相关职业工作2年（含）以上。<br>（3）具有大专及以上毕业证书，并取得本职业或相关职业四级/中级工职业资格证书（技能等级证书）后，累计从事本职业或相关职业工作1年（含）以上。 |
| 二级/技师 | 初中 | 具备以下条件之一者可申报二级/技师：<br>（1）取得本职业或相关职业三级/高级工职业资格证书（技能等级证书）后，累计从事本职业或相关职业工作4年（含）以上，经本职业二级/技师正规培训达到规定标准学时数，并取得结业证书。 |

续表

| 职业等级 | 文化程度 | 申报条件 |
|---|---|---|
| 二级/技师 | 初中 | （2）取得本职业或相关职业三级/高级工职业资格证书（技能等级证书）后，累计从事本职业或相关职业工作 5 年（含）以上。 |
| 一级/高级技师 | 初中 | 具备以下条件之一者，可申报一级/高级技师：<br>（1）取得本职业或相关职业二级/技师职业资格证书（技能等级证书）后，累计从事本职业或相关职业工作 5 年（含）以上，经本，职业一级/高级技师正规培训达到规定标准学时数，并取得结业证书。<br>（2）取得本职业或相关职业二级/技师职业资格证书（技能等级证书）后，累计从事本职业或相关职业工作 6 年（含）以上。 |

（资料来源：社会体育指导员国家职业技能标准社会体育指导员（2020 年版）［S］.北京：中国劳动社会保障出版社，2020.）

### 三、职业性社会体育指导员的地位与作用

根据《劳动法》和《职业教育法》建立的社会体育指导员职业资格证书制度是我国劳动制度改革的重要内容之一，是我国对社会体育人力资源开发的一项重要举措。建立社会体育指导员资格证书制度是社会主义市场经济发展的需要，是规范体育劳动力市场的需要，是促进体育事业高质量发展的需要。

社会体育指导员职业化是全民健身高质量发展的时代产物，并且是体育治理现代化的必然结果，有利于优化社会体育组织结构，增强公民身心健康，提高生活水平。新时代职业性社会体育指导员有助于深入推进全民健身的发展，是实现全民健康的重要因素，为满足人民日益增长的物质文化需求起到了至关重要的作用，给社会带来了先进的社会体育指导理论和体育活动的实践操作，对促进社会和谐、健康、文明具有重要意义。

#### （一）促进公民身心健康发展，提升生活质量

社会体育指导员开展的各项工作直接作用于广大人民群众，为公民增强体质、增进健康、愉悦身心服务，从而为在全社会建立科学文明健康的生活方式，不断提高人民生活质量发挥重要的作用。

职业性社会体育指导员还具有组织策划和协调的能力，应积极创办社会

体育活动和比赛，规范体育活动和比赛过程，更好地满足公民的多元化体育需求，努力实现"全民健身、全民健康"的良性局面。从宏观上看，《国务院办公厅关于促进全民健身和体育消费推动体育产业高质量发展的意见》明确提出国家体育治理的高质量发展，社会体育指导员作为体育发展的一部分，促进自身专业化发展和走职业化道路是体育治理的必然要求，该职业的普及也有利于推动社会持续性发展，促进公平公正。

《全民健身计划（2011—2015 年）》将职业社会体育指导员队伍发展列入目标任务，并对社会体育指导员的队伍发展提出了系统要求，社会体育指导员工作受到前所未有的重视，同时也取得了显著的进展和效果。它遵循公平性、持续性和共同性原则。职业性社会体育指导员实施可持续发展战略，有利于促进体育产业、俱乐部的经济效益和社会效益的统一。职业性社会体育指导员对响应国家号召，构建专业化社会体育指导团队，用科学的理论知识和合理的实践指导，带领公民参与体育运动，促进人民身心健康发展，提升生活水平等具有积极作用。

**（二）提高公共服务质量,满足人民多元化健身需求**

目前，职业性社会体育指导员的数量稳步增长，积极投入社会体育工作，有助于对社会产生积极的影响，提升社会公共服务质量。职业性社会体育指导员的工作内容主要有：指导社会体育活动者学习，掌握体育健身的知识、技能和方法；组织人们进行健身、娱乐、康复等活动；协助组织开展体质测定、监测、评价等活动；承担经营、管理及服务。职业性社会体育指导员的培养发展是以人为根本，有助于完善社会体育公共服务体系。

培养职业性社会体育指导员一方面有利于场地设施的合理使用，延长场地寿命，给公民创造基础资源保障；另一方面，有助于优化社会体育组织结构，为建设体育类精神文化活动提供支持。社会组织的创建需要积极合理的引导，提高人民参与体育的热情，保障人民基础的体育活动。而职业性社会体育指导员有利于社会各年龄阶段人群对体育的选择，例如老年人可选择老年人活动中心，青少年可选择俱乐部和训练中心，满足人们多元化的需求，提高社会体育公共服务效率。职业性社会体育指导员加强了我国社会体育管理力度，成为社会体育发展质量的重要保证之一。

《体育强国建设纲要》指出，要坚持以人为本、改革创新、依法治体、协同联动，持续提升体育发展的质量和效益，不断满足人民对美好生活的向往。职业性社会体育指导员作为新时代社会体育发展的产物，不断以人民需求为导向，以高质量为要求，用合理、科学的方式推动社会体育的进步。

### （三） 推动全民健身发展，加快实现体育强国

职业性社会指导员的发展推动了全民健身发展，加快助力体育强国建设。职业性社会体育指导员是培养、发展和规范体育劳动力市场的重要标志，对促进社会体育指导员就业能力和工作能力具有积极作用，有利于体育行政部门转变职能，进一步推动和深化体育改革，对于全面贯彻《全民健身计划纲要》具有重要的推动作用。

目前，职业性社会指导员在联合学校、家庭对青少年体育人才的培养方面作出了贡献。在学生的课余时间，职业性社会体育指导员充当教练员、老师的角色，提供专业的辅导和训练，减轻了学校体育的压力，让后备人才培养计划得以实施。在体育强国建设背景下，职业性社会体育指导员形成网状化组织，分布范围广，并且他们大多是从高校毕业生或者社会人员中选拔出来的，活力十足，有利于社会正能量的传播，吸引更多的公民参与其中，更好地享受体育带来的快乐和健康，为实现体育强国打下坚实的基础。

### （四） 推动体育产业全面发展，促进社区精神文明建设

社会体育产业是体育产业的重要组成部分。目前从世界范围来看，社会体育产业的发展规模已经超过了竞技体育。社会体育产业发展的状况对整个体育产业的发展起着举足轻重的作用。而社会体育指导员是社会体育产业中重要的人力资源，因此，社会体育指导员的工作，不仅促进了社会体育产业的发展，而且在体育产业发展中也发挥着重要的作用。

体育是综合性的社会文化活动，是社区精神文明建设的重要内容。社会体育指导员进行现代化体育观念的传播和科学健身知识的普及，不但能够帮助广大社区群众强身健体，而且在陶冶情操、增进友谊、提高文化修养、树立道德风尚、积极促进社会主义精神文明建设方面发挥着重要的作用。通过所指导服务的社区健身团队和群体，社会体育指导员能带动广大健身群众传播健康向上的体育健身文化，弘扬积极乐观的现代生活理念，组织更多的社会力量积极促进社区精神文明与和谐社会的建设。

## 四、职业性社会体育指导员的培训与鉴定

### （一）职业性社会体育指导员的培训

1. 职业性社会体育指导员培训的主要任务

（1）"应知"（学会认知）

"应知"就是指要使受训者达到某等级社会体育指导工作所应具备的基础知识、专业知识、技术技能和其他相关知识。学会认知是指在当今知识更新速度加快，信息量越来越大的情况下，掌握知识和信息是重要的，但领会信息、分析信息、综合信息，用某种价值取向去运用信息更为重要。从这个意义上讲，社会体育指导员职业资格培训的首要任务是学习和掌握基本知识，并具备吸收和运用新信息、新知识的能力。

（2）"应会"（学会做事）

"应会"是指受训者达到某等级社会体育指导工作所应具备的、具有一定熟练程度的社会体育指导能力和实际工作经验。如何使受训者学以致用？如何使他们在实践过程中应用所学的知识和技能？如何使培训与实践、与实际工作相适应？社会体育指导员的实际工作涉及的对象是人，是由不同的群体和阶层构成的人。例如，不同年龄的人群、不同性别的人群、不同职业的人群、不同锻炼目的与要求的人群、不同健康状况的人群、不同体育锻炼基础和兴趣的人群等。因此，社会体育指导员不仅要具备体育活动相关的知识和技能，而且要传授这些知识和技能，还要与各种人群交际、交流、对话以及了解场地器械的特点和性能和具有一定的经营能力和策略。开发社会体育指导员所需的能力，创造性地提升或改进相关能力，提高社会体育指导员的工作效率和社会效益等都是培训的重点。

（3）学会组织与管理

社会体育指导员指导的对象是从事体育活动和锻炼的群众。群众性体育活动的特点是人数多，要面对不同阶层、不同年龄、不同性别、不同种族、不同职业、不同的健身目的与需要的人群，学会组织与管理是十分重要和必要的。培训的任务之一就是要使社会体育指导员学会理解差异性、多种性和相互依存性，要学会正确、科学的组织与管理的方法。

（4）学会生存与发展

职业性社会体育指导员作为一种职业，必须有自身的竞争力。"社会效

益第一""服务质量第一"是面向市场的基本前提，也是生存与发展的前提。职业性社会体育指导员的培训和开发要使每个受训者都能发现、发挥和加强自己生存、创造和发展的潜能，使他们在激烈的市场竞争中有立身之本和立身之能。

2. 职业性社会体育指导员培训的主要形式

（1）初级培训

初级培训是职业性社会体育指导员的入门培训。要求是使受训者了解和掌握职业性社会体育指导员最基本、最有实用价值、最具应急性的知识和技能。重点在于使受训者接受职业道德教育和体育法规、政策的学习与理解；了解体育锻炼和比赛的一般知识、体育技能的传授方法；掌握群众体育活动的一般组织管理方法。在教学方法上以课堂讲授和技能实践为主，集中培训的标准学时数最多。

（2）升级培训

升级培训是职业性社会体育指导员的进一步培训。根据《社会体育指导员国家职业技能标准》规定，高等级的社会体育指导员的技能要求和相关知识依次递进，高等级包括了低等级的要求。一方面，升级培训具有一定的跳跃性，高一等级的培训是在低一等级培训的基础上进行的。另一方面，参加升级培训的受训者大多数都有一定的社会体育指导方面的实践经历、经验和知识。解决培训者实际工作中的疑难问题、扩大他们的职业视野、提高他们的理论和实际指导水平以及具备一定的社会体育产业和经营管理知识将是升级培训的重点。

**（二）职业性社会体育指导员的鉴定**

1. 职业性社会体育指导员的鉴定方式

鉴定方式分为理论知识考试、技能考核以及综合评审。理论知识考试以笔试、机考等方式为主，主要考核从业人员从事本职业应掌握的基本要求和相关知识要求；技能考核主要采用现场指导、模拟指导等方式进行，主要考核从业人员从事本职业应具备的技能水平；综合评审主要针对技师和高级技师，通常采取审阅申报材料、答辩等方式进行全面评议和审查。

理论知识考试、技能考核和综合评审均实行百分制，成绩皆达 60 分（含）以上者为合格。职业标准中标注"★"的为高危险性体育项目指导的关键技能，如考生在技能考核中未达到该技能要求的，则考核成绩为不合格。

2. 职业性社会体育指导员的鉴定程序

（1）咨询了解鉴定的有关情况

国家社会体育指导员职业技能鉴定中心通常实行定期鉴定制度。由省部级职业技能鉴定中心根据鉴定工作计划，安排鉴定公告的发布。公告的内容一般包括：

① 社会体育指导员职业的名称、级别和适用范围；

② 社会体育指导员各级别的考试标准、方式和使用的职业技能鉴定规范版本；

③ 报名时间期限、报名资格条件和手续，收费项目和标准；

④ 考试的科目、时间和地点。

（2）提出鉴定申请

① 需要参加鉴定的人员向当地具有相应职业技能鉴定能力的职业技能鉴定单位提出书面申请，填写社会体育指导员职业技能鉴定申请表。

② 申请人员在报名时应出示本人身份证、学历证书、培训毕（结）业证书、《社会体育指导员职业技术等级证书》（升级人员）和/或工作单位劳资部门出具的工作年限证明等。申报高级社会体育指导员和社会体育指导师任职资格鉴定的人员，须出具本人的技术成果或工作业绩证明，社会体育指导师应能提交指导工作的经验总结和论文等。

3. 申请流程

① 资格审查

② 考生填写报名登记表

③ 打印准考证

准考证是考生参加鉴定的必备证件。在考场中，准考证应配以身份证共同使用，以确认考生身份。准考证又是考核机构通知考生参加理论和技能操作考试时间、地点以及考试基本注意事项的有效凭证，是考生查询鉴定考试成绩的依据。

④ 考生应考（包括理论和技能操作考试）

⑤ 发布考核成绩单

⑥ 获得相应级别的社会体育指导员职业资格证书

**相关链接**

　　美国的体育指导员主要由 4 个部门管理，即美国运动医学学会（ACSM）、全美体育教练员联合会（NATA）、美国体力调整协会（NSCA）、国家体育舞蹈联合会（IDET）。不同管理部门认定的体育指导员的类别不同。

　　（1）美国运动医学学会（ACSM）认证的体育指导员，侧重于预防性运动处方领域和运动疗法领域的工作，主要围绕运动处方的制定、实施、评定展开。美国运动医学学会（ACSM）从 1972 年开始认定指导员资格，具有权威性，也是在美国得到最广泛认可的指导员资格。ACSM 资格明确分为两大领域：预防性运动处方领域和运动疗法领域。前者是对没有病史的人进行运动指导并制定运动处方，包括以下三个级别：健康健身教练、运动指导员和健身总监；后者是为预防成人病进行运动指导，包括以下三个级别：运动检查技师、运动指导专家和运动计划总监。ACSM 规定了各类各级资格的考试大纲，申请者参加培训和考试，ACSM 根据考试成绩授予资格。

　　健康健身教练：这是最基本的资格，培训时间为 4 天，包括理论和实践；运动指导员（有氧运动方面）：能够安全有效地指导有氧运动，具备有关知识和技术；健康健身总监：具备管理方面的经验和能力；运动检查技师：具备多阶段负荷检查（GXT）、安静时心电图检查、肺机能检查、摄氧量检查等与运动有关的检查知识和技能，并能够安全严密地实施；运动指导专家：为制定运动计划，对在呼吸循环系统及代谢系统患病的个体进行多阶段负荷检查，并具有开具运动处方和运动指导的能力以及相应的现场经验；运动计划总监：这是 ACSM 中最高级别的资格，要求具备优秀的管理才能，能够为疾病预防及机能恢复制定和实施安全有效的运动计划，而且要具有其他资格所要求的知识技能，能够与会员和参与者进行有效的技术交流。

　　（2）全美体育教练员联合会（NATA）认证的体育指导员，主要是为了提高运动指导员（ATC）的整体素质，确保运动指导员的实际指导水平，侧重于伤害预防、应急处理、康复训练等方面的工作。全美体育教练员联合会（NATA）认定的"运动指导员（ATC）"具有国际性的指导员资格。1950 年，为了提高运动指导员的整体素质，确保运动指导员的实际指导水平，美国成立了全美体育教练员联合会。1982 年，美国正式设置了 NATA 教育专门委员会。美国官方认可的运动指导员资格的取得，必须通过"伤害预防、应急处理、康复训练"等内容的笔试、口试、实技。1983 年，美国部分高等院校取得了评定运动指导员资格，正式启动了"公认竞技运动教练员培养计划"，即在高等院校开设教练学专业，可以独立培养教练员。NATA 认可的教练员培养计划的主要特点是"实习制度"。进入这个专业的所有学生必须具备 800 小时以上的实习经验。

（3）美国体力调整协会（NSCA）认证的体育指导员，侧重于肌力训练和肌力调整计划制定等方面的工作以及为个人提供健身指导服务。

（4）国家体育舞蹈联合会（IDET）认证的体育指导员，主要侧重于健身活动的指导，且对体育指导员不分级别。

## 第四节 我国社会体育指导员的发展趋势

我国加强社会体育指导人员队伍建设，对全民健身活动进行科学指导。近年来，社会体育指导员工作的重要地位在全民健身的专门法规制度中得到了进一步的确立。对社会体育指导员的发展进行分析，可以明确社会体育指导员队伍的发展方向，以保证社会体育指导员队伍的持续健康发展，实现社会体育指导员地位与价值的进一步提升。

### 一、社会体育指导员队伍亟待增强

目前，我国不断加大对社会体育指导员的培养，社会体育指导员的数量快速增长，自 1993 年《社会体育指导员技术等级制度》和 2001 年《社会体育指导员国家职业标准》颁布以来，截至 2020 年年底，我国社会体育指导队伍已达到 260 万人，每千人拥有社会体育指导员 1.86 名。目前，我国社会体育指导员总体数量继续不断增长，正在努力实现《"健康中国 2030"规划纲要》中提出的 2030 年实现每千人拥有社会体育指导员

2.3 名的发展目标。

## 二、社会体育指导员工作地位不断提升

在国家积极推进法治建设的过程中，社会体育指导员制度成为一项重要的体育制度纳入国家的法治建设体系。在依法治国的背景下，社会体育指导员工作只有纳入法治化的制度轨道，才能获得应有的地位，并得到制度保障。

1993 年《社会体育指导员技术等级制度》的颁布，标志着我国社会体育指导员工作正式进入实施阶段，并为更高层次的法律确认奠定了基础。1995 年颁布的《中华人民共和国体育法》，确立了社会体育指导员工作的法律地位。与此同时，从《全民健身计划纲要》到实施全民健身计划、推动群众体育工作发展的各种法规制度和规范文件，都从不同的方面对实施《社会体育指导员技术等级制度》、促进社会体育指导员工作发展作出规定，使社会体育指导员工作地位在全民健身发展的各个阶段与相关事项中得到落实和体现。

近年来，社会体育指导员工作的重要地位，在全民健身的专门法规制度中得到了进一步的确立。2009 年国务院印发的《全民健身条例》中，设专条明确"国家加强社会体育指导人员队伍建设，对全民健身活动进行科学指导"，并对两类社会体育指导员队伍建设管理作出规定。2011 年，国务院印发的《全民健身计划（2011—2015 年）》中，对做好社会体育指导员培训、管理和服务工作等提出了具体要求；2016 年 10 月，中共中央、国务院印发的《"健康中国 2030"规划纲要》提出，要加强社会体育指导员队伍建设，组织社会体育指导员广泛开展全民健身指导服务。社会体育指导员工作地位在得到国家法律制度确立后，更要通过各项工作的具体实施体现出来，产生与其应有地位相一致的建设成效。2005 年以来，在全民健身与奥运同行中，在不断廓清两类社会体育指导员关系而进入两支队伍同步发展的新格局之后，社会体育指导员工作日渐加强。特别是 2008 年北京奥运会之后，在建设体育强国、实现全民健身的突破性发展中，社会体育指导员工作的实际地位得到了强有力的提升。

2009 年之后，国家体育总局不断提升对社会体育指导员工作的认识高度和重视程度，社会体育指导员工作进入快速发展的新阶段。一方面，国家

体育总局原局长刘鹏和其他领导的多次讲话对社会体育指导员工作的重要意义进行了充分的阐述，他们认为，我国全民健身事业的发展之所以有今天，其成功经验之一是得益于建立了一支来源于基层、根植于基层、服务于基层的社会体育指导员队伍，广大社会体育指导员是全民健身的宣传者、科学健身的指导者、群众健身活动的组织者、体育场地设施的维护者、健康生活方式的引领者，为推动全民健身事业发展发挥了重要作用，作出了重要贡献。社会体育指导员也是推动全民健身事业发展的重要力量和宝贵的人才资源，是政府履行公共体育服务职责、广泛开展全民健身运动、实现为公民提供基本体育健身服务的有力抓手和得力助手。社会体育指导员工作是一项事关全民健身事业基础性、战略性和长远性发展的重要工作，是构建全民健身服务体系的重要内容，是政府公共体育服务的重要组成部分，是各级体育行政部门的重要工作职责。大力加强社会体育指导员工作，是我国全民健身事业发展进入新阶段的必然要求，是更加广泛地动员组织人民群众参与体育健身的有效途径。必须从大力发展公共体育事业和建设体育强国的战略高度，更加深刻地认识做好社会体育指导员工作的重要意义，将加强社会体育指导员工作作为构建全民健身服务体系的重要突破口和工作抓手之一，作为发展全民健身和造福亿万人民群众的"牛鼻子工程"，切实抓紧抓实抓出成效，不断开创社会体育指导员工作的新局面。与此同时，国家体育总局多次进行部署和提出要求，带领和推动各地体育行政部门不断加大社会体育指导员工作的力度，从多个方面采取了一系列积极务实的工作措施，取得了显著的工作成效，并通过这些工作成效展现出社会体育指导员工作地位的实际提高。

## 三、公益性社会体育指导员工作将纳入我国志愿服务体系

改革开放以来，我国全民健身事业蓬勃发展，社会体育指导员发挥了重要作用。在我国社会体育指导员制度和队伍形成两种类型并存发展的局面后，公益性社会体育指导员作为其中的一个部分，被给予全民健身志愿服务的明确定位。然而，由于社会体育指导员制度的建立早于志愿服务体系的兴起，体育系统组织的公益性社会体育指导员志愿服务并没有与《志愿服务条例》所阐述的志愿服务很好地对接起来。在全民健身上升为国家战略、广泛开展全民健身活动成为建设体育强国建设任务的新时代体育发展中，《志愿服务条例》于2017年年底开始实施，这对志愿服务活动的广泛开展和依法

治理形成新的推动。同时，公益性社会体育指导员工作需要有新的更大发展，也需要在国家建构的志愿服务平台上更加理性和规范地推进。因此将公益性社会体育指导员工作纳入志愿服务体系是非常必要的。一是有利于以志愿服务进一步提升价值品格。志愿服务是在志愿精神感召下开展的公益性社会服务活动，是人类社会普遍存在的一种美好理念和精神需求，是公共社会生活发展和社会建设的普遍需要，也是提升人们精神境界和实现自我完善的社会实践。以志愿服务这一社会活动来定义公益性社会体育指导员的工作性质，将公益性社会体育指导员及其活动纳入国家正在积极建设的志愿服务体系之中，不仅符合公益性社会体育指导员的工作实际和全民健身事业发展的需要，而且可在广大公益性社会体育指导员长期热心指导、无私奉献的基础上，进一步上升为受时代和社会尊崇并具有广泛共识基础的社会精神文明建设，有利于提升全民健身志愿服务的社会价值，升华公益性社会体育指导员的精神境界，推进公益性社会体育指导员全民健身志愿服务在更高起点上更好地发展。

二是有利于公益性社会体育指导员职责与作用的恰当定位。公益性社会体育指导员是我国全民健身工作中的一部分，但不是全部。除了各种体育工作岗位的职业人员在为全民健身发挥着各方面作用，在我国全民健身的组织管理工作体系中，有着一定数量在体育和相关部门以及基层的行政管理人员，还有一些是在具有体育内容和职能的体育、文化、教育等领域的事业单位工作人员，这些人员是专门的全民健身工作管理者。自 2006 年党中央作出《关于构建社会主义和谐社会若干重大问题的决定》以来，我国在加强社会建设和社会治理、推进社会工作服务方面有了很大的进展，出台了一系列的规范、意见和规划，不断促进社会工作队伍的建设和发展，越来越多的社会工作者在社会基层和群众自治组织中发挥着多方面的作用。近些年来，一些地方也在尝试推进体育公益岗、大学生村官、文体协理员、残疾人体育专干、社区文体工作者等工作，从社会工作者或相关方面来培育全民健身的基层工作力量。而公益性社会体育指导员则是完全不同于以上这些获得劳动报酬、职业工作岗位的全民健身从业人员，他们是不在工作岗位、非职业性的、不获取劳动报酬的志愿者。将公益性社会体育指导员纳入志愿服务体系，就是以志愿服务的视角，实事求是地理解和科学恰当地定位，从他们义务、自愿、业余地从事指导服务工作的实际出发，按照志愿服务的自愿特征，充分尊重志愿者的自愿表示，通过各种工作来保证服务的活跃开展和队伍的稳固发展，同时又有着进出自由选择的空间和活力。

三是有利于在国家统一的志愿服务治理框架内规范发展。志愿者是我国社会服务人才队伍的重要组成部分，又是一种非职业人才的专门类型。公益性社会体育指导员工作中的"公益"，就明确包含了"志愿服务"的含义，表明其是志愿者。这就决定了公益性社会体育指导员工作还应纳入志愿服务的制度体系之中加以建设和发展。如上所述，我国公益性社会体育指导员工作比志愿服务普遍制度化开始得更早，当时不可能与志愿服务体系有交集。但公益性社会体育指导员的工作随着志愿服务事业的发展，理所当然地随着志愿服务体系的形成而纳入其中，按照志愿服务活动的规律特点来对待、管理和促进。如2016年，中宣部、中央文明办等部门印发的《关于支持和发展志愿服务组织的意见》提出了政府购买补贴、财税经费支持等政策，对有效化解公益性社会体育指导员工作中存在的诸多难题大有裨益。

四是有利于健全国家志愿服务体系。以志愿服务为主要内容的公益性社会体育指导员工作，是我国体育界在改革开放后较早开展、在志愿服务规模化之前已制度化发展、一直持续至今的重要志愿服务活动类别，且在发展中有了明确的公益性分类，已根据国务院行政法规形成体育行政部门规章的"全民健身志愿服务"的定位。同时，这项工作经过多年的发展，已经形成颇具规模的人员队伍，广大公益性社会体育指导员作出了令人敬佩的努力和奉献，在全民健身事业发展中发挥了积极的作用，得到国家体育行政部门的高度肯定和评价，受到广大健身群众欢迎和社会各界赞誉。在全民健身志愿服务已经成为客观现实的今天，在中央文明办、民政部与国家体育总局一起发文明确指出公益性社会体育指导员是"全民健身志愿者"、体育行政部门规章明确指出公益性社会体育指导员提供"全民健身志愿服务"的情况下，特别是在全民健身上升为国家战略、党的二十大报告指出"广泛开展全民健身活动"的新形势下，将公益性社会体育指导员工作纳入我国志愿服务体系，对于国家志愿服务体系的建设和发展，有着重要的意义。

## 四、社会体育指导员制度体系将更加完善

社会体育指导员制度之所以要体系化，是由它所作用对象本身具有的整体性和系统性所决定的。作为整个社会现象和社会关系的一个具体部分，逐

步壮大的社会体育指导员队伍、广泛开展的社会体育指导活动以及不断加强的社会体育指导员工作，已经形成纷繁复杂的社会关系。这些纷繁复杂的社会关系的不同主体和各种要素之间，或多或少、或远或近地存在着各种必然的相互联系，构成了在一定时间和一定空间内相互作用的社会体育指导员的关系网络。社会体育指导员法律制度作为这种关系的反映和利益调整的需要，也必然要有丰富多样的制度规范，并形成相互联系的一个整体。而且，无论是为了进行恰当而优化的制度调整，还是有效地发挥制度调整的作用，都需要形成协调一致、密切配合的统一整体，建立起一个完善的社会体育指导员制度体系。总之，社会体育指导员相关关系的整体性和系统性，决定了社会体育指导员制度必然要体系化，而社会体育指导员制度发挥调整作用的需要，又决定了必须形成完善的社会体育指导员制度体系。

根据当前社会体育指导员工作的整体发展需要，就完善社会体育指导员制度的发展取向方面，应坚持一个根本取向和八条发展原则。首先，保障社会体育指导员权益、促进社会体育指导员积极奉献应成为完善社会体育指导员制度的根本取向。其次，还需要坚持和把握好以下几个方面的发展原则：一是要坚持社会体育指导员制度发展与经济、社会、文化和全民健身事业发展相适应、相协调的原则。二是要坚持面向和满足市场经济与公共服务的多元化需求，建立多种类型与方式相互促进的社会体育指导员服务与工作体系的原则。三是要坚持在国家促进、社会支持、各界参与下，逐步建立社会体育指导员工作社会化管理与自我服务机制的原则。四是要坚持不断加大对社会体育指导员工作的行政保障与监管力度，坚持由政府购买社会体育指导员公共服务的原则。五是要坚持培育社会体育指导员人才，提高社会体育指导员素质，促进社会体育指导员为群众提供优质健康科学的体育健身服务的原则。六是要坚持社会体育指导员队伍建设与全民健身活动组织建设相互促进，促进社会体育指导员利用工作阵地发挥作用的原则。七是要坚持从实际出发，因时因地因人制宜，创新工作模式，发展各地社会体育指导员工作特色的原则。八是要坚持开阔国际视野，扩大开放交流，学习和借鉴先进经验、促进发展的原则。

## 思考与练习

1. 简述我国社会体育指导员制度建立的背景与意义。
2. 公益性社会体育指导员志愿服务的宗旨与特点是什么？
3. 试述我国社会体育指导员职业资格证书的等级体系。
4. 试述申报职业性社会体育指导员的条件与鉴定程序。

## 参考文献

［1］人力资源和社会保障部，国家体育总局.国家职业技能标准社会体育指导员（2020年版）［M］.北京：中国劳动社会保障出版社，2020.

［2］国务院.关于实施健康中国行动的意见［EB/OL］.http://www.gov.cn/zhengce/content/2019-07/15/content_5409492.htm,2019-07-15.

［3］朱焱，陈文佳，徐鑫.我国社会体育指导员空间集聚格局与发展特征研究［J］.福建师范大学学报，2021，37（01）：107-116.

［4］于善旭.论我国社会体育指导员制度变化发展的深层动因［J］.成都体育学院学报，2014，40（01）：1-6.

［5］国家体育总局.中华人民体育法规汇编（2000—2002年）［M］.北京：中国法制出版社，2003.

［6］于善旭.完善我国社会体育指导员制度的研究［M］.北京：北京体育大学出版社，2013.

［7］于善旭.公益社会体育指导员工作纳入我国志愿服务体系的探讨［J］.体育学研究，2018，1（03）：37-47.

# 第六章　全民健身活动的内容与方法

>>> 本章导学 >>>

　　本章从不同角度对我国丰富多彩的全民健身活动进行了分类，这有利于大众正确地选用和研究全民健身活动的内容和方法。经常参加健身活动可以增强体质、防治疾病、提高学习和工作效率。健身活动中要遵循安全性原则、全面发展原则、循序渐进原则和个性化原则，通过运动能力测试与评价以及健身活动指导方案的设计来进行科学健身。此外，本章还对目前健身者比较喜爱的全民健身休闲项目进行了介绍，以便于健身者选择和参与。

>>> 学习目标 >>>

　　1. 了解全民健身活动的分类方法以及各种类型，理解不同分类方法在实践中的意义。

　　2. 了解全民健身活动的作用，重视全民健身活动的开展。

　　3. 掌握全民健身活动的原则，指导健身者养成良好的健身活动习惯。

4. 掌握全民健身活动的具体方法，学会用这些方法开展全民健身指导。

5. 了解各项运动的起源发展，熟悉部分运动项目特点，能够根据自身需要选择适合的全民健身运动项目。

# 第一节　全民健身活动的分类

分类就是按照事物的性质、特点、用途等作为区分的标准,将符合同一标准的事物聚类, 不同的进行分开的一种认识事物的方法。全民健身活动的分类, 主要是从不同的出发点对体育锻炼（效益）进行区分与研究, 以适应不同人群的多种需求。全民健身活动种类非常多, 根据实际情况, 本教材拟从 10 个方面对全民健身活动进行分类。

## 一、按照活动内容分类

按照活动内容进行分类就是对大众选取的锻炼项目进行分类, 是一种比较传统的分类方式。例如可以从球类、田径类、操舞类、民族传统体育类、体育游戏等分类。这种分类方法有利于明确锻炼项目的技术特征与文化特征。

## 二、按照活动组织规模分类

按照活动组织规模分类是对锻炼项目参与人数进行的分类。例如, 需要大群体参与的项目有操舞类和球类, 可个体参与的锻炼项目有游泳和太极拳等。当前十分流行的家庭体育项目一般为体育游戏类, 需要家庭成员 2～3 人互动完成。

## 三、按照性别分类

按照性别分类是指针对不同性别人群适合参与的运动项目进行的分类。例如, 秧歌更适合女性, 大球类项目可能更适合于男性。这种分类可以区分锻炼项目的性别特征, 有利于为不同性别锻炼者提供健身指导。

## 四、按照体育消费分类

按照体育消费分类是指对锻炼项目的商业价值进行分类。例如, 跆拳道、搏击操等就是在健身房开展的有偿服务项目。慢跑、健身走等项目无须付费也可在任意场地中开展。不论高消费健身活动还是低消费健身活动, 体育项目锻炼的价值是一样的，只是享受的程度不同而已。

### 五、按照目标优先级分类

按照目标优先级分类是指健身者的健身活动目标可能不止一个而是几个，按照目标优先程度进行排列分类。例如，如果休闲目标是优先级，那么锻炼者可能首先选择体育休闲类项目。如果锻炼目标是优先级，那么锻炼者可能选择体能锻炼类项目。这里的体育休闲类项目主要指滑雪、滑沙、潜水、跳伞等项目。这里的体能锻炼类项目主要指乒乓球、羽毛球、篮球等项目。

### 六、按照是否使用体育器材分类

按照是否使用体育器材分类是指根据健身活动是否需要体育器材进行的分类。我国全民健身的物质基础比较薄弱，许多全民健身爱好者锻炼时不使用体育器材。随着我国全民健身事业的发展，大众使用体育器械的锻炼活动会逐渐增加。

### 七、按照参与人群活动地域分类

按照参与人群活动地域分类是根据我国地域广阔，地方与少数民族传统体育项目多的特征。例如，蒙古族的摔跤、朝鲜族的荡秋千以及舞龙舞狮等。从这个角度分类，有利于看清不同地区开展体育活动的传统优势，也有利于观察与学习其他地区的健身活动特点。

### 八、按照活动的广义与狭义分类

广义的健身活动包括锻炼活动、体质检测、运动竞赛等，狭义的健身活动仅仅指锻炼活动本身。从这个角度分类，有利于从系统的角度出发观察、组织、管理健身活动，提高大众体育锻炼的效益。

### 九、按照参与人群的年龄特征分类

按照参与锻炼人群的年龄特征分类是根据健身活动适宜人群进行的分类。人在不同的年龄段，喜爱的体育锻炼项目可能不一样，很少有人只喜爱一个项目、从事一个项目。这是由于体育项目的文化特质不一样，适应的人群也不一样。例如，年轻人更喜欢大球类，中老年人更喜欢太极拳或门球运动；年轻人更喜欢时尚项目如轮滑，而中老年人更喜欢选择有锻炼实效而又轻松舒缓的项目。

### ▶ 十、按照运动项目的强度分类

按照运动项目的运动强度分类是根据锻炼项目需要的运动强度大小进行的分类。有些项目的锻炼强度较大，例如长跑；有些项目的锻炼强度小，例如慢走。从这个角度分类，有利于观察不同人群适宜的锻炼项目，以满足不同群体锻炼的需要。

## 第二节　全民健身活动的作用

我国古代就有通过导引术提高人体健康水平的文字记载。现代大量研究成果证实，经常参加健身活动可以有效地增强体质、防治疾病、提高学习和工作效率。

### ▶ 一、增强体质，提高健康水平

体质是指在遗传性和获得性基础上表现出来的人体形态结构、生理机能和心理因素等综合的、相对稳定的特征。健身活动可以提高人体的心肺功能、肌肉力量、柔韧、平衡和反应能力，改善身体成分，从而达到增强体质、提高健康水平的效果。

**（一）提高心肺功能**

心肺功能是影响体质与健康的核心要素之一。心肺功能低下可导致死亡风险增加。有规律的体育活动可以提高心脏收缩力量和肺活量，调节血压，改善血脂，对心肺功能产生良好影响，明显提高青少年、中年人、老年人的心肺功能和健康水平。

**（二）改善身体成分**

身体成分是指构成身体的各种物质及其比例，一般常用身体脂肪含量和肌肉重量的比值表示。研究证实，过多的身体脂肪，尤其是腹部脂肪增多可诱发心血管疾病、代谢性疾病等。以有氧运动为主的体育活动可增加脂肪消耗，降低身体脂肪含量，增加肌肉重量，改善身体成分。

### （三）增加肌肉力量

力量练习可以增加肌肉力量，提高肌肉抗疲劳能力，促进青少年成长发育，强壮体格，预防因肌肉力量衰减出现的腰痛、肩颈痛等症状，提高身体平衡能力。此外，增加肌肉力量还可防止老年人跌倒，维持骨骼健康，预防和延缓骨质疏松。

### （四）提高柔韧性

柔韧性既是一种重要的运动技能，也是人们重要的一项身体素质。有规律的牵拉练习可提高肌肉、韧带的弹性，增加青少年身体活动的范围，减少肌肉拉伤，预防和治疗中老年人的关节性疾病等。

### （五）形成良好心态

健身活动是心理干预的有效手段。健身活动可增加人体愉悦感，使人精神放松，缓解压力，形成良好的心理状态，获得生理和心理满足感。

## 二、防治疾病，提高生活质量

体育活动可以提高人体各器官功能水平，增强机体免疫力，防治疾病，特别是对防治慢性非传染性疾病效果明显。慢性非传染性疾病包括心血管病、糖尿病、骨质疏松症等。有规律的体育活动可以有效控制慢性非传染性疾病的诱发因素，预防慢性非传染性疾病的发生，同时也是治疗慢性非传染疾病的有效手段，减少由于生活方式不当、身体活动不足导致的各种问题，提高人们的生活质量。

### （一）防治心血管病

近几年来，我国居民心血管病患病率呈持续上升趋势，有规律的体育活动可以提高心脏功能和血管弹性、降低血压、减少炎症因子、调节血脂，从而降低心血管病患病风险，有效预防心血管病发生。

### （二）防治糖尿病

糖尿病是常见的慢性疾病之一，Ⅱ型糖尿病最为常见。有规律的体育活动可以调节糖代谢，降低血糖，提高靶细胞对胰岛素的敏感性，有效地预防与治疗Ⅱ型糖尿病，延缓并发症的发生、发展。此外，体育活动还可以增强体质，提高糖尿病患者的生活质量。

### （三）防治超重和肥胖

超重和肥胖以体重增加为特征，通常用身体质量指数（又称 BMI）表示。高血压、冠心病、糖尿病、某些癌症和多种骨骼肌肉疾病等都与肥胖有直接或间接关系。预防和降低身体肥胖最有效的手段是体育活动和膳食平衡。加强体育活动可以帮助肥胖者控制体重、改善生理功能，防止减重后体重反弹，减少与肥胖相关的慢性疾病的发生。

### （四）防治骨质疏松

骨质疏松是以骨密度降低、骨组织微细结构变化并伴随骨折易感性增加为特征的骨组织疾病。体育活动有助于增加骨量，改善骨骼结构，减缓由于年龄增大引起的骨量丢失，通过增强肌肉力量和平衡能力，预防老年人跌倒，减少骨质疏松性骨折的发生概率。

### （五）防治抑郁症

抑郁症也称抑郁性障碍。近年来，我国抑郁症发病率呈上升趋势。健身活动可以引起良好的情绪和状态反应，有效地预防抑郁症发生，并对轻度至中度抑郁症患者有积极的干预效果。

## 三、提高学习和工作效率

健身活动可以提高人的认知能力，使人集中精力。有规律的健身活动可减少抑制性神经递质的释放，延缓中枢疲劳，对神经系统产生良好影响，有助于提高青少年学习效率和学习成绩，延长成年人有效工作时间，提高工作效率。

# 第三节　全民健身活动的原则与方法

## 一、全民健身活动的原则

参与全民健身活动必须遵循以下原则，养成良好的健身活动习惯。

### （一）安全性原则

安全性原则是指在健身活动过程中，要确保体育活动者不出现或尽量避免发生运动伤害事故，这是参加健身活动的首要原则。开始健身活动前，参与者应进行身体检查，全面评价个人身体状况和运动能力，制订适合自身特点的健身活动方案。健身活动前要做好充分的准备活动，健身活动后要做好整理和放松活动。

### （二）全面发展原则

全面发展原则是指在健身活动中，健身者身体各部位都要参与运动，使各器官系统的机能水平普遍提高，既提高心肺功能和免疫能力，又提高肌肉力量、柔韧等身体素质。

### （三）循序渐进原则

循序渐进原则是指科学、逐步地增加健身者的活动时间和运动强度，逐渐增加运动负荷，使身体机能和运动能力不断提高，以取得最佳的健身活动效果。

### （四）个性化原则

个性化原则是指根据健身者不同的遗传特征、机能特点和运动习惯，制定个性化的运动健身方案。在制定运动健身方案时，健身者要进行必要的医学检查和运动能力测试，以使运动健身方案更具个性化。

## 二、全民健身活动的方法

### （一）运动能力测试与评价

运动能力是指个体从事体育活动所具备的能力。本教材的运动能力测试与评价包括单项运动能力测试与评价、综合运动能力评价。个体在从事体育活动前，应对运动能力相关指标进行全面测试与评价，以便科学地制订个性化体育活动方案。在从事体育活动的不同阶段，应定期进行运动能力测试，以客观评价体育活动效果，确保体育活动安全有效。

1. 单项运动能力测试与评价

单项运动能力测试包括有氧运动能力、肌肉力量、柔韧、平衡与反应能力测试等。单项运动能力评价采用 5 分制，5 分为优秀，4 分为良好，3 分为中等，2 分为较差，1 分为差。

（1）有氧运动能力

有氧运动能力与心肺功能密切相关。个体有氧运动能力强，表明心肺功能好。良好的有氧运动能力是身体健康的重要标志，经常参加体育活动可以保持并提高人体的有氧运动能力。

（2）肌肉力量

肌肉力量是肌肉在紧张或收缩时所表现出来的克服或抵抗阻力的能力。肌肉力量测试指标包括握力、背力、俯卧撑、仰卧起坐、纵跳测试等。

（3）柔韧、平衡与反应能力

① 柔韧是指身体活动时各个关节的活动幅度以及跨过关节的韧带、肌腱、肌肉、皮肤等组织的弹性、伸展能力。良好的柔韧性可以增加运动幅度，减少运动损伤。

② 平衡指维持身体姿势的能力或控制身体重心的能力。平衡能力是静态与动态活动的基础。良好的平衡能力可以有效地预防因跌倒引起的各种损伤。

③ 反应能力主要是指人体中枢神经系统接受一定指令或刺激后，有意识地控制骨骼肌肉系统的快速运动能力，体现了神经与肌肉系统的协调性。

2. 综合运动能力评价

心肺功能是影响人体健康的最重要因素之一，有氧运动能力与心肺功能密切相关，因此，本教材将有氧运动能力排在综合运动能力评价体系的首位，其权重为40%。

肥胖可诱发多种慢性疾病，BMI 是反映身体肥胖程度的指标。鉴于 BMI 在体质与健康评价体系中的重要作用，且对运动能力有明显影响，因此，将 BMI 列入综合运动能力评价体系中，其权重为 20%。BMI 计算公式为：体重（千克）除以身高（米）的平方，即 $BMI = 体重（千克）/身高^2（米^2）$。中国人 BMI 的正常范围为大于 18.5，小于 24，BMI 等于或大于 24 为超重，等于或大于 28 为肥胖。

肌肉力量与运动能力、生活质量密切相关，其权重为 20%。柔韧、平衡与反应能力的权重分别为 10%、5% 和 5%。

根据不同单项运动能力指标在综合运动能力评价中的权重与系数，健身者可计算综合运动能力得分，计算方法为：

综合运动能力得分 = 有氧运动能力得分 × 8 + 肌肉力量得分 × 4 + BMI 得分 × 4 + 柔韧性得分 × 2 + 平衡能力得分 × 1 + 反应能力得分 × 1

综合运动能力评价采用 4 级评定：85 分及以上为优秀、75 分及以上为良好、60 分及以上为合格、小于 60 分为较差。

### （二）健身活动方案要素

制订健身活动方案主要考虑健身活动方式、健身活动强度和健身活动时间三个基本要素。

#### 1. 健身活动方式

健身活动方式是健身活动者采用的具体健身手段和健身方法。健身者可根据自己的需要选择各种健身活动方式。根据健身目的推荐的健身活动方式如下：

——以增强体质，强壮身体为主要目的的体育锻炼者，可选择自己喜欢的、可以长期坚持的健身活动方式，如有氧运动、球类运动和民族传统健身运动等。

——以提高心肺功能为主要目的的体育锻炼者，应选择有氧运动、球类运动等健身活动。

——以减控体重为主要目的的体育锻炼者，应选择运动时间较长的有氧运动。长时间、中等强度的健身活动可以增加体内脂肪消耗，减少脂肪含量。快步走、慢跑、骑自行车等运动也是减控体重的理想运动方式。

——以调节心理状态为主要目的的体育锻炼者，应选择如太极拳、健身气功等中国传统运动方式，以缓解心理压力，改善睡眠。

——以增加肌肉力量为主要目的的体育锻炼者，可根据自身健身需求和健身条件，选择器械性力量练习或非器械性力量练习方式。力量练习的效果与力量负荷和重复次数有关，一般大负荷、少重复次数的力量练习主要发展肌肉力量，小负荷、多重复次数的力量练习主要发展肌肉耐力。

——以提高柔韧性为主要目的的体育锻炼者，可选择各种牵拉练习，特别是在准备活动和放松活动阶段进行牵拉练习，既可以节省体育锻炼时间，又可以取得较好健身效果。各种有氧健身操、健美操、太极拳、健身气功、瑜伽等运动都可以提高柔韧性。

——以提高平衡能力为主要目的的体育锻炼者，可选择各种专门训练平衡的方法，包括坐位平衡能力练习、站位平衡能力练习和运动平衡能力练习。太极拳（剑）、乒乓球、羽毛球、网球、柔力球等运动也可以提高人体的平衡能力。

——以提高反应能力为主要目的的体育锻炼者，可选择各种球类运动，乒乓球、羽毛球、篮球、足球、网球等均可提高人体反应能力。

根据健身目的推荐的健身活动方式如表 6-1 所示。

表 6-1　根据健身目的推荐的健身活动方式

| 健身目的 | 推荐体育活动方式 |
| --- | --- |
| 增强体质，强壮身体 | 有氧运动、球类运动和民族传统体育运动等 |
| 提高心肺功能 | 有氧运动、球类运动等 |
| 减控体重 | 长时间有氧运动 |
| 调节心理状态 | 球类运动、民族传统体育运动 |
| 增加肌肉力量 | 各种力量练习 |
| 提高柔韧性 | 各种牵拉练习 |
| 提高平衡能力 | 民族传统体育运动、球类运动、力量练习 |
| 提高反应能力 | 各种球类运动 |

2. 健身活动强度

健身活动强度是制订健身活动方案的重要内容。强度过小，没有明显的健身效果；强度过大，不仅对健身无益，还可能造成运动伤害。

（1）健身活动强度划分

健身活动强度可划分为小强度、中等强度和大强度三个级别。

小强度运动对身体的刺激作用较小，运动过程中健身者心率一般不超过 100 次/分，如散步等。

中等强度运动对身体的刺激强度适中，运动过程中健身者心率一般在 100～140 次/分，如进行健步走、慢跑、骑自行车、打太极拳、打网球等。

大强度运动对身体的刺激强度较大，可进一步提高健身效果。健身者运动中心率超过 140 次/分，如进行跑步、快速骑自行车、快节奏的健身操和快速爬山、登楼梯等运动。

有良好运动习惯、体质好的人，可进行大强度、中等强度运动；具有一定运动习惯、体质较好的人，可采用中等强度运动；初期参加健身活动或体质较弱的人，可进行中等或小强度运动。体育锻炼者在实施健身活动方案时，可根据自身情况，科学调整运动强度，以适应个体状况。

（2）健身活动强度监测

监测健身活动强度的指标有运动中心率、运动中呼吸变化和运动中自我感觉等。

① 用心率监测健身活动强度。健身活动强度越大，机体和心脏对运动刺激的反应越明显，心率越快。一般常用最大心率和运动中的实测心率监测体育运动强度。

最大心率是指人体运动过程中所能达到的最快心跳频率，用次/分表示。测定最大心率的方法有直接测定法和间接推测法。直接测定要在专门的测试机构采用递增负荷运动测试，需要专门的运动测试仪器和器材。

人体的最大心率与年龄有关，采用下列公式可以推算正常人的最大心率：最大心率（次/分）= 220−年龄（岁）

进行健身活动时，心率在 85% 或以上最大心率，相当于大强度运动；心率控制在 60%~85% 最大心率范围，相当于中等强度运动；心率控制在 50%~60% 最大心率范围，相当于小强度运动。

在健身活动过程中，当实测心率达到 140 次/分以上时，相当于大强度运动；心率在 100~140 次/分，相当于中等强度运动；心率低于 100 次/分，相当于小强度运动。

② 用呼吸监测健身活动强度。健身活动会引起人体呼吸频率和呼吸深度的变化，可以根据运动中的呼吸变化监测运动强度。

呼吸轻松：与安静状态相比，运动时人体呼吸频率和呼吸深度变化不大，呼吸平稳，可以唱歌。健身者在这种呼吸状态下的运动心率一般在 100 次/分以下，相当于小强度运动。

呼吸比较轻松：健身者运动中呼吸深度和呼吸频率增加，可以进行正常的语言交流。运动者在这种状态下的运动心率一般为 100~120 次/分，相当于中小强度运动。

呼吸比较急促：健身者运动中只能讲短句，不能完整表述长句。运动者在这种状态下的运动心率一般为 130~140 次/分，相当于中等强度运动。

呼吸急促：运动中呼吸困难，运动中不能用语言交谈。健身者运动心率一般超过 140 次/分，相当于大强度运动。

③ 用主观体力感觉程度监测健身活动强度。人体运动过程中的主观体力感觉程度可分为 6~20 个等级，小强度运动的主观体力感觉程度为轻松（9~10 级），中等强度运动的主观体力感觉程度为稍累（13~14 级），大强度运动的主观体力感觉程度为累（15~16 级）。

主观体力感觉程度等级与心率密切相关，运动过程中的主观体力感觉程度等级数乘以 10，相当于运动中的心率（次/分）。如，运动中主观体力感觉程度等级数为 12，相当于运动中的心率为 120 次/分。

体育锻炼者可以通过主观体力感觉程度控制运动强度。一般来说，在进行中等强度有氧运动时，主观体力感觉程度为轻松或稍累。

健身活动强度划分与监测运动强度指标如表 6-2 所示。

表 6-2　健身活动强度划分与监测运动强度指标

| 运动强度 | 心率（次/分） | 呼吸 | 主观体力感觉（级） |
|---|---|---|---|
| 小强度 | <100 | 平稳 | 轻松 |
| 中等强度 | 100~140 | 比较急促 | 稍累 |
| 大强度 | >140 | 急促 | 累 |

（3）力量练习强度与健身效果

力量练习的负荷重量越大，运动强度越大。在进行力量练习时，常采用最大重复负荷（RM）表示负荷强度的大小。最大重复负荷是指在肌肉力量练习中采用某种负荷时所能重复的最多练习次数。如一个人在做哑铃负重臂屈伸时，其最大负荷为 20 千克，且只能重复做一次，那么 20 千克就是他的负重臂屈伸的 1 次最大重复负荷（1 RM）。如果他能以 15 千克的负荷重复做 8 次负重臂屈伸，那么 15 千克就是他负重臂屈伸的 8 次最大重复负荷（8 RM）。在非器械力量练习时，一个人可以完成 8 次俯卧撑，相当于 8 RM，以此类推。

力量练习负荷强度可划分为小强度、中等强度和大强度三个级别，力量练习强度与健身效果密切相关。

大强度力量练习，相当于 1~10 RM，每种负荷重量的重复次数为 1~10 次，每个部位重复 2~3 组，组与组间歇时间为 2~3 分钟。大强度力量练习主要用于提高肌肉最大收缩力量。

中等强度力量练习，相当于 11~20 RM，每种负荷重量的重复次数为 10~20 次，每个部位重复 3 组，组与组间歇时间 1~2 分钟。中等强度力量练习可以增加肌肉力量和体积。

小强度力量练习，相当于 20 RM 或以上，每种负荷重量重复 20 次以上，每个部位重复 2 组，组与组间歇时间 1 分钟。小强度力量练习主要用于发展肌肉耐力。

3. 健身活动时间

健身活动时间直接影响健身者的活动效果。运动时间过短，提高身体机能效果甚微；运动时间过长，容易造成疲劳累积。对于经常参加体育锻炼的人，每天有效健身活动时间为 30~90 分钟。在参加健身活动的初期，健身者运动时间可稍短；经过一段时间，身体对运动产生适应后，可以延长运动时间。每天健身活动可集中一次进行，也可分开多次进行，每次健身活动时间应持续 10 分钟以上。

有健身活动习惯的人每周应运动 3~7 天，每天应进行 30~60 分钟中等强度的运动，或 20~25 分钟的大强度运动。为了取得理想的健身活动效果，每周应进行 150 分钟以上的中等强度运动，或 75 分钟以上的大强度运动；如果具有良好的运动习惯且运动能力测试综合评价为良好以上的人，每周进行 300 分钟中等强度运动或 150 分钟大强度运动，健身效果更佳。

（三）健身活动的内容与安排

一次完整健身活动内容应包括准备活动、基本活动和放松活动三部分。

1. 准备活动

准备活动是指主要健身活动开始前的各种身体练习。准备活动的主要作用是预先动员心肺、肌肉等器官系统的机能潜力，以适应即将开始的各种健身活动，获得最佳运动健身效果，并有效地预防急性和慢性运动伤害。

准备活动的时间一般为 5~10 分钟，主要包括两方面内容：一是进行适量的有氧运动，如快走、慢跑等，使身体各器官系统"预热"，提前进入工作状态；二是进行各种牵拉练习，增加关节活动度，提高肌肉、韧带等软组织弹性，预防肌肉损伤。

2. 基本活动

基本活动是体育锻炼的主要运动形式，包括有氧运动、力量练习、球类运动、民族传统体育健身方式等，持续时间一般为 30~60 分钟。在一次健身活动中，需要选择合适的运动方式、控制适宜的运动强度和运动时间。在一周的健身活动安排中，健身活动者可以根据自身情况选择不同健身活动方式的运动强度、持续时间和运动频率。

3. 放松活动

放松活动主要是指运动健身活动后进行的各种身体活动，主要包括行走

（或慢跑）等小强度活动和各种牵拉练习。健身活动后，做一些适度放松活动，有助于健身者消除疲劳，使身体各器官系统机能逐渐从运动状态恢复到安静状态。做一些牵拉性练习有利于提高练习者的身体柔韧性。

**（四）不同阶段健身活动方案**

1. 健身初期活动方案

刚参加健身活动的人，运动负荷要小，每次健身活动的持续时间要短，使身体逐渐适应运动负荷。刚开始健身活动时，健身者应选择自己喜欢或与健身目的相符的健身活动方式。运动后的疲劳感觉在第二天基本消失。

健身活动初期，增加运动负荷的原则是先增加每天的运动时间，再增加每周运动的天数，最后增加运动强度。初期健身活动的时间约为 8 周，具体方案为：

运动方式：中等强度有氧运动、球类运动、民族传统体育运动、柔韧性练习。

运动强度：55%最大心率，逐渐增加到 60%。

持续时间：每次运动 10~20 分钟，逐渐增加到 30~40 分钟。

运动频度：3 天/周，逐渐增加到 5 天/周。

2. 健身中期活动方案

从事 8 周健身活动后，人体基本适应运动初期的运动负荷，身体机能和运动能力有所提高，可进入中期健身活动阶段。在这一阶段，应继续增加运动强度和运动时间，中等强度有氧运动时间逐渐增加到每周 150 分钟或以上，中期健身活动的时间约为 8 周，具体方案为：

运动方式：同健身初期活动项目，适当增加力量练习。

运动强度：有氧运动强度由 60%~65%最大心率，逐渐增加到 70%~80%最大心率；每周可安排一次无氧运动，力量练习采用 20 RM 以上负荷，重复 6~8 次。

持续时间：每次运动 30~50 分钟；如安排无氧运动，每次运动 10~15 分钟；每周 1~2 次力量练习，每次 6~8 种肌肉力量练习，各重复 1~2 组，进行 5~10 分钟牵拉练习。

运动频度：3~5 天/周。

在这一阶段，健身活动方案基本固定，后逐步过渡到长期稳定的健身活动方案。

3. 长期健身活动方案

当身体机能达到较高水平、养成良好健身活动习惯后，应建立长期稳定、适合自身特点的健身活动方案。长期稳定的健身活动至少应包括每周进行 200~300 分钟的中等强度运动或 75~150 分钟的大强度运动；每周进行 2~3 次力量练习，不少于 5 次的牵拉练习。具体方案为：

运动方式：保持健身活动中期的运动项目。

运动强度：中等强度运动相当于 60%~80% 最大心率，大强度运动达到 80% 以上最大心率；力量练习采用 10~20 RM 负荷，重复 10~15 次；进行各种牵拉练习。

持续时间：每次中等强度运动 30~60 分钟或大强度无氧运动 15~25 分钟，或中等强度、大强度交替进行；8~10 种肌肉力量练习，各重复 2~3 组，每次进行 5~10 分钟牵拉练习。

运动频度：运动 5~7 天/周，大强度运动每周不超过 3 次。

## 第四节　全民健身活动的项目

全民健身活动的内容是为了达到健身目的而采用的具体练习项目或运动形式。伴随着健身实践和社会文化的发展，健身活动的内容也不断丰富、系统和科学。本节主要从具体运动项目角度介绍全民健身活动的内容。本节选择了健身者喜爱和常用的部分健身休闲运动项目，介绍了运动项目的起源、发展、装备器材、作用和运动方法等，便于有针对性地指导和开展全民健身活动。

### 一、健身操舞

#### （一）健身操

1. 健身操简介

健身操是在音乐的伴奏下，以身体练习为基本手段，以有氧运动为基础，以健、力、美为特征，达到增进健康、塑造形体、愉悦身心的一项体育运动。健身操融体操、音乐、舞蹈于一体，追求人体的健康与美，因此，健身操具有体育、美育等多种社会文化功能。健身操作为一项很有特色的运动，在中国全民健身活动中占有非常重要的地位，是非常流行的一项体育运动。

2. 适应人群

各类人群，以青年人为主体，青年女性为多数。包括体重明显超重者、身高标准体重超标者、肥胖者、不爱运动者或运动不足者、身体灵敏性与协调性较差者。

3. 健身操的特征

（1）接受性。健身操的种类丰富，锻炼的形式也多种多样，适合于多种人群。

（2）全面性。健身操是一种有氧运动，能够增加锻炼者身体的柔韧性以及协调性，可以有效增强人体的心肺功能，调节锻炼者的心理状态。

（3）时代感强。健身操的音乐具有鲜明的时代韵律，一般与流行音乐或民族音乐充分融合，具有较强的节奏感。

（4）集健身和健美于一体。健身操是既注重外在美的提高，又注重内在美的培养的一种人体运动方式。

（5）节奏感和韵律感强。健身操动作的多变性和协调性使其具有广泛的群众基础，配乐一般动感十足，节奏感强。

**（二）广场舞**

1. 广场舞简介

广场舞是一项在音乐伴奏下，在广场或空地上进行，以身体练习为手段，以实现增进健康、娱乐身心为目的的群众性舞蹈健身项目。现如今，广场舞还融入体操、健美操、舞蹈等动作。广场舞源于人们的日常生活，可追溯至我国古代，早期的广场舞主要以民族舞和秧歌为代表，有些学者也称其为民间舞，各个年龄段、各个性别、各种职业人群都能够参与，其中中老年女性是参与广场舞最频繁的一个群体。

广场舞因我国人民对健身的需求和对娱乐休闲的需要而兴起，现已逐渐发展为融健身、娱乐、表演和竞赛于一体的形式，其风格多元，包括传统民间舞、现代舞、健美操、拉丁舞、街舞等。随着越来越多的人加入广场舞行列中，广场舞成为一道独特的风景，为人们的闲暇时间增添了许多的欢乐，是现代社会文化现象之一。

2. 广场舞的特点

① 群众性及灵活性。广场舞受场地限制较小，形式多样。

② 多样性。广场舞内容丰富，风格特点鲜明。

③ 开放性和随意性。广场舞门槛较低，健身者可随时加入，动作简单易学，老少皆宜。

3. 广场舞的功能

（1）增进健康

广场舞以有氧运动为主，运动强度较低，运动量容易控制，运动密度大。锻炼者通过跳广场舞能够促进血液循环，加快新陈代谢。经常参加广场舞还能够提高人体心血管和呼吸系统功能，提高关节灵活性，增强骨的韧性。此外，参与广场舞锻炼还需要锻炼者记忆和练习舞蹈动作，需要肢体与大脑的协作，能有效提高记忆力，延缓大脑衰老。

（2）塑造形体

经常参加广场舞，有益于强健健身者骨骼肌肉，改善和提高锻炼者的形体与姿态，减少脂肪，塑造健康体型，表现出良好的气质与修养。

（3）缓解压力，娱乐身心

在音乐的伴奏和轻快的舞步组合下，锻炼者在舞蹈中消除疲劳、缓解身心压力，并感到愉悦和放松，从而起到健心的作用。

（4）提高社会适应能力

广场舞可使健身者在与他人的互动中增强社交能力，扩大交际圈，也促进人们的合作意识和能力，提高个体的社会适应力。

## 二、球类项目

### （一）篮球运动

1. 篮球运动简介

（1）篮球运动的起源

现代篮球运动是由美国马萨诸塞州斯普林菲尔德市体育教师詹姆士·奈史密斯于 1891 年发明的。他从工人和儿童用球向桃子筐内做投准的游戏中受到启发，故将这项运动称为"篮球"。

（2）篮球运动发展历史

在最初的篮球比赛中，场地大小、上场人数的多少以及比赛时间均无严格的限制，比赛规则也比较简单。1892 年，奈史密斯博士制定出了最原始的 13 条篮球竞赛规则。1893 年，在比赛器材上形成近似现代篮板、篮筐和篮网的雏形。此后，篮球运动以其独特的吸引力迅速向欧洲、亚洲、非洲、大洋洲传播，球队的技战术水平不断提高，竞赛规则不断完善。1915 年，美国制定了全国统一的篮球竞赛规则，并翻译成多种文字，向全世界发行。1932 年 6 月 18 日，在瑞士日内瓦成立了国际业余篮球联合会（简称"国际篮联"），同时，国际篮联以美国大学使用的篮球规则为基础，制定了第一份世界统一的竞赛规则。1936 年第 11 届奥运会上，男子篮球被列为正式比赛项目。1950 年和 1953 年分别举行了第一届世界男篮和女篮锦标赛。1976 年，第 21 届奥运会又增加了女子篮球比赛。

2. 篮球场地和器材

（1）场地标准

标准篮球比赛场地长度为 28 米，宽度为 15 米。由篮圈中心点垂直到地面画出长 6.25 米的一个弧线，称为三分线。

（2）室内高度

标准的篮球场地一般建在室内，篮球规则对室内也有明确规定：天花板或最低障碍物的高度至少应为 7 米。

（3）场地灯光

篮球比赛场地的灯光至少应为 1500 勒克斯，这个光度是从球场上方 1 米处测量的，灯光应符合电视转播的要求。

（4）篮球竞赛的器材

篮球竞赛的器材主要包括篮球、篮圈、篮板等。这些器材有各自的规定要求。

**（二）足球运动**

1. 足球运动简介

足球运动是一项古老的体育活动，源远流长。它的起源包括古代足球起源和现代足球起源两个方面。

（1）古代足球起源

足球运动的发展按照时间划分可分为古代足球和现代足球。古代足球起源于我国，我国古代足球称为"蹴鞠"或"蹋鞠"。"蹋"即"蹴"，均为踢的意思，"鞠"是球名，即古代的足球。据史料记载，早在战国时期就有关于"蹴鞠"的描述，直至汉唐时期蹴鞠仍是一项普遍的运动，此时蹴鞠所用的球由内填毛发改为由人用嘴吹气，同时用两个球门代替"鞠室"。在宋、元、明时期蹴鞠进一步发展，逐渐有了民间的球会组织（俱乐部的前身）。清代时，由于清政府的影响，蹴鞠改为了冰上游戏。盛唐时期，蹴鞠作为一种产品经丝绸之路传向西方，首先传入英国。英国王室视为珍宝，仅限王室成员参加蹴鞠运动，禁止民间享受这种活动。1056年，法国诺曼底公爵威廉领军侵入英伦三岛，使得欧洲大陆的足球游戏正式落户英国。足球游戏在英国非常受群众尤其是年轻人的欢迎和喜爱，随着时间的推移，足球运动在英国日益普及。12世纪初，英国开始有了足球赛，一般在两个城市之间举行，每年举办两次。比赛时，双方球员一拥而上，哪一方能将球踢进对方的闹市区，哪一方就算胜利。比赛时，足球经常飞入居民楼内，球员就冲入民宅乱打乱踢，房主只能自认倒霉。每当到球赛季，家家闭户，直到球赛结束才恢复正常。由于市民不堪骚扰，政府便下令修建专门的足球场地。

（2）现代足球运动起源

1836年10月26日，英格兰人在伦敦皇后大街弗里马森旅馆成立了英格兰足球协会，也就是今天的英格兰足球总会（英足总），同时统一了足球规则（共14条），这标志着现代足球的诞生。在此之后，其他欧洲国家纷纷成立了各自的足球协会，拥有了各自的职业足球俱乐部。由于需要一个国际性的组织来协调各国间的比赛，1904年5月21日，在法国巴黎由比利时、法国、丹麦、瑞典、荷兰、瑞士和西班牙（皇家马德里俱乐部代表西班牙，西班牙皇家足球协会到1913年才成立）发起成立了一个国际性的足球组织——国际足球联合会（FIFA），简称"国际足联"。国际足联下设各洲足联，亚足联成立于1954年，总部设在马来西亚。我国于1931年加入国际足联，1958年因国际足联长期拒绝取消台湾会籍，中国足球协会宣布退出，1974年在慕尼黑重新加入亚足联，1979年再次加入国际足联。足球于1900年第2届奥运会上被列为正式的比赛项目，1971年，国际足联正式承认女子足球运动。

2. 足球场地与器具

（1）场地面积

标准国际足球竞赛场地长度不得多于110米或少于100米，宽度不得多于75米或少于64米，而最有影响的足球世界杯决赛阶段的竞赛场地的规格为 105 米×68 米。要求在任何情况下，长度必须超过宽度。

（2）场地标记

① 域。比赛场地是用线来标明的，这些线作为场内各个区域的边界线应包含在各自区域内。

② 线。两条较长的边界线叫边线，两条较短的边界线叫球门线。所有线的宽度不得超过 0.12 米。

③ 场。竞赛场地被中线划分为两个半场。场地中主要包括：球门、罚球区、罚球点、罚球弧、角旗、中线旗。

3．足球运动基本技术

（1）颠球

颠球主要分为正脚背球法、大腿颠球法、脚内侧对颠法、脚外侧球法、头顶颠球法和肩上颠球法等。

（2）踢球技术

踢球技术包括助跑、支撑、摆腿、击球、随前动作和踢球动作等。

4．传球技术

传球技术包括外脚背传球、脚背内侧传球、脚弓传球和脚尖传球等。

5．接球技术

接球技术包括脚部接球、腹部接球和头部接球。

**（三）气排球运动**

1．气排球运动简介

气排球产生于 1984 年，由内蒙古集宁铁路分局首创。初创时是为了开展老年人体育活动，随后，参照 6 人制排球规则制订了简单的比赛规则，根据球的材质，将这种运动取名为"气排球"。

1991 年，全国铁路老年体育工作会议，决定在全国铁路系统老年人中推广气排球。火车头老年体协依据排球规则，编写了第一本《气排球竞赛规则》，还特制了比赛用球。2004 年，由中国老年人体育协会组织，在浙江省丽水市举行了全国首届老年气排球比赛，有来自全国 23 个省（自治区、直辖市）共 44 支代表队参加，这使得气排球影响力进一步提升，确立了气排球在全民健身中的地位并形成一年一届的全国老年人气排球比赛。通过 30 多年的推广普及与发展，我国首创的气排球运动已经具有了丰富的技战术含量、较完善的比赛规则及良好的竞技健身和娱乐功能。气排球运动在我国南方地区（如福建、浙江、广西、湖南、上海、江苏、广东等省、自治区、直辖市）发展迅速，在政府机关、企事业单位、高校和社会团体中广为盛行，并成为各种节假日必不可少的休闲娱乐项目。

2013 年 11 月，由中国排球协会审定，北京体育大学出版社出版了《气排球竞赛规则》；2014 年 12 月，中国排球协会在福建省漳州市体育训练基地举办了 2014 年国家级气排球裁判员培训班；2015 年 6 月 3 日，中国排球协会在首都体育学院召开了以气排球为主要项目之一的全国大众排球交流推广研讨会，中国排球协会正式介入指导气排球运动的开展，将气排球运动推向高潮。

2. 气排球阵型

双方队员各分为前排三名，后排二名。前排左边为 4 号位，中间为 3 号位，右边为 2 号位，后排左边为 5 号位，右边为 1 号位。判断队员发球时位置是否错误应以队员身体着地部分为依据，在发球队员击球的一刹那，球未击出前，同排队员的站位不得左右超越或平行站立，前后排队员不得前后超越或平行站立。即 4 号位队员不得站在 3 号位、2 号位队员的右边，2 号队员不得站在 3 号位、4 号位队员的前面或平排站立。否则，应判失球权或对方得分。发球队员与本方 5 号位队员不受站位的限制。每局比赛开始、场上队员必须按位置表排定的次序站位，同一局中不得调换位置。在新的一局比赛中每位上场队员的位置可重新安排。

3. 比赛场地和器材

气排球比赛场地为长 12 米、宽 6 米的长方形，其四周至少有 2 米宽的无障碍区，从地面向上至少有 7 米高的无障碍空间。场地地面必须平坦，不得有场地安全隐患，也不得在粗糙或湿滑的地面上进行比赛。两条边线和端线划定了比赛场区。中线连接两条边线的中点，中线的中心线将比赛场区分为长 6 米、宽 6 米的两个相等的场区。每个场区各划一条距离中心线外沿 2 米的进攻线。进攻线前为前场区，进攻线后为后场区。进攻线外两侧各划间距 20 厘米、长 15 厘米、宽 5 厘米的三段虚线作为进攻线的延长线。所有界线均宽 5 厘米，其颜色须区别于场地颜色。端线后两条边线的延长线上各划一条长 15 厘米，垂直并距离端线 20 厘米的短线，两条短线之间的区域为发球区，发球区深度延至无障碍区的终端。

球网架设在中线上空。球网为黑色，球网高度男子为 2 米，女子为

1.8 米。

### （四）乒乓球运动

1. 乒乓球运动简介

乒乓球起源于 19 世纪末的英国，由网球派生而来。相传 19 世纪后半叶的一天，在英国伦敦有两位青年网球迷去一家高级餐厅就餐，因为天气炎热，在等待侍者上菜时，他们就信手拿起桌上大号雪茄烟的硬纸盒盖子用来扇风降温。当两人在闲聊中为网球战术而争论得不可开交时，他们便从酒瓶上拔下一个软木塞，以餐桌为场地，用烟盒盖作球拍，现场模拟起实战网球来。他们将软木塞打来打去，越打越起劲，竟引来了许多人围观。餐厅的女主人完全被这种别开生面的游戏吸引住了，情不自禁地脱口而出："table tennis（桌上网球）！"不经意间，就给这项运动命了名。很快，这项餐桌上的游戏就在欧洲各国流传开来。但在那个时候，这项运动仅是限于欧洲的王公贵族们闲来无事消磨时间的一种娱乐活动。

1890 年，英国著名越野跑运动员詹姆斯·吉布（James Gibb）到美国旅行时，偶然发现了一种用赛璐珞制成的空心玩具球，弹力很强。于是，他就将这种球带回英国，这种球稍加改进后逐步在世界各地推广开来，最终演变为今天的乒乓球。也许是因为乒乓球在桌上发出"乒乒乓乓"的声音，英国一家体育用品公司率先用"乒乓"（Ping Pong）一词做了广告中的商品名称。1891 年，英格兰人查尔斯·巴克斯特把"乒乓"（Ping Pong）作为商业专利权来申请许可证。

2. 乒乓球的打法

（1）握拍方法有直拍和横拍。

（2）乒乓球打法的类型包括快攻打法、弧圈打法、弧圈结合快攻打法、快攻结合弧圈打法、以削为主的削球打法、削球和进攻结合的削球打法。

3. 发球方式

主要有正手发奔球、反手发急球与发急下旋球、发短球、正手发转与不转球、正手发左侧上（下）旋球、反手发右侧上（下）旋球、下蹲发球、正手高抛发球等。

4. 主要战术

乒乓球运动竞赛的主要战术有推攻、两面攻、拉攻、拉扣吊结合、搓攻、削中反攻、发球抢攻、接发球抢攻等。

### （五）羽毛球运动

1. 羽毛球运动简介

羽毛球运动是一项室内、室外均可进行的体育运动，其因趣味性强、健身效果好且适合各年龄段参与等特点而深受大众喜爱。现代羽毛运动依参与人数多少，可分为单打、双打及新兴的三打三。

羽毛球运动的起源与发展

相传羽毛球最早出现于14—15世纪时的日本，当时的球拍是木制的，球用樱桃核插上羽毛制成。大约至18世纪时，印度的普那（Poona）出现了一种与早期日本的羽毛球极相似的游戏（球用圆形硬质板插上羽毛制成，板是木质，两人相对而立，手执木板来回击球的一种游戏）。现代羽毛球运动始于英国。19世纪60年代，一批退役的英国军官把印度孟买的"普那"带回英国。1873年的一天，在英格兰格拉斯哥附近的伯明顿庄园，鲍弗特公爵举行了一场宴会，由于当时下雨，客人们只能待在室内，有几位从印度回来的退役军官就向大家介绍了一种隔网用拍子来回击打键球的游戏，人们对此产生了很大的兴趣。这是最早期的羽毛球表演。为了纪念这项运动，便以"伯明顿"这个庄园命名，英语中的羽毛球被称为"badminton"。早期的羽毛球场地呈葫芦状，中间狭窄处挂球网，并在这一场地上举行羽毛球表演。后来加以改进，便成为现代的羽毛球运动。

1878年，第一部羽毛球规则在英国出版；1893年，英国成立了羽毛球协会；1899年，英国举行了第一届全英羽毛球锦标赛。1934年，世界羽毛球联合会成立，总部设在伦敦。1981年5月，世界羽毛球联合会重新恢复了中国的合法席位，从此揭开了国际羽坛历史上新的一页。1992年在巴塞罗那举办的第25届奥运会上，羽毛球被列为正式比赛项目。

2. 羽毛球场地设备

标准的羽毛球场地长13.40米，双打场地宽6.10米，单打场地宽5.18米。网柱高1.55米。羽毛球球网应由深色细绳编织而成，网孔为边长1.5~2.0厘米的方形，球网上下宽0.76米，全长不少于6.10米。

球场其他要求

① 球场灯光。一般羽毛球训练或业余比赛采用自然光即可，但因自然光存在顺光和逆光的情况，所以在重要比赛时应采用灯光照明。理想的球场灯光应来自场地外侧，亮度约1 000勒克斯。

② 球场墙壁及背景。羽毛球比赛场地四周墙壁必须是深色，且不能太亮，因为深色的背景能使运动员看清快速飞行的羽毛球，太亮的墙壁容易反光，而白色和浅色背景会影响运动员的判断。

③ 球场风力控制。羽毛球球体很轻，易受风的影响，有风会影响运动员的正常发挥。因此，在羽毛球比赛时必须关闭门窗，在经常使用的出入口设置门帘，尽量不使用空调，以减小场地内空气流动对比赛的影响。

3. 羽毛球运动的基本技术

羽毛球运动基本技术由握拍方法、准备姿势及站位、发球和接发球技术、击球技术等部分组成。

（1）握拍方法

正手握拍法、反手握拍法。

（2）准备姿势及站位

准备姿势、进攻站位、防守站位。

（3）发球和接发球技术

① 发球准备姿势：正手发球准备姿势、反手发球准备姿势等。

② 发球技术：高远球、发平高球、发平射球、发网前球等。

③ 接发球技术：包括接发搓或放网前球、接发勾对角球、接发挑或推后场球、接发扑球和接发拨球；接发后场球技术包括接发击高远球、接发吊网前球和接发杀（抽杀）球等。

（4）击球技术

① 前场击球技术：搓球、放小球、勾对角球、平推球、扑球、挑高球等。

② 中场击球技术：接杀挑高球、接杀平抽球、接杀放直线小球、接杀勾对角小球、中场杀球等。

③ 后场击球技术：正手高远球、反手高远球及头顶高远球等。

**（六）网球运动**

1. 网球运动简介

网球与高尔夫球、保龄球、台球并称为世界四大"绅士运动"。网球孕育在法国，诞生在英国，开始普及和形成高潮在美国，如今盛行于全世界。

现代网球的历史是从 1873 年开始的。这一年，英国少校温菲尔德在古代网球游戏的启发下，改进了早期网球的打法，将场地移向草坪，并于同年出版了《草地网球》，创造了一套接近于现代网球的打法。1874 年，在规定了球网的大小和高低后，英国创办了简易的草地网球比赛。1875 年，英国的迈瑞伯尼板球俱乐部制定了一个新的标准化网球比赛规则，该规则规定单打比赛场地长为 78 英尺（23.77 米），宽为 27 英尺（8.23 米）；双打比赛场地长为 78 英尺（23.77 米），宽为 36 英尺（10.97 米）；球网中央的高度为 3 英尺（0.91 米）。该规则还确定了每局采用 15、30、40 的记分方法。至此，现代网球正式形成，并很快在欧美盛行起来，成为一项深受大众欢迎的球类运动。1913 年 3 月 1 日，澳大利亚、比利时、法国等 12 个国家的网球协会代表在巴黎成立了国际网球联合会（International Tennis Federation，ITF），简称"国际网联"。

2. 网球运动装备

（1）网球拍

① 球拍长度。网球拍的标准长度是 68 厘米，最长可以达到 73 厘米。

② 球拍重量。一支 68 厘米长的网球拍的重量在 260~349 克不等。

（2）网球

比赛用球一般为黄色，而我们常用的练习球为绿色，用毛绒包缝而成，外表毛质均匀，接缝处没有缝线。网球直径在 6.541~6.858 厘米，重量为 56.7~58.5 克。

（3）拍弦

网球拍弦的松紧度是以磅表示的。球拍穿弦的磅数应根据球拍的材料、弦线的质量和本人的打法来决定。一般来说，球拍的弦线以拉 55 磅左右为宜。

（4）网球拍拍面

网球拍的拍面大小从 613 平方厘米到 722 平方厘米不等。职业球员大多数使用球拍拍面较小的球拍，而业余网球爱好者大多数都选择球拍拍面稍微大的球拍。

### 三、户外运动

#### （一）登山运动

1. 登山运动简介

登山运动已经成为一项集健身、休闲、娱乐功能为一体且极富挑战极限的运动。现代登山运动诞生于 18 世纪的阿尔卑斯山脉西区。1786 年，法国的帕卡尔最早兴起登山运动，阿尔卑斯山脉的主峰勃朗峰海拔 4 800 多米，位于法国境内。当时，科学家们对阿尔卑斯山脉复杂的山体结构和气象特征以及较为丰富的动植物资源颇感兴趣，后逐渐发展为世界范围内的登山运动。

登山运动是指登山运动员或爱好者在自然环境中徒手完成，或借助专门的装备攀登各种不同地形的山脉或山岭的一项极富挑战性和探险性的运动。登山运动对人的身体益处较多，如提高心肺功能和四肢协调能力，消耗多余脂肪等。登山运动已经成为一项健身、休闲、挑战极限的多元化运动项目。

2. 登山运动的类型

（1）高山探险

是指运动员通过使用器械和装备，挑战并承受各种恶劣自然条件，以登顶 6 000 米以上的高峰为目标的活动。

（2）技术登山

是一种在各种技术装备的辅助下运用熟练的攀登技术专门攀登悬崖峭壁或冰壁的登山活动。

（3）徒步登山

徒步健身登山也称为健身登山，一般是在海拔 3 500 米以下的山地进行。徒步登山与高山探险相比，安全系数较高。有很多离城市较近、交通方便的山峰都成为我国人民进行户外运动的场所。

**（二）攀岩运动**

1. 攀岩运动简介

攀岩运动是从登山运动中派生出来的运动形式，现代攀岩运动起源于 19 世纪的欧洲，是一种集竞技比赛、时尚健身等特征于一体的体育运动。攀岩运动是一项攀爬者利用人类原始的攀爬本能，借助于技术装备和同伴保护，控制身体平衡的心智型体育运动。攀岩一般在由岩石构成的峭壁、裂缝、岩面、大圆石以及人工岩壁等地进行。

2. 攀岩运动的分类

（1）按运动场地类型分类

① 自然岩壁攀登：是指在自然环境中形成的岩壁上攀登，需要定期清理和开发攀登线路，因其充分融入自然，更具挑战性，但不可控因素较多，危险性较大。

② 人工岩壁攀登：是指在人工设计、建造的岩壁上攀登，安全性高，参与人数较多，自然体验较差。

（2）按攀登方式分类

① 器械攀登：是指可以借助器械作为攀登工具的活动，需要攀登者具备器械使用能力。

② 自由攀登：是指不借助任何器械，完全依靠攀登者自身能力攀登，在已经设置好的安全保护点或在没有设置保护点的线路上进行的攀登。

（3）按保护方式分类

① 顶绳攀登：是指保护点设在线路顶部的攀登方式。

② 先锋攀登：是指保护点用膨胀钉和挂片器材预先设置在攀登线路沿线的攀登方式。

（4）按比赛项目分类

① 速度攀岩：即采用顶绳攀登，上方保护，以速度为主要目标的攀登活动。

② 难度攀岩：即采用先锋攀登，下方保护，以完攀具有一定难度的线路为主要目标的攀登。高度越高，成绩越好。

③ 攀石：也被称作"抱石"，指在没有绳索保护的状态下攀登一般不超过 5 米高的岩壁的运动。一般采用海绵垫或充气垫做保护。由于没有绳索的影响，这种方式可以最大限度地发挥攀登者的极限攀登能力。完攀线路的数量越多，成绩越好。

### （三）野外露营

1. 野外露营简介

野外露营是一种户外生活方式，主要出于旅游度假、军事需要等目的而临时在野外搭建的居住营所。常见的户外装备还有望远镜、防火袋、登山杖、各种刀具（瑞士军刀）、指南针、功能手表、GPS 等。随着经济社会的快速发展与进步，人民生活水平不断提高以及休闲时代的到来，野外露营被越来越多的人所接受和认可。野外露营不仅使人心情愉悦，还可以提高人们的身体素质、社会适应能力和人际交往能力。

2. 露营方式

露营是一种户外休闲生活方式，通常露营者需携带帐篷，离开日常生活的地方到野外扎营。常见的露营有徒步露营、汽车露营、房车露营等方式，通常还和其他活动联系在一起，如野炊、垂钓、观景、观鸟等。

露营也是"驴友"最喜爱的生活方式，以一种原始的、亲近自然的方式寻求自我、发现自我、超越自我、实现自我，在与自然的融合过程中磨炼意志、沉静心灵，露营爱好者也倡导"绿色环保"。

露营者通常在山谷、溪边、湖畔、海边，露营可以生篝火，可以烧烤、野炊或者唱歌，成为日常城市生活的补充。

## 四、冰雪运动

### （一）滑冰运动

1. 滑冰运动简介

滑冰运动是冰雪运动中历史最为悠久，开展最广泛的体育活动之一，是在规定的冰场上和规定的距离内，以滑行竞速为主要内容的项目。其表现形式简单易懂且消费较低，长时间被社会大众视为冬季运动的首选项目之一。

生活在北欧的游牧民族在 2000 多年前就已开始利用动物骨骼进行冰上活动，后来滑冰经芬兰传入瑞典、丹麦、荷兰等地，在适应人类社会生活发展需要的同时，滑冰也逐渐演化为一种人们喜闻乐见的运动形式。

滑冰运动是一项有氧体育活动，长期从事滑冰运动能够调节、改善及增强人的心肺功能，是我国全民健身项目推广中人们较为热衷的体育锻炼及休闲娱乐方式之一。自我国"北冰南移"战略实施后，全国各地不同规模的滑冰场所随处可见，滑冰运动不仅日渐普及，也为我国经济发展起到了一定的推动及促进作用。

2. 滑冰运动方法

滑冰运动的合理运动方式是滑冰者以适应的速度完成相应距离所采用的协调、省力的全身动作。滑冰运动要求滑冰者滑行时上体前倾，两腿深屈，身体呈流线型。双脚交替进行单足支撑惯性滑行、单足支撑蹬冰和双足支撑蹬冰的动作，各动作协调自如、节奏自然流畅。滑冰者要有一定的平衡能力及腿部力量，才能展现出较为合理的滑冰动作。

3. 滑冰运动装备

滑冰运动装备主要包括冰刀鞋和滑冰服装。

冰刀鞋由冰鞋和冰刀两部分组成。冰鞋主要由优质厚牛皮制成，并用玻璃纤维和碳钢进行加固。滑冰冰刀通常由优质高碳钢和轻合金制作而成，刀刃非常耐磨。

较为专业的滑冰服装一般为尼龙紧身全连服（衣、裤、帽、袜、手套连在一起）。但由于尼龙服保温不好，在温度较低的气候条件下，滑冰者需穿着贴身的棉毛内衣，男性还可根据需要配穿三角裤或护身；天气寒冷时滑冰者应在膝、胸等部位加垫防风纸或其他物品。就初学者而言，无论进行室内或室外的滑冰运动，均应佩戴头盔、护膝、手套、厚袜子、肘腕保护套等防护装备，保暖的同时亦可增加安全系数。

**（二）滑雪运动**

1. 滑雪运动简介

滑雪运动是人们穿着雪板在白雪覆盖的群山中跃动穿行的一项竞技运动和消遣休闲活动，在机械（如索道、雪地摩托、直升机）的助力下到达山顶或雪场的特定区域后进行滑降。这项运动将速度与技巧完美地结合在一起，滑雪者在滑行过程中左右盘旋，将健美与优雅融于一身，粗犷中不失儒雅，一直深受冬季运动爱好者喜爱。

滑雪运动从历史沿革角度可划分为古代滑雪、近代滑雪、现代滑雪；从滑行的条件和参与的目的可分为实用类滑雪、竞技类滑雪和旅游类（娱乐、健身）滑雪。实用滑雪用于林业、边防、狩猎、交通等领域，现多被机械设备所替代，逐渐失去昔日的应用价值；竞技滑雪是在特定环境条件下，运用比赛的功能，达到竞赛的目的；旅游类（娱乐、健身）滑雪是适应现代人们生活、文化需求而发展起来的大众性滑雪。三类滑雪运动从器材、场地、设备及运动技术的形式来看，所要达到的目的相同，但在作用和其他一些方面还存在差异。

现代滑雪运动大致可分为三种类别：阿尔卑斯山式滑雪、北欧式滑雪和自由式滑雪。阿尔卑斯山式滑雪是指沿雪坡滑降的滑雪运动，包括各式技巧和动作，其中三种最基本的动作是直降、横渡和转弯；北欧式滑雪包括越野滑雪和跳台滑雪，越野滑雪是较为大众化的滑雪方式，其表现形式虽不如高山滑雪紧张刺激，但从安全和健身角度而言，更具有群众参与性；自由式滑雪在专门的滑雪场上，通过完成一系列的规定和自选动作，滑雪者从陡峭且崎岖不平的雪坡向下滑降，或相互追逐或展示各种腾跃或翻转的空中技巧，因此，自由式滑雪对参与者的平衡能力和空中控制能力要求较高。

### 2. 滑雪运动装备

滑雪运动装备主要由四个部分组成，即滑雪板、滑雪鞋、固定器及滑雪杖；滑雪运动的着装也分为四个部分，即滑雪服、滑雪手套、滑雪帽（或头盔）及滑雪镜。高山滑雪的器材装备种类与型号十分庞杂，滑雪者应针对自身技术水平和喜好进行严谨而充分的选取，并结合实际情况选择适合自己的滑雪装备。

## 五、水上运动

### （一）帆船运动

#### 1. 帆船运动简介

帆船是借助风帆推动船只在规定距离内竞速的一项水上运动，适合的水域包括江、河、湖泊、海洋等，根据风、浪、流等水文气象因素作用在帆、船体和舵等各部分综合受力，由人控制操作达到一定运动状态，是一项集竞技、娱乐、探险等多种功能于一体的运动项目。

#### 2. 帆船运动的种类

第一类是龙骨艇，艇身长 6.5~22 米，船体的中下部突出一块铁舵或铅舵，用以稳定船体，以减少船体的横移。由于这一类艇的艇身大，稳定性好，只能在深水中驾驶。小的龙骨艇只要 2~3 人操纵，而大的龙骨艇要有 15 人甚至更多的人来操纵。第二类是稳向板艇，其船体中部有槽，可以安放稳向板。稳向板根据需要可以上下移动。艇身最大长 6 米，最小长 2 米。由于船体轻、设备简单、易于制造，驾驶起来也比较灵活，可以在浅水中航行。稳向板艇通常只要 1~2 人就可以操纵。第三类是多体艇。

从事帆船运动可以增强个人体质，培养顽强的意志品质，可以在各种气候条件下，掌握驾驶帆船的多种技术，对于增进个人航海知识和提高驾驶帆船的能力有促进作用。

### （二）帆板运动

#### 1. 帆板运动简介

帆板运动是指参与者借助风帆力量与自然风力，驾驭无舵、无座舱船只滑行前进的，介于帆船和冲浪之间的一项新兴水上运动项目。帆板运动可在海上或江、湖中进行，因和冲浪运动有密切关系，故又被称为风力冲浪板或滑浪风帆。帆板运动起源于 20 世纪 60 年代末的冲浪胜地——美国夏威夷，

1965 年美国人组曼在《流行科学》杂志著文《航行的滑板——一种新兴刺激的高速水上运动》，介绍在冲浪板上装置帆具，借助风力行驶。1967 年，美国加利福尼亚州马里纳德海港出现一种加长冲浪板，上面装有能转动的桅杆，受到青少年的青睐。后逐渐形成为一项体育运动，在欧美国家广泛开展。1970 年 6 月，由美国一位冲浪爱好者修万斯设计制造出世界第一条带有万向节的帆板，并获专利权，此后当地很快兴起"帆板热"，不久便流传到欧洲、大洋洲和亚洲东南亚一带。

2. 帆板运动的装备

（1）着装

包括潜水衣或水母衣、手套、潜水靴、救生衣等。

（2）器材

包括板体、尾鳍、脚套、帆、万向节、胸钩绳与腰钩等。

**（三）桨板运动**

1. 桨板运动简介

桨板是一种结合冲浪和独木舟的运动，起源于美国夏威夷的桨板冲浪，是一种站立划水板，又名直立单桨冲浪。20 世纪 60 年代早期，夏威夷一队名为 "Beach Boys of Waikiki"（"Waikiki 海滩男孩"）的冲浪爱好者站在加长的冲浪板上为学习冲浪的游客们拍照，最初，冲浪教练为了管理众多的学员，直立站在冲浪板上以获得更好的视野，便于观察周遭情况，也避开远处过来的涌浪。渐渐地，人们觉得这个动作也有很好的竞技性，所以最终演变成了桨板运动。"Beach Boy Surfing" 也是 SUP 的另一个别称。桨板是利用桨的划水来提供动力。

桨板运动是目前最热门的水上运动之一，也是目前全球发展最快的运动之一，受到诸多专业冲浪选手及大众的追捧，在世界各地具备水环境的地方，如江河湖泊或泳池等安全水域都能看到桨板运动，娱乐形式多种多样，与冲浪板相比，地域对桨板的限制因素更小。

2. 桨板运动的装备

（1）滑水板

可根据参与者身高、体重、技术水平、用途等来选择，同时也要考虑当地的环境。

（2）桨

滑水板的桨在竿的中央一般会有一个护套，增加它的使用强度。

（3）PFD（Personal Flotation Device，即个人浮选设备）

滑水的时候都要有个人的保护设备。例如，滑水者要随身携带一个安全哨，日落后滑水时要携带照明工具。

（4）脚绳

脚绳可以让参与者和板子连在一起，如果滑水者落水了，可以帮助他快速地靠近板子。

（5）系带

根据使用环境不同，体验者可选购合适的系带。

（6）防晒用品

例如防晒霜、太阳镜、防晒袖套等。

**（四）龙舟运动**

1. 龙舟运动的起源

龙舟运动起源于我国，历史悠久，至今已有 2 000 多年的历史。文献中最早记载龙舟的史料是《穆天子传》。关于龙舟的起源，学术界和民间都有不同的说法，主要有屈原说、伍子胥说、越王勾践说等，其中流传最广的是为纪念伟大的爱国诗人屈原。我国古代以竞渡为主的赛龙舟主要目的是祛病、消灾、祭祀和纪念。

据闻一多先生在《端午考》中记载，端午节本是吴越民族举行图腾祭祀的节日，而赛龙舟便是祭祀中半宗教、半娱乐性的节日活动。当时人们常年受到蛇虫和疾病的侵害以及水患的威胁，为了抵御这些天灾，他们尊奉想象中的具有威力的龙作为自己的祖先兼保护神（即图腾），并把船建造成龙形、画上龙纹、举行竞波，以表示对龙的尊敬。赛龙舟成为习俗后，历代都在端午节这天举行这一活动。

现代龙舟是一项集众多桨手依靠单片桨叶的划桨作为推动方式，以竞技、健身、娱乐、祭祀为目的的运动。一条龙舟包括队长、舵手、锣手、鼓手、划手等 20 余人，龙舟上的每个人必须通力配合、协调一致，才能获得最快的速度。龙舟属于团队运动项目，需要队员具有协作精神，当龙舟比赛开始时，队员拼命舞动着船桨，配以整齐划一的锣鼓声和号子声，加上观众的呐喊声，给人视觉和听觉的享受，令人心潮澎湃，热血沸腾。

2. 龙舟运动的装备

（1）龙舟器材

传统龙舟上应备有锣、锣架、鼓和鼓架等，另可附带水标两个，预备划桨若干。

（2）电话与姓名

在开放式水面上进行龙舟运动时，所有龙舟应当明确地标有电话号码和划龙舟者姓名，以便当龙舟在开放式水面或海面上漂浮时，利于搜索及救援。

（3）救生装置

在面积较大的湖泊和海上进行龙舟运动时，应当配有额外的浮标，并且全体成员应当带上救生囊或者推进器等救生装置。除此之外，指导员需携带一根抛绳，预备两支多余的桨。

（4）工具装备

支援船在陪同龙舟时应配有锚、绳索、木桶、水斗等装备（包括多余的螺栓扳手等）。

**（五）漂流运动**

1. 漂流运动简介

漂流运动是漂流者在水流湍急的河川峡谷中，利用橡皮艇或竹木筏等工具，利用水流顺流而下的一项休闲活动。这项运动最初起源于爱斯基摩人的皮船和中国的羊皮筏、竹木筏，19 世纪后期，美国科罗拉多河出现一种新的休闲方式：在导游的带领下乘坐木舟探索河流。美国一些户外运动爱好者利用废弃的充气橡皮艇作为漂流工具，逐渐演变成今天的漂流运动。

我国的漂流运动始于 20 世纪 80 年代科学家们对长江的科学考察活动。2004 年 7 月，我国首次实现了美国科罗拉多大峡谷探险漂流。尽管我国的漂流运动起步较晚，技术和规模还有待进一步完善。近年来，随着人民生活水平的提高和国家对水上运动项目的大力推动，已经有越来越多的人开始加入这项运动。

2. 漂流运动的分类

根据漂流器械可将漂流分为皮划艇漂流、羊皮筏漂流、木筏漂流、橡皮艇漂流、龙舟漂流等。

根据经营特性划分，漂流主要分为私人漂流和商业漂流。

根据自然水域的水流情况（例如水流速度、浪花高度、危险程度）可将漂流划分为以下等级（表6-3）。

表6-3　漂流运动水流急缓程度分类

| 分类 | 特征 | 浪高（米） |
| --- | --- | --- |
| 简单级 | 水面较平静，偶尔有小波浪但水流规律 | 0~1 |
| 初级 | 中等水流有浪花，通道可见；具有较低礁石和跌水，弯道较缓 | 1 |
| 中高级 | 水流速度较快，跌水不规律，波浪有时无法避开，水会涌进艇内 | 1.5~2 |
| 高级 | 浪花较大，能形成较大的漩涡和"水洞"，需要精准地控制才能驾驭 | 3 |
| 专家级 | 水流非常急，大转弯、大跌水、大漩涡和大岩石共存，漩涡有强旋转力 | 3~5 |
| 超高级 | 类似直接从瀑布中翻下，船体完全失去控制，水流猛烈强大 | 5以上 |

## 六、民族传统体育运动

### （一）花炮

花炮是流行于我国侗族、壮族、仫佬族等少数民族中的一项具有浓郁民族特色的民族传统体育活动，作为一项勇敢者的运动，深受广大少数民族同胞的喜爱。花炮是20世纪80年代初由广西、湖南和贵州有关部门组织专家挖掘整理出来的少数民族传统体育项目，具有广泛的群众基础，从1986年第三届全国少数民族传统体育运动会开始，抢花炮已成为正式比赛项目之一。花炮带有浓郁的民族色彩，具有丰富的文化特征。

1. 花炮简介

花炮与橄榄球相似，据考证花炮距今有500多年的流传史，比西方的橄榄球运动早产生了300多年，此项运动具有对抗性和娱乐性，通过传递、掩护、奔跑、阻挡、搂抱等动作将花炮放入花篮完成进攻获得积分。运动员需要具备较强的体魄、较好的灵活性、耐力及柔韧性等，长期参与这项运动能使人增强心血管及中枢神经系统功能，从而达到锻炼肌肉、强健体魄的目的。

2. 花炮的基本形式

花炮的形式有：十二人对抗赛、十人对抗赛以及不限人数的比赛等。

3. 花炮的场地

花炮的比赛场地是表面平坦的长方形草坪或土地，规格是长 60 米、宽 50 米，线宽 12 厘米。场地设有接炮区、炮台区、罚跑区。接炮区是以场地的中心点为圆心，延伸出半径为 5 厘米的圆圈。

炮台区是在距离端线中点两侧 4 米处各向外画一条与端线垂直的 4 米线，再画一条线把其顶点连接起来，与端线平行。炮台区两侧架设高 2 米以上的网墙，防止花炮出区。

罚跑区是以端线中点为圆心，以 11 米为半径，画一条长 20 厘米，宽 12 厘米的平行线，这条线为罚点起跑线，该线在距离花篮架的 2 米之内，该区域为罚跑区。

4. 抢花炮的器材

（1）花炮

花炮是直径为 14 厘米的彩色圆形饼状球，外圆成轮胎形，厚 2.5~3.0 厘米，材质为橡胶，避免伤人，重量为 220~240 克。

（2）送炮器

是指能把花炮冲上 10 米以上高度并落在接炮区域内能发出响声的发射器。

（3）花篮架

花篮架是高 80 厘米，放在炮台区内离端线中点 3 米处的架子。花篮架是用直径不超过 20 厘米的圆木做成的。

（4）花篮

花篮是篮口的内沿直径为 40 厘米、高为 30 厘米的圆柱体，用竹或塑料制成，花篮固定在花篮架顶端。

5. 花炮的基本规则

传统的花炮比赛不限人数，每炮必抢，三炮结束，属于"单打独斗"。通常场地设在河岸或山坡上，无一定界限，漫山遍野皆为活动范围。这就对抢炮者提出了更高的要求。抢花炮者必须具有强健的体魄、顽强的意志、坚韧不拔的毅力、快速敏捷的反应以及高尚的道德品质等。花炮得主在唢呐声、欢呼声、锣鼓声、鞭炮声中享受胜利的喜悦。

竞技花炮比赛是一项集体项目，比赛由两个队参加，比赛时双方各出场10 名运动员，每场比赛时间为 40 分钟，分上、下半场。每场比赛双方按照规定的人数，在规定的场地和时间内，进行高强度、高速度的攻守争夺。无论哪一方抢得花炮，运动员可通过传递、掩护、假动作、奔跑等方法，努力将花炮攻进对方炮台区并放入花篮获得分数，同时另一方可以通过追赶、阻止、抢断等方法，阻止对方得分。比赛结束时，得分多的一方获胜。

**（二）太极拳**

1. 太极拳简介

太极拳是武术运动的拳种之一，"太极"一词源于《周易·系辞》："易有太极，易生两仪"，含有至高、至极、无穷大之意。这个名称的取义是因为拳法变幻无穷，内涵丰富，而用古代的"太极""阴阳"这一哲学理论来解释和说明。为了便于在广大群众中推广太极拳，1956 年在杨氏太极拳的基础上，我国按照由简到繁、由易到难的原则进行改编，删去繁难和重复的动作，选取 24 式，编成二十四式简化太极拳，充分体现了太极拳动作的柔和、缓慢、圆活、连贯，处处带有弧形，运动绵绵不断，势势相承的特点，其动作速度平衡均匀，架势中正圆满，结构严谨庄重，套路演练大气。二十四式简化太极拳作为一种健身拳术，是中华人民共和国成立后推行的简易太极拳套路。

2. 二十四式简化太极拳动作

二十四式简化太极拳是一种松静自然、气沉丹田、中等强度的运动，不仅能强身健体，对人体心血管、呼吸系统有良好的影响，有利于陶冶性情、缓解压力等，作为一种技击术，太极拳也能提高练习者的攻防技术和技击对抗水平，提高自卫能力。同时太极拳还凝聚着中国传统的哲学思想，是哲学和武术的完美结合。学习二十四式简化太极拳，内练精气神，外练筋骨皮，既可以让习练者深入体验中华优秀传统文化，又可以培养其持之以恒的意志品质，还可以起到很好的强身健体的作用。二十四式简化太极拳全套动作共四段，约 5 分钟，它动作简练，老少皆宜。主要动作有野马分鬃、搂膝拗步、倒卷肱、棚、捋、挤、按、单鞭、云手、蹬脚、金鸡独立、穿梭、海底针闪通臂、搬拦捶等。

### （三）健身气功运动——八段锦

#### 1. 八段锦简介

八段锦是一种中华民族传统健身功法，其特点是动作简单易行，健身效果明显，练习中侧重运动与呼吸相配合。八段锦大多被认为是在南宋初年创编，文字记载见于宋代洪迈的《夷坚志》，距今已有近千年的历史。

古人称上等的丝织品为"锦"。八段锦的名称是将该功法的八节动作比喻为上等的丝织品，以显其珍贵与优美柔顺，称颂其精炼完美的编排和良好的祛病保健作用。该功法柔筋健骨、养气壮力、行气活血、调理脏腑，且运动量恰到好处，既达到了健身效果，又不使人感到疲劳。

八段锦在流传过程中有坐功和站功之分，站功自清朝开始分南北两派，北派托名岳飞所传，以刚为主，动作繁难；南派附会梁世昌所传，以柔为主，动作简易。为了便于诵记人们又编成歌诀，经过不断修改至清光绪初期逐渐定型为七言诀。

#### 2. 八段锦动作名称

双手托天理三焦；左右开弓似射雕；调理脾胃须单举；五劳七伤向后瞧；摇头摆尾去心火；两手盘足固肾腰；攥拳怒目增气力；背后七颠百病消。

### （四）独竹漂运动

#### 1. 独竹漂简介

"独竹漂"约起源于秦汉时期，距今已有上千年的历史。时播州（今贵州省遵义市）盛产楠木，当时朝廷派采木官采办楠木，因赤水河不通航运，楠木又很珍贵，遂将每一棵木料委派一人或多人运送，到长江边再绑成排或用船运至江南，转运京城。1998 年，赤水复兴马鞍山发掘的汉晋时期的古崖墓群中，有一座墓穴的石棺壁上就有一幅一人双手持竿立于一独木上的石刻图案。后有诗云："茅台斜阳映赤水，残阳几叶贩酒船。独竹飞流飘然过，纤夫逆行步步难。"在运木过程中，人们逐渐习惯站在独木上撑竿运送楠木，并竞相嬉戏、打闹，从而演变成为一种水上游戏。长此以往，就将这项活动作为民间娱乐游戏的形式固定下来，称为"独木漂"。到清初，楠竹发展起来，人们发现用楠竹比用木料更好，遂将"独木漂"改成了"独竹漂"，每年端午涨水时，习水土城的居民和城郊农民就会成群结队，在河里进行"独竹漂"比赛，如果有人掉水了，就会赢得一阵阵开心的笑声，胜利者则被簇拥着敬酒敬茶，戴上大红花，出尽风头。

2. 独竹漂表演项目类型

"独竹漂"表演内容丰富，形式多样，既可以进行精湛的技艺表演，又可以进行体育竞速比赛，适合单人、双人和团队等多种表演形式。单人、双人表演有正划、倒划、转身、绕弯、滑行、换竿等技巧，形体自由美观，速度快如飞；团队表演则看重队形以及队列的整齐和有规律的变换，看重动作的连贯性、一致性等。竞速赛是参赛者们在比拼速度和耐力。

1999 年在第六届全国少数民族传统体育运动会上，"独竹漂"首度亮相便技惊四座，获得表演金奖，这项贵州民间体育绝技从此走上了各民族文化交流的大舞台。

## 七、轮滑、滑板运动

### （一）轮滑运动

1. 轮滑运动简介

轮滑是一种穿着带有轮子的特殊的鞋在地面上滑行的运动。轮滑运动与滑冰运动相类似，因而又被称为旱冰运动。根据运动特征的不同，轮滑可划分为：速度轮滑、花样轮滑、轮滑球、极限轮滑、轮滑阻拦以及自由式轮滑等项目。由于轮滑运动兼具竞技性、健身性、娱乐性、休闲性以及时尚性等诸多特征，成为当下十分流行的一个运动项目，尤其是在广大青少年群体中，其流行度与普及率更为突出。目前国内轮滑运动开展得如火如荼，公园广场随处可见轮滑少年的身影。最为大众所熟知的应该是自由式轮滑与速度轮滑。自由式轮滑包括平地花式、花式刹停、FSK 以及近几年流行起来的轮舞。速度轮滑是在一段规定的距离或时间内，在硬木地板面或十分平整光滑的水磨石、水泥和合成胶的地面上，以运动员滑行速度的快慢或滑行距离的远近来决定胜负的轮滑比赛项目。速度轮滑运动的滑跑动作带有明显的周期性特征，由蹬地—收腿—着地—支撑滑行等动作组成。目前世界上经常举办的速度轮滑比赛有场地速度轮滑比赛、公路速度轮滑比赛、山道速降速度轮滑、速度轮滑越野比赛等。

2. 轮滑运动的方法

（1）滑行姿态

在不穿轮滑鞋的情况下，轮滑者应掌握滑行和蹬腿发力的过程。熟练掌握以上动作后方可进行下一步骤。

（2）保护性翻滚

在轮滑者初学练习的过程中，难免有重心失衡摔倒的时候，保护性翻滚动作可很好地规避意外发生时的受伤风险。

（3）简单步伐和滑行

① 内蟹步：脚尖相对，打开双脚膝关节，使双脚的第一个轮子靠近。两脚角度打开越大越好。

② 外蟹步：脚跟相对，打开双脚踝关节，使双脚的最后一个轮子靠近。两脚角度打开越大越好。

③ 蟹剪：脚跟相对，踝关节打开，使双脚的轮子靠近高低脚位。两脚角度打开越大越好。

④ 鱼形向前：首先等距离摆好桩，向前滑行后双脚并拢，腰部带动双脚绕桩滑行。

（4）刹车减速

A 字形减速、转身刹车、T 字形刹车。

（5）绕桩花式动作

前/后交叉步、前/后蛇形、前/后单脚滑行。

**（二）滑板运动**

1. 滑板运动简介

滑板是一种具有独特魅力的极限运动。滑板运动由冲浪演变而来，滑行者可以在陆地上感受"冲浪"的快感，滑板在基本动作原理、动作结构以及滑行姿态与单板滑雪类似，差异在于运动环境条件不同。滑板运动动作多样，如跐、翻、转、抓等。

滑板比赛场地根据项目特征的不同分为街式场地、碗池场地、自由式场地和 U 池场地等。其中街式场地和碗池场地的比赛被定为东京奥运会比赛项目，因其具有竞技性、健身性、娱乐性、挑战性以及时尚性等诸多特征，已然成为国内外青少年热衷的运动项目。

滑板是一项较古老的体育娱乐活动。早在 1760 年，美国西部的贵族们会在节日穿着艳丽的服饰成群结队地在广场或宽敞的庭院踏着滑板互相追逐、嬉戏。1820 年，滑板运动首先传入英国，在法国得到广泛开展，之后风靡整个欧洲。后来，澳大利亚、日本以及南非等国家和地区也刮起了"滑板风"。20 世纪 40 年代在冲浪运动最集中的美国加利福尼亚海滩，冲浪运动员为了在陆地上得到模拟冲浪练习，将一块木板固定在滑轮上练习各种冲浪动作。人们发现虽然如此简单的运动器械却给人们带来了与冲浪相同的心理感受，从而引起了人们极大的兴趣。

2. 滑板运动的场地设施

（1）街式场地：街式场地面积应不小于 600 平方米，场地均需平整，且具有一定硬度，是设计师模仿街头地形所设计建造的专业滑板场地，其中不但要包括形态各异的道具，还需要兼顾安全性与合理性。对滑板者来说，一个好的场地等同于一个好的老师。

（2）碗池场地：由碗形泳池演变而来的专业碗池场地，碗内表面顺滑，面积应不小于 1 000 平方米，其中也包括形态各异的坡度造型。

## 思考与练习

1. 简述全民健身活动分类及其意义。

2. 简述全民健身活动的作用。

3. 全民健身活动的原则有哪些？

4. 全民健身活动的具体方法有哪些？

5. 请列举自己喜欢的健身休闲项目，并介绍这些运动项目的特点。

6. 用所学的健身理论与方法开展一次健身指导工作。

## 参考文献

［1］李相如，苏明理. 全民健身导论［M］. 北京：高等教育出版社，2008.

［2］国家体育总局. 全民健身指南［EB/OL］. https://www.sport.gov.cn/n315/n20067006/c20324479/content.html，2017-08-11.

［3］成盼攀，马鸿韬. 广场舞多元文化价值及文化建设研究——以北京市城六区为例［J］. 北京体育大学学报，2017，40（03）：33-39+45.

［4］匡小红. 健美操［M］. 北京：高等教育出版社. 2011.

［5］毕鑫鑫. 山东省老年气排球发展现状研究［D］. 曲阜：曲阜师范大学，2014.

［6］常晓峰．帆船文化与运动［M］．青岛：中国海洋大学出版社，2017．

［7］冼鹰．我国龙舟运动的现状与发展对策研究［D］．武汉：武汉体育学院，2010．

［8］陈濛．我国竞技帆船帆板运动现状与发展对策研的研究［D］．北京：北京体育大学，2014．

［9］马志强．追踪我国20年漂流运动史——探索珍贵的漂流运动资料库［J］．档案管理，2005（06）：98．

# 第七章　全民健身活动群体

▶▶▶ 本章导学 ▶▶▶

本章将围绕全民健身重点参与人群的健身活动展开，重点介绍了全民健身活动参与者的不同分类以及不同地域人群、不同年龄阶段人群和特殊人群的健身活动等内容，对构建系统的全民健身体系具有重要意义。

▶▶▶ 学习目标 ▶▶▶

1. 了解全民健身活动参与者的分类依据和分类方法。

2. 了解不同地域、不同阶段人群的生活方式、健身活动特点及其发展现状。

3. 了解特殊人群的概念、特征及其开展健身活动的意义和现状。

# 第一节 全民健身活动的参与者

全民健身活动的参与者是构成全民健身活动的主体，是构建全民健身管理体系的重要环节。近年来，随着我国全民健身工程的深入推进，以健全群众身边的体育健身组织、建设群众身边的体育健身设施、丰富群众身边的体育健身活动、支持群众身边的体育健身赛事、加强群众身边的体育健身指导、弘扬群众身边的体育健身文化为核心内容的"六边"工程深受大众喜爱，全民健身参与人群日益壮大并逐渐形成规模效应。为了把握不同参与者在全民健身活动中的作用，有针对性地开展管理，可按照地域属性、年龄、性别、健康状况、参与程度等不同类型进行分类管理。

## 一、按地域属性分类

### （一）城市居民参与者

城市居民是参与全民健身活动的主力军，也是我国体育人口的重要组成部分。在城市生活的快节奏中，体育活动是居民享受生活、保障身心健康的重要方式与途径。随着城市居民生活水平的不断提升，对健身活动的需求呈多样化发展趋势，人们渴望在居住社区就能参加各种各样的体育活动。目前，如何在保证城市现有健身活动方式和内容的基础上，不断挖掘大众所喜爱的新颖的全民健身活动方式与内容，是城市社区体育高质量发展的主要策略。

### （二）农村居民参与者

随着农业机械化的普及，高效高产的农业使农村生活有了翻天覆地的变化，农民们有了更充分的时间和精力，健康意识不断增强。越来越多的农村居民加入全民健身活动中来，体验运动的乐趣与魅力。农村健身运动红红火火，全民健身公共服务体系建设深得民心。但农村居民在实施科学有序的健身过程中仍存在场地设施短缺、健身指导匮乏等诸多问题。消除城乡体育差别，提高农民身体素质，动员更广大农村地区人民开展全民健身运动是未来农村体育的发展方向。

## 二、按年龄分类

### （一）婴幼儿参与者

人的许多习惯是在婴幼儿时期形成的。国外研究表明，有婴儿体操经验者成为体育人口的比例较无经验者多出 1 倍以上，由此可见，婴幼儿期开展体育活动的重要性。同时，婴幼儿期的体育多采用亲子体育的形式，这对增进亲子感情也有着重要作用。专家指出，终身体育应从婴幼儿时期开始，这是提高我国体育人口比例的重要策略。

### （二）儿童青少年参与者

儿童青少年包括儿童和青少年两个时期。儿童青少年是全民健身的重点人群，儿童青少年时期处于人体生长发育的关键期，体育锻炼对其身心发展具有重要意义。这个阶段，儿童青少年除了参加学校的体育活动，自主体育活动和校外体育活动也是其成为体育人口的必要途径。近年来，随着青少年体育俱乐部的普及，全民健身形式不断丰富，田径、足球、篮球、网球、羽毛球、游泳、武术、登山、滑冰等运动项目以及极限运动等深受儿童青少年喜爱。

### （三）青壮年参与者

青壮年是处于生长高峰和身强力壮时期的人群。青壮年时期参加健身活动对充分发挥身体潜能，形成健康生活方式，为职业生涯打好基础等具有重要作用。对于多数青壮年来说，他们在家庭中往往承担着最多的责任，赡养老人、教育子女、让家人享有更好的物质生活条件，而在工作中，青壮年群体也多处于事业的关键期。因此，缺少锻炼时间已成为他们共同的问题。

### （四）中年参与者

中年人生活工作压力大，身体机能、体力下降显著，极易产生健康危机。体育运动具有消除人体疲劳、调节不良情绪等重要作用。事业与家庭的双重压力是中年人参加体育运动的主要障碍，提供与其生活相适应的体育服务，是促进中年人参加体育活动的重要方法。如根据其闲暇特点和体育需求，有针对性地设置活动时间和活动内容，吸引更多的中年人加入休闲健身的队伍中来。

### （五）老年参与者

老年人是全民健身的主要人群，保持健康、延年益寿是其主要目的。由于余暇时间较长、器官逐渐衰老、社交圈狭窄等原因，老年人对健身活动的空间和内容有特殊要求。目前以社区体育为主要形式的老年体育正蓬勃发展，如何进一步丰富老年体育的内容是今后扩大老年体育人口比例的主要策略。

## 三、按性别分类

### （一）男性参与者

由于现代体育项目大多适合男性，男性参加体育活动的选择范围较大。男性在运动体能、运动技能等方面较女性具有明显优势。他们喜爱具有竞争性、冒险性、新奇性、对抗性的体育运动。

### （二）女性参与者

女性因受观念和社会的影响，参加体育活动的难度较大，大多数女性喜爱较为柔和的体育运动，以展现女性之美。然而随着社会发展和妇女运动的推进，女性的健身需求也逐渐多元化，创造更多适合女性参与的体育活动，是女性体育发展的主要策略。

## 四、按健康状况分类

### （一）健康参与者

体育运动一般都具有一定的运动强度和运动负荷，对人体心肺功能具有较高的要求。健康者在运动范围和运动内容的选择上具有较大的自由度，可根据不同需要选择喜爱的体育运动项目。规律性的体育运动不仅对个体运动技能的习得有较好的促进作用，对人体的形态、机能、素质等指标也具有良性促进作用，有助于人体保持健康。

### （二）亚健康参与者

此类人群身体机能较差，免疫力低下，易疲劳。但因健康检查尚属正常范围，故容易忽视健康问题。因此，亚健康人群须抓紧时机，通过适当运动，调节生活，恢复健康。

### （三）病患参与者

此类人患有某种或某些疾病，因此，一般建议开展有针对性的医疗体育活动，以达到治疗疾病、改善体质的目的。像太极、健身气功等中华传统养生体育项目，对辅助治疗一些慢性非传染性疾病有较好的效果。

### （四）残疾人参与者

残疾人的身体或器官机能有明显障碍，体育活动可帮助残疾人恢复身体机能，可以促进残疾人的心理健康和沟通交流，达到休闲娱乐、增进健康的作用。体育活动还有助于残疾人融入社会，我国政府十分重视发展残疾人体育，建立了许多无障碍体育设施。进一步开发适合残疾人的运动项目，提供更多与健全人共同参加体育活动的机会是发展残疾人体育的主要策略。

## 五、按参与程度分类

### （一）直接参与者和间接参与者

直接参与者是指亲自参与各种体育活动的人。他们不仅有较好的体育态度、运动习惯，并掌握了体育的基本技术和知识。直接参与者又可以划分为经常性参与者和偶尔参与者。经常性参与者是体育人口的主体。体育人口数和总人口数之间的比例，是衡量一个国家或地区全民健身发展规模和发展水平的最基本指标，因此实事求是地制定体育人口发展目标并逐级落实是推动全民健身发展的有力手段之一。

间接参与者也称非实质性参与者，指那些虽热爱体育，对体育运动饶有兴趣，但不直接参与其中的人。目前，我国间接体育人口比重较大，特别在中青年群体中，许多人以观看比赛、收看电视体育节目作为主要文化娱乐方式之一，但他们不身体力行参加锻炼。因此，将这部分人转化成直接参与者，是发展我国体育人口的重要任务。

### （二）终身参与者和间断参与者

终身参与者指那些自接受学校体育教育之后能将体育参与持续终生的人。全民健身运动的开展如何与学校体育衔接配合，是体育社会学关注的一个重要方向。

由于我国社会、家庭结构的影响，青年人与中年人参加体育活动的比例较高。一部分人在进入老年后，由于余暇增多、生活条件改善、患有疾病而重新参与体育活动。在间断体育参与人群中，女性占比较大。由于生育子女、家务劳动负担重等客观现实，女性年轻时退出体育人口较多，到老年后又重拾锻炼，这一现象在世界各国普遍存在。

### （三）主动参与者和被动参与者

主动参与者指人们接受了正确的体育价值观念，对体育运动和身体娱乐产生浓厚兴趣，自觉主动地坚持体育活动。主动体育人口是体育人口中最积极活跃的部分。

被动参与者是人们迫于某种社会压力被迫进入或在特定环境下被要求参与到体育中来。被动体育人口在社会压力和特定环境消失时，就很有可能不再参与。比如新冠肺炎疫情期间，许多民众居家隔离，掀起了全民健身热潮，但这部分人参与的稳定性较差，需要给予持续引导。

### （四）当然参与者和或然参与者

当然参与者是指那些从事专业体育工作或职业要求经常从事体育训练以及在规定时间内达到了国家体育锻炼标准的人。其中包括业余体校级别的运动员、教练员，体育院校的教师、学生，现役军人、人民警察以及达到国家体育锻炼标准的成人等。

当然参与者在体育总人口中所占比例较低，但他们是体育工作的骨干队伍，也是全民健身的积极践行者，应适当发展这部分体育人口数量。

或然参与者是指经过体育教育和全民健身的感召，可能参与也可能不参与健身活动的人，他们对健身活动的参与表现出很大的偶然性。开展全民健身的主要工作应集中于这部分人身上，也就是将那些可能参与健身活动的人，经过社会努力、社会控制，转化为准体育人口，直至转化为体育人口。

## 第二节　不同地域人群的健身活动

计划经济时期，我国社会为城乡二元结构，居民分别被城市、乡村户籍制度所管理。与之相适应，我国的全民健身也分为城乡两大部分。改革开放以来，在社会主义市场经济的推动下，人、财、物、信息等各种资源突破城乡界限大幅流动，城镇化速度加快，党的十九大提出实施乡村振兴战略，构建城乡融合发展的体制机制和政策体系。但我国长期形成的城乡二元结构，使得城市和农村的生活环境和生活方式仍具有很大的差异性，城市居民和农村农民在健身活动上也表现出不同的特点。

# 一、市民健身群体

## （一）　城市与市民

### 1. 城市

城市是按国家行政建制设立的以非农产业和非农业人口聚集为主要特征的居民点，一般包括了住宅区、工业区和商业区并且具备行政管辖功能。城市的行政管辖功能可能涉及更广泛的区域，其中有居民区、街道、医院、学校、公共绿地、写字楼、广场、公园等公共设施。

城市生活的特征对市民参与健身活动有重要的影响。城市是一个工业化社会，讲究效率优先，工作节奏较快，生活压力较大，人们可以通过健身活动释放和缓解压力；工业使城市规模不断扩大，自然生态破坏较为严重，人们在不断恶化的环境中生活，健康威胁增多，保持和增进健康的需求增多，健身成为人们生活的重要内容；城市是一个科层化组织，工业化使社会组织的严密程度不断提高，社会管理的科层化现象越来越明显。制度约束使人们的拘束感增强，社会竞争使人际关系较疏远，人们需要通过一些非正式组织开展的活动来进行社会交往，以获得自由感和人际交流带来的愉悦。

### 2. 市民

市民，又称城市居民，通常是指具有城市有效户籍和常住在市区的合法公民。在我国，市民一般具有如下特征：第一，从身份上看，城市居民的首要条件是持有有效的城市户籍；第二，从区域上看，市民是指居住和生活在市辖区或城区范围内的居民；第三，从职业上看，市民是指从事非农牧业的职业群体。

## （二）　市民生活方式对健身的影响

### 1. 吃、住、行方式对健身的影响

营养过剩和运动不足是影响人们健康的两个重要因素。民以食为天，吃是生活中很重要的内容。我国城市居民的饮食结构由以米面（主食）为主向以肉蛋（副食）为主转变，但以肉蛋为主的饮食结构只能说是营养丰富，要产生营养过剩，还必须有另外一个条件，就是运动不足。摄入多于消耗，就容易产生营养过剩。冠心病、高血压、糖尿病等都与营养过剩有一定关系。

为了给体内过剩的营养物质寻找出路，避免运动不足，健身活动是消耗能量、减轻体重、保护心脏的有效方法，这也有助于全民健身活动的兴起。

2. 信息获取方式对健身的影响

随着计算机和网络通信技术的发展，特别是移动互联网的产生，再加上近年来我国大力倡导和推行的"互联网+"战略创造出了许多新的业态，使人们的生活方式发生了变化，如购物方式、出行方式、沟通方式、支付方式等。互联网技术已经渗透在人们日常生活的方方面面，人们的生活也随着互联网的融入更加方便、科学。全民健身与互联网的深度融合也势必会给人们的健康带来更大的便利，互联网+健身、物联网+健身、云赛事等近年来不断涌现。

3. 余暇时间对健身的影响

余暇时间是人们参与健身活动的前提条件。居民消耗在生产、家务劳动、工作、学习的时间越多，参加健身活动的时间和机会就越少。随着社会的发展，城市居民得到的余暇时间越长、越集中，越有利于人们的体育参与。我国实行劳动者每日工作时间不超过 8 小时、平均每周工作时间不超过 44 小时的工作制度。健身活动是人们科学、健康、文明地支配余暇时间的重要方式，是提高生活质量的一个有效手段。

4. 消费方式对健身的影响

随着经济社会的不断发展和人民生活水平的不断提高，我国城市居民的消费水平和消费结构也在不断发生变化。近年来，消费对于我国经济发展的作用愈加凸显。根据国家统计局的数据，2020 年，我国最终消费支出占 GDP 比重达 54.3%，提振消费也成为城市经济发展的重点内容。同时我国城市居民服务性消费的增长远高于实物性消费的增长，成为城市居民消费结构变动的一个显著特征，而体育消费作为一种服务性消费，获得越来越多消费者的青睐。2020 年，我国体育消费规模约 1.5 万亿元，从消费类型来看，已出现从实物型消费向参与型消费和观赏型消费转变的趋势。城市居民消费水平的提高和向服务性消费的转变，为居民健身活动的参与提供了条件。

5. 生活意识对健身的影响

随着余暇时间的增多和健康意识的增强，人们的生活意识发生了很大的转变，即从重视工作转化为重视生活、重视健康。

**（三）市民健身活动的特点**

1. 按组织特点分类

（1）家庭健身活动。家庭健身活动指由家庭成员共同参加的健身活动。

现代社会发展过程中，老龄化现象日益突出，家庭成员的健康越来越重要。家庭体育在家庭生活中的重要性不断凸显，家庭体育的教养功能、休闲功能、社交功能、保健功能等受到关注。家庭健身活动应以保健、娱乐、社交、教养等与家庭生活密切相关的体育内容为主，以夫妻健身、亲子健身等形式开展，重视体育活动过程中的亲（子）属交流，使每一位家庭成员都能从体育活动中感到快乐。

（2）单位健身活动。单位健身活动指由企事业单位员工自主进行的健身活动。改革开放以后，我国一部分企事业单位发现单位体育具有提高员工素质，提升企业形象和提高生产效率等作用。因此，一种以促进单位可持续发展为主要目的的新型单位体育形态不断发展，并颇受欢迎。单位体育的健身活动以保健康复、休闲娱乐、人际交往以及改善企业文化为主要目标，以职业体操、体育比赛、节庆活动等为主要内容，以职工体育俱乐部为主要形式。

（3）体育社会组织健身活动。体育社会组织健身活动指具有共同健身需求，有组织地开展如体育俱乐部、体育社团组织的群体活动。体育社会组织由于有相对稳定的人员、设施和活动内容，内部分工明确，强调成员的主体性和服务质量，健身活动的效果明显高于其他组织形式，受到健身爱好者的欢迎。

（4）自发性健身活动。我国城市居民有利用居住地的空地、广场、绿地、公园等场所进行体育活动的传统。近年来，随着城市基础设施的改善，人们自发地参加体育活动的现象越来越普及。自发性体育活动在时间上主要表现为晨晚间活动，在空间上主要在房前屋后、社区广场、绿地以及公共设施等场所。在活动方式上有个人的，也有小团体的，团体结构大多为松散型非正式组织。

2. 按内容特点分类

（1）体育保健：体育保健指人们运用体育手段，以达到增进健康、增强体质、调节身心状态和社会适应等目的的健身活动。体育保健具有促进机体正常生长发育，提高机体活动能力，调节人的心理和社会适应能力，丰富人的精神生活等作用。体育保健一般包括体育健身、体育养生、体育康复等内容。体育健身的内容包括基本运动能力、球类运动、游泳、操舞、民族传统体育运动等。

（2）体育休闲：体育休闲具有恢复和增进个体健康，改善人际关系，促进个体社会化和自我完善等作用。体育休闲主要包括山地户外运动、水上运动、冰雪运动以及新兴的极限运动等内容。

（3）体育社交：体育社交指为改善人际关系、增进社会交往而进行的体育交流活动。由于体育活动时人处于适宜的兴奋状态，比较容易沟通，加上运动环境比较轻松自然，有利于开展社交，因此，体育社交受到人们的普遍欢迎。体育社交具有增进沟通、交流感情、丰富生活等作用，体育社交包括社区体育、家庭体育和节事活动等。

3. 按活动时间分类

（1）日常健身活动：日常健身活动以晨、晚锻炼为主。晨晚间外出的人较少，环境安静，空气清新，有利于体育活动。

（2）周末健身活动：我国实行双休日制，因此周末人们有较充分的时间进行体育活动，周末健身活动一般以休闲娱乐为主。

（3）节事健身活动：现如今，随着人们余暇时间的增多和收入水平的提高，人们常常利用节假日进行旅游度假活动。我国地域广阔，可供体育活动的自然资源及体育设施很多，为人们实施节事健身活动创造了良好的条件。

4. 按活动空间分类

（1）社区健身活动空间。是指利用住宅附近的体育设施进行健身活动的空间，利用半径一般在 100~1 000 米，一般分三个层次。第一层次是组团，即利用居住楼组附近的空地、绿地进行体育活动；第二层次是小区，即利用住宅小区的各种体育设施（含健身路径、体育会所等）进行体育活动；第三层次是社区，即利用生活社区的公园、广场、公共运动场或商业体育设施进行体育活动。由于社区体育空间具有便利性和贴近生活等特点，是人们日常健身的主要活动空间。

（2）城市健身活动空间。是指利用所在区（县）、市的体育设施进行健身活动的空间。对于大城市来说，可以是中心区、边缘区、郊区等。城市健身活动空间为人们的体育活动提供了丰富的条件。一般来说，随着区域级别的提高，体育设施的丰富性也会逐步提高，对于大城市来说，中心区一般以商业、服务业为主，边缘区以住宅等为主，郊区以农业等为主，为提供不同的健身服务创造了条件。

（3）城际健身活动空间。是指利用城市圈、城市群和城市带的体育设施进行健身、旅游活动的空间。一般分为三个层次，第一层次是城市圈，即利用所在地的城市或乡村体育设施进行体育活动；第二层次是城市群，如长江三角洲地区开展的体育活动；第三层次是城市带，如长江流域、黄河流域、东南沿海地区等。由于城市圈、城市群和城市带具有区域文化相同、生活风俗相近等特点，便于进行体育交流，是开展体育旅游及度假活动的有利空间。

## 二、农民健身群体

我国是一个农业大国，农业、农村和农民问题历来受到党和政府的高度重视。广泛开展农村体育活动，对于增强广大农民体质、丰富业余文化生活、实施乡村振兴战略有着重要的促进作用。2006 年，我国全面推进农民体育健身工程，现如今体育成为助力乡村振兴的重要途径和手段，农民健身活动丰富多彩，农民体育欣欣向荣。

### （一）农村与农民

#### 1. 农村

所谓农村是指在以农业生产活动为基础的社会生活区域内，以从事农业生产劳动为主的居民聚居地。一般认为农村包括镇、乡和村。农村是一个动态的、复杂的、模糊的概念，农村城镇化就是新时期农村发展的新特征，各种要素在农村不断积聚，农村城镇人口不断增多，城镇数量和规模不断增大，质量也不断提高的发展过程。这一过程包括：① 农村地域向城市地域转化的过程，即城镇化；② 农业人口向非农人口转化的过程，即非农化；③ 农村产业及生产方式向城市产业及生产方式转化的过程，即农村工业化和农业现代化。

近年来，随着我国城镇化进程的加快推进，我国城镇化率持续增长，农村人口涌向城市，农村居住人口和农业从业人员大幅下降。中国城镇化率从1990 年的 26.44% 持续上升到 2019 年的 60.60%，虽与发达国家还有一定距离，但远超许多国家同期水平。未来几年，我国的城镇化率还将持续增长，预计到 2035 年，中国城镇化率将达到 70%。2019 年，我国城镇常住人口8.484 3 亿人，比上年末增加 1 706 万人；农村常住人口 5.516 2 亿人，减少1 239 万人。

#### 2. 农民

所谓农民，是指在农村地域关系的基础上，通过各种社会关系和联系而成为农村社会各类社会集团、群体及社会组织的农村居民。在我国，农民可以是职业的农民，即直接从事农业生产的劳动者；可以是社会阶层的农民，指以一系列社会地位和社会角色的总和作为农村社会的主体；也可以是地域居所的农民，指以农村为居住地并参与当地社会生活的群体。

随着我国工业化进程的发展，进城务工的农民在职业、地域、户籍、素质等各个方面全面向城市市民转变，并在身份上获得与城市居民相同的身份和社会权利。农民市民化主要体现在：① 职业的转换，即职业由从事农业生产向从事非农生产转换，由劳动力市场上的农民变为工人；② 地域的转移，即"离土又离乡"，把农民转移到城市集中居住；③ 户籍的转变，即由农村户口向城市户口转变，真正实现"农民—农民工—市民"身份的转换；④ 素质的提升，即农民改变了传统的生活方式，逐步融入城市。在农民市民化的过程中，政府需要保障农民的基本权利，促进农民的广泛参与，给予农民与市民同等的社会待遇和公共服务。伴随着农村城镇化进程的加快，农村与农民不断经历着社会的变迁与发展，并展现出不同的生活方式与特征，农民体育也随之适应性发展。

## 相关链接

### 建设社会主义新农村，实现乡村振兴

在我国，"新农村"的概念由来已久。早在 20 世纪 50 年代就曾被提出，改革开放后在中央文件中也曾多次出现。20 世纪 80 年代初，我国提出"小康社会"概念，其中建设社会主义新农村就是小康社会的重要内容之一。党的十六届五中全会明确提出，建设社会主义新农村是我国现代化进程中的重大历史任务，要按照生产发展、生活宽裕、乡风文明、村容整洁、管理民主的要求，坚持从各地实际出发，尊重农民意愿，扎实稳步推进新农村建设。

党的十九大报告提出乡村振兴战略，要坚持农业农村优先发展，按照产业兴旺、生态宜居、乡风文明、治理有效、生活富裕的总要求，建立健全城乡融合发展体制和政策体系，加快推进农业农村现代化。这是"五位一体"总体布局在乡村领域的具体落实，是社会主义新农村建设的

升级版，其内涵与外延都有很大的提升："产业兴旺"代替了"生产发展"，突出了产业发展的重要性和第一、第二、第三产业的融合发展；"生活富裕"代替了"生活宽裕"，标志着农民群众的生活水平要有更大的提高；"生态宜居"替代了"村容整洁"，把生态文明建设摆在了乡村建设极其重要的位置；"治理有效"替代了"管理民主"，强调治理体制与结构的改革与完善，强调治理效率和基层农民群众的主动参与。特别是将"生活富裕"放在最后，体现了乡村振兴战略的根本目的。可见，乡村振兴战略是推进新农村建设、美丽乡村建设的制胜法宝。

### （二）农民生活方式对健身的影响

#### 1. 农民劳动方式对健身的影响

劳动是人们谋生的主要手段，也是人类生活资料的基本来源。在农村，广大农民赖以生存的最主要手段是农业生产，以农为主、兼营他业的多样化职业模式，是大多数农民劳动方式的显著特点。

农民的劳动生活具有明显的季节性。农事活动必须在一定的时候开始，错过农时，动植物的生长发育就要受到影响，甚至一无所获。因此，大多数农民的劳动时间分布极不均衡，具有明显的季节性，这为农民体育活动的参与提供了可能。

#### 2. 农民消费方式对健身的影响

农民的消费方式是农民为了满足生活需要而消耗生活资料和劳务的过程及行为，包括吃、穿、住、用等方面。消费水平是消费生活发展程度的一种标志，随着农村生产力的迅速发展，我国农民的消费水平也大幅度提高，绝大部分农民摆脱了贫困，实现了温饱。有些经济较发达的小康示范区已出现城市化趋势，那里的农民消费水平和观念都与城市相近。

改革开放以来，我国农业、农村、农民都得到了长足的发展，农民的生活消费结构也发生了明显改变，主要表现为：一是食品和服装消费的比例逐步下降；二是住房消费总体上呈刚性增长；三是文教娱乐用品及服务性消费支出比例在20世纪90年代中后期迅速增长并维持在12%以上；四是交通、通信消费的比例稳步提高；五是家庭设备用品及服务消费支出比例有所下降。农民生活消费方式逐步由满足基本生活需要型向追求生活质量提高型转变，由重实物消费向物质和服务消费并重转变，由自给自足性消费向市场化消费转变。农民消费意识的觉醒，为体育活动的参与提供了条件。

3. 农民交往方式对健身的影响

交往是人的社会关系实现的最重要的方式。当前，农民交往方式呈现出由血缘、姻缘和地缘关系向业缘关系发展的特点。农村居民交往的主要对象是宗族或亲戚，平日有什么困难首先要找亲戚帮忙。居住地的就近便利以及农业生产的低流动性，形成农村交往地缘性的特征。"远亲不如近邻"充分体现了这种交往方式的重要性。

农民交往方式的另一特征就是随着现代通信技术的发展，交往范围不断扩大，不仅扩大到村与村、镇与镇、县与县之间，还扩大至农村居民和城市居民之间。交往的形式也逐渐发生变化，间接交往方式逐渐增多，交往的感情色彩也逐渐减弱。交往方式的改变，也影响着交往理念的变化，体育因其强大的社交功能得到广大农民青睐。

4. 农民文娱方式对健身的影响

文娱方式是指农民文化娱乐的活动过程和活动形式。农村的传统娱乐活动有些作为一种习俗具有较强的稳定性，具有适应当代农民文化心理、审美情趣的积极特性，一旦形成就会延续较长时间。例如，踩高跷、舞龙舞狮、摔跤、龙舟竞渡、武术等体育活动，民族器乐演奏，打花鼓、扭秧歌等民间舞蹈，民间戏剧、杂技表演等都很受农民欢迎。

但由于我国农村各地区经济发展水平存在差异，各地农民的受教育水平不均衡，因此农村文娱活动也呈现出不平衡性。

### （三）农民健身活动的特点

1. 活动的地域性

农民健身的地域性特征，即指某一地区的农民因所处的区域环境及自然资源条件不同，使其形成在当地文化背景之下有别于其他地域的体育活动方式。如南方地区的竞渡、东北地区的冰嬉、西北地区的骑射等，都具有鲜明的地域特色，保留着当地生产和生活方式的烙印，并伴随着当地风俗演变沿袭至今。因此，农民健身所采用的活动内容和形式，从某个侧面反映了其地域性。

2. 内容的多样性

农村体育在其漫长的发展过程中，逐渐产生了既与人的生理、心理、生存环境、文化传统相适应，又能满足不同层次人需要的属性。男性多从事赛马、摔跤、龙舟竞渡等，崇尚惊险、体现勇武的运动；女性可以从事秋千、踢毽子等轻松活泼、难度适中的活动。青壮年是农村体育活动的生力军，老年人则倾向于传统的养生活动，如气功、太极拳等。这一特点既与各类人群的生理特征相适应，又与他们各自在社会生活中所担负的角色、任务相符。农村中既有舞狮、赛龙舟、拔河等群体性竞赛，又有摔跤、角力、赛马等个体对抗的竞赛。可见，农村体育总体呈现出多样性特征。

### 3. 方式的群体性

农村体育的群体活动特征十分明显。共同的习俗往往把同一地区的群众吸引到一起，自然而然地产生一种认同感和亲和力。我国农村的群体体育活动，具有突出的整合功能，如农村举行的"龙舟竞渡"等活动中，参与者集体行动、整齐划一，增强了群体意识和村落认同感，从而形成一种族群的亲和力与凝聚力。而赛马、斗牛、摔跤等也多是以村寨为参赛单位，参赛者除了有强烈的竞争意识，还要有集体荣誉感。

### 4. 形态的不确定性

农村体育具有与现代体育共同的表现形式和健身功能。但农村体育的生存环境、运动特征、文化寓意等又与现代体育大相径庭。农村体育的形成与发展是诸多地域文化的综合再现，例如在赛马、赛龙舟、摔跤、打陀螺、秋千等运动中，除具有体育健身功能外，还包含着各个族群的宗教信仰、传统风俗、历史源流、工艺技术、生活方式等多种寓意。此外，不少农村体育项目还直接服务于人们的生产、工作和生活，在人们社会活动中的地位与作用是多方面的。例如，"过溜"对一些人来说也许是一项充满刺激的休闲娱乐体育活动，但对生活在怒江峡谷的独龙族、怒族人民来说只不过是一种十分平常的生活技能。诸多农村体育项目与各种社会现象交织在一起，具有形态的不确定性。

### 5. 动作的延伸性

许多农村体育活动展示的不仅是人体的肢体动作，而且蕴含着一种精神和技能，即通过对道具的巧妙使用传情达意，寄托愿望。因多借助器物，增加了动作的延伸性，扩大了农村体育活动的表现领域，创造了许多仅仅依靠人体动作而无法表现的特有传统体育项目形式。如广受我国人民群众喜爱的舞龙项目，其表现形式就丰富多彩。个体的肢体动作，追随于龙的翻腾倒转，千变万化，除体育健身的功能外，还具有情绪宣泄、艺术表演和文化传承等多重意义。腰鼓运动凭借鼓乐，不仅引导着表演者身体活动的节奏与姿态，还具有调动情绪的功能，并且寄托生产意义，腰鼓犹如春雷，唤醒大地，催生万物。因此，农村体育是一种具有交互性、表演性、仪式感的社会运动。

**相关链接**

### 广西壮族自治区农村体育发展现状

广西壮族自治区体育局局长李泽介绍说，广西大力实施"健康广西"体育惠民工程，加强全民健身场地设施建设，城乡体育设施得到全面改善。到 2020 年年底，自治区体育场地面积为 9 033.07 万平方米，人均体育场地面积 1.83 平方米，较"十二五"时期增长 51.24%；行政村农民体育健身设施覆盖率达 100%；"十三五"期间建成社会足球场 1 296 块，目标完成率为 117.82%；城乡社区形成"15 分钟健身圈"，基本实现县县有全民健身活动中心、乡乡有灯光球场、村村有健身设施。[1]

## 第三节 不同年龄阶段人群的健身活动

现如今，体育已渗透人们的生活，贯穿于个体人生的各个阶段，从而出现了终身体育的概念。终身体育的内容一般是以年龄和不同生活领域的人群作为分类依据的。按年龄特征，人群可划分为：婴幼儿期、儿童期、少年期、青壮年期、中老年期。值得注意的是，对年龄段的划分可以有不同的方法。不同年龄阶段的人在进行体育健身时应根据自身的生理和心理特点，采取适合其年龄特点的健身方法，遵守健身规律，科学健身。

### 一、婴幼儿健身群体

婴幼儿期一般是指 0~6 岁这个阶段。其中，0~3 岁为婴儿期，4~6 岁

---

[1] 国家体育总局. 凝聚体育力量强化使命担当——全国体育局长会议侧记 ［EB/OL］. https://www.sport.gov.cn/n4/n15303/n15306/c974568/content.html, 2020-12-28.

为幼儿期。

**（一）婴幼儿期身心特点**

1. 婴幼儿身体生长发育特征

个体出生后的最初三年是身体结构、功能快速生长发育的变化时期。至幼儿期，婴幼儿生长发育的速度仍然很快，但相对比较平衡。身体生长发育速度快、变化大是婴幼儿的显著特点。

2. 婴幼儿期心理发育特征

从出生至婴幼儿期结束，个体的心理发展很快。其中最引人注意的是孩子自我意识的发展。因此，创造一定的条件，积极开展婴幼儿体育，是使孩子心理发育能够顺利过渡的重要因素。

**（二）婴幼儿期健身的内容手段**

在婴幼儿的早期教育中，体育健身是不可缺少的一种教育手段。由于婴儿的身体锻炼尚不能由孩子自身独立完成，一般需要在父母或保育员的引导下实施。婴儿在体育锻炼的内容上以被动式体操为主，辅以情节和动作较为简单的游戏。根据婴幼儿的身体发育情况和接受能力，可以进行一些站立、攀爬、行走、跳跃等运动。同时要注意利用自然环境，这对他们的生长发育十分重要。

幼儿体育一般在幼儿园中实施，已经成为早期教育计划的一个必要的组成部分。一般来说，幼儿时期的体育锻炼内容有三个方面：

1. 幼儿体操

体操运动对形成幼儿正确的身体姿势有良好的作用，同时能培养孩子们的组织纪律性。

2. 娱乐性体育游戏

可利用幼儿活泼好动的天性，组织他们参加各种娱乐性游戏，在游戏中促进幼儿身心全面发展。

3. 发展各种身体素质的锻炼活动

到了幼儿时期，身体素质的锻炼十分重要，特别是幼儿的平衡能力、爆发力、耐力、柔韧性、协调性等都处于发展的敏感期，有计划地进行适当锻炼，可以收到良好的效果。

**（三）婴幼儿期的体育健身指导**

婴幼儿缺乏独立锻炼的能力，健身锻炼要在成人的引导下进行，要以被动式身体锻炼为主，随着婴幼儿年龄增大，再逐步转入主动性身体锻炼。锻炼时应注意经常性和适量性，不宜操之过急。

婴幼儿的身体各器官、系统远未发育成熟，在身体锻炼过程中不宜进行持续时间过长的激烈运动，同时应注意培养孩子的身体协调能力。

婴幼儿时期个体的竞争意识发展较快，可逐渐开展一些竞赛活动，这不仅能增加孩子们对体育锻炼的兴趣，而且能培养竞争意识。但要注意引导，克服不良意识。

要注意安全。幼儿的神经系统发育不完善，运动中自我控制能力差，对动作练习的后果不能正确估计，在身体练习中要采取措施，防止意外伤害事故的发生。在有一定危险因素的体育活动中，一定要在成人的监护下进行。

## 二、儿童健身群体

儿童期又称学龄初期，一般是指 7~12 岁这个年龄段。

### （一）儿童期身心特点

1. 儿童期的生长发育特征

儿童期是人的形态机能发育水平稳定增长的阶段。从整体上看，身高的发育快于体重的发育，神经系统在这一时期已基本发育成熟，从事各种复杂运动的身体条件已基本具备，且具有较高的智力水平。

2. 儿童期的心理特征

上小学以后，学习成了孩子的主导活动，学校成为活动的主要场所，教师成为学习的指导者。儿童生活的这一变化，对儿童心理发育起着重要作用。首先，它改变了过去家庭生活"自我为中心"的模式，逐步让孩子认识到自我存在的客观性，这是过渡到社会生活的重要转折。其次，系统地学习科学文化知识，对儿童的心理发展也有促进作用。最后，文化学习和体育成绩在很大程度上会对儿童心理特征的发展有重要的影响。

### （二）儿童期体育健身的内容手段

1. 学校教育中的体育

学校体育是实现立德树人根本任务、提升学生综合素质的基础性工程，是加快推进教育现代化、建设教育强国和体育强国的重要工作，对于弘扬社会主义核心价值观，培养学生爱国主义、集体主义、社会主义精神和奋发向上、顽强拼搏的意志品质，实现以体育智、以体育心具有独特功能。体育课是我国义务教育阶段的一门必修课，我国的学校体育有专门的体育教师、体育场地和器材作为保证。义务教育阶段体育与健康课程要聚焦中国学生发展核心素养，培养学生适应未来发展的正确价值观、必备品格和关键能力，引导学生明确人生发展方向，成长为德智体美劳全面发展的社会主义建设者和接班人。

2. 生活中的体育

单靠学校的体育活动，对促进小学生的身体发展是明显不足的。国外研究认为，小学生的体力活动要占其全部活动的一半以上。因此，应当重视日常生活中的体育活动，主要包括：家庭体育、儿童体育游戏、节事体育活动等。

### （三）儿童期的体育健身指导

1. 要加强小学生体育兴趣的培养

在小学阶段，学生的自我意识得到充分发展，但健身意识却十分薄弱。他们不能够将健身锻炼与健康成长和全面发展联系起来，参加体育活动的动机主要以追求好玩为目的。因此，一方面要注意提高体育活动中的趣味性，让学生在"玩耍"中受益。另一方面，要有的放矢地进行体育活动目的性教育，把锻炼与成才有机地结合起来，帮助学生在体育锻炼中享受乐趣、增强体质、健全人格、锤炼意志。

2. 要把体育课、课外体育、家庭体育有机地结合起来

既要注意以体育课为核心，通过组织生动活泼的各类体育活动，培养学生的运动兴趣，发展身体运动能力，又要注重课内教学与课外体育活动融为一体，使学生不在校时得到身体锻炼和精神陶冶。

3. 要科学组织小学生的各项健身锻炼活动

如在学生学习某些运动技能时，要以基本活动为主，打好技术基础。在学生身体素质的发展上，要以全面锻炼为主，特别是对某些处于敏感期的身体素质，要重点发展。在体育知识传授上，要精选对学生终身发展有价值的课程内容，减负提质。在实际运动中，运动的量和强度均不能过大，动作也不要过于复杂，要关注学生个性化、多样化的需求。

## 三、青少年健身群体

青少年期又称为青春发育期，这一年龄阶段相当于我国的初中和高中阶段。进入青春发育期后，青少年的身体形态、机能和素质均会发生一系列明

显的变化。例如，身体形态的各种指标增长速度突然变快，尤其是身高、体重迅速增加。由于男性和女性青春期开始和结束的年龄不同，女孩一般比男孩早两年左右进入青春发育期，所以女孩一般在 12 岁时的各项形态发育指标的平均水平多超过男孩；14 岁左右，男孩进入高速生长期，男孩的各项身体形态指标会超过女孩。从整体看，青少年在发育过程中，身体长度发育在前，围度发育在后；四肢的发育在前，躯干的发育在后。身体结构的变化对学习运动技能有所影响，速度、力量、耐力等素质发展的敏感期也大部分集中于青少年这一阶段。

### （一）青少年生活方式及其特点

青少年以学校教育为主，其体育生活方式是基于家庭、学校和个人三个方面来发展的。由于青少年学业压力大，目前社会提供的体育公共场所和设施短缺，学校对"两操三课"的落实率不高以及学生体育锻炼观念淡薄等原因，导致我国青少年体育健身生活方式的发展水平较低，具体表现为：

1. 主动健身观念尚未形成

健身观念是人们经过长期的健身实践及理性思考而形成的思想观念、精神向往、理想追求的抽象概括。体育健身认知作为一种内在驱动力，直接影响个体健身锻炼活动的发展水平。青少年的健身观念普遍停留在对体育的感性认识上，即喜爱健身，尚缺乏对健身活动的理性思考，对健身锻炼的重要性等的认识程度还不够，未形成稳定的兴趣爱好水平。

2. 锻炼次数和项目选择少

通过对多年校内体育锻炼情况的总结观察发现，除体育课外，学生在校参加其他体育锻炼和体育比赛的次数较少。"学习压力大"仍然是制约青少年参加体育活动的最主要因素，"缺乏场地设施""没有兴趣"是制约青少年参加体育活动的重要因素。

体育锻炼项目的选择上，不同性别的青少年有着不同的选择。其中，男生选择的运动项目排在前三位的是球类、轮滑、跑步，他们多喜爱活动量大、在开阔场地进行的竞技和对抗性较强的球类运动等；女生热衷于选择健身操或舞蹈、瑜伽、球类等项目，偏向于运动负荷中等、艺术感强的运动项目，体现出鲜明的心理、生理等性别差异。因此，学校和教师在体育教学及课余活动安排中，应充分考虑学生相关的需求和兴趣，鼓励学生学习多种健身技能，培养学生广泛的兴趣爱好，促进青少年形成正确的健身价值观和终身体育观念。

## （二） 青少年健身活动特点

青少年期又称青春发育期。在身体发育过程中，青少年身体结构的变化对学习运动技能有所影响，各项素质发展的敏感期也大部分集中于这一阶段。

总体上，青少年无论在运动器官、心血管系统、呼吸系统还是神经系统的机能上都比婴幼儿时期有很大提高，但还未达到成人水平。在此阶段，青少年的心理发展水平赶不上生理发展，容易出现突然的情绪波动，兴趣和爱好也经常发生转移。如容易表现出高度的兴奋性、虚荣心，自我控制能力较差。到了后期，随着心理发展的逐渐完善，开始能够较为客观、现实地进行自我评价，情感控制得以改善。因此，经常参加体育运动，除了能促进青少年身体机能和健康水平的提高，还能从社会适应能力、心理和意志品质等方面起到促进作用。

## （三） 我国青少年阳光体育运动

针对近 20 年来我国青少年体质连续下降的问题，2006 年，教育部、国家体育总局、共青团中央联合印发《关于开展全国亿万学生阳光体育运动的通知》，决定在全国的大中小学中广泛开展"全国亿万学生体育运动"（以下简称"阳光体育运动"）。2006 年，我国召开了新中国成立以来首次全国学校体育工作会议，次年 4 月启动开展了"阳光体育运动"，提出力争用三年时间，使 85% 以上的学生能做到每天锻炼 1 小时。通过开展阳光体育运动，我国致力于促进广大青少年学生积极主动参与体育锻炼，培养体育锻炼的兴趣和习惯，有效地提高学生体质健康水平。调查显示，青少年学生对于"阳光体育运动"的认知基本上处于"模糊"和"仅仅知道"的浅显了解层面的人数占 59.8%，"比较清楚"和"非常清楚"者仅占 23.4%，而"从未听说过"者占比 16.9%，这应引起政府与社会的高度重视。[①]根据第八次全国学生体质与健康调研结果显示，2019 年全国 6~22 岁学生体质健康达标优良率为 23.8%。自 2014 年教育部颁布实施《国家学生体质健康标准》以来，我国学生体质健康达标优良率从 2014 年的 14.8% 上升到 2019 年

---

① 冉强辉. 上海市青少年体育发展现状实证研究 [J]. 天津体育学院学报，2011，26（2）：122-127.

的 17.7%。

### ▷ 四、青壮年健身群体

青壮年期，一般是指 18~35 岁这一年龄段。

#### （一）青壮年期身心特点

1. 青壮年期的身体发育特征

青壮年期是人的一生中体力最为旺盛的时期。此时，个体的身体发育已经完成，性的发育已完全成熟，身体素质的发展也达到顶峰，力量、耐力、速度、灵敏等素质能在较长时间内保持较高水平，具备了参加各种体育活动特别是竞技运动的身体条件。

2. 青壮年期的心理特征

进入青壮年期，人的情绪和兴趣逐步稳定，但也有一部分人会表现出情绪的不稳定。青壮年期人们面临结婚、生子以及工作压力，由于理想和现实的不平衡，造成一部分人过度消耗身体，产生疾病。在青壮年期，进行有计划的体育健身活动，对个体身体健康和心理调节都有益处。

#### （二）青壮年期体育健身的内容手段

1. 青壮年期的体育锻炼内容具有多样性和多层次性

青年人兴趣广泛，爱好多样，因此，在安排体育活动内容时，要考虑个体个性化的需求。由于青年人在运动技术水平和身体素质上均有很大的不同，在体育锻炼时，要注重个体差异，选择适合自己的体育内容、手段和方法，开展多种类型的体育活动。

2. 青壮年期的运动负荷具有较大的差异性

青壮年的身体肌肉、骨骼系统等均已发育到最佳水平，身体控制能力和竞技能力均有十分明显的发展，这就为系统地从事竞技运动和大强度的健身运动创造了良好的条件。因此，青年人可从健身、健美、娱乐、竞技等需要出发，进行较大强度和较大训练量的体育活动。当然，所谓大强度和大训练量是一个相对的概念，是因人而异的，不要片面追求大强度而使身体受到伤害。

#### （三）青壮年期的体育健身指导

1. 要进一步明确对体育健身重要性的认识

在青壮年时期，身体机能处于人生的最高水平，这无疑对人的生命活动极为有利。然而，有相当一部分青壮年常常对自身身体状况估计过高，意识不到此时期进行健身锻炼的必要性，认为这一阶段"体育锻炼无必要"。其实，人们在中老年时期的许多疾病，常常是青壮年时期不注意锻炼，使身体过早地播下疾病的"种子"。健身锻炼不仅为保持健康所必需，而且是进一步提高身体机能的重要条件。此外，这一时期的健身锻炼，还可为终身健康打下良好的基础。在对青壮年进行健身指导时，尤其要使其明确体育健身的重要性，提高其自觉性。

2. 要根据生活和工作的实际需要，调整好身体锻炼的内容与方法

从青年到壮年，随着个人生活内容的改变（如成家、生育孩子等）、工作责任的确立，人的身体、心理和社会关系都在发生着重大变化。要根据新的锻炼目的需要，学习某些新的健身手段和方法，并逐渐形成习惯。

3. 要注意发挥体育的多种功能

在青壮年时期进行锻炼，不仅能有效地增强体质，而且对人的心理和社会适应能力均有极好的作用。它不仅可以有效增强人的意志力、自信心，培养坚韧不拔的意志，还可有效地促进社会交往，培养良好的个性。此外，体育锻炼对丰富个体业余生活，提高文化素养等有着很好的促进作用。要有意识地开拓体育的心理和社会功能，把青壮年吸引到体育活动中来。

## 五、中老年人健身群体

根据我国《国民体质监测工作规定》对年龄的划分，中老年包括中年（45~59岁）和老年（60~69岁）两个时期。进入中年后，人们在事业上处于成熟和上升时期，由于工作、生活负担重，常常会忽视锻炼与健康管理，体质会随年龄的增长而下降，不良的生活方式会使身体机能和健康过度耗损，中年人各种慢性非传染性疾病的发病率明显增加。

### （一）中老年人生活方式及其特点

中老年体育是我国体育事业的重要组成部分。它是以增强中老年人体质，促进其身心健康、延缓衰老、延年益寿，满足中老年人健身、保健、医疗、消遣、休闲、娱乐等方面的需要，使广大"老有所养、老有所依、老有所乐、老有所学、老有所为"的中老年人以提高其生活质量为目的进行的社会活动。目前，我国城市中大多数中老年人的休闲生活被网络、电视、手机等占用，使他们不能充分有效地运用闲暇时间。

进入 21 世纪，我国城市家庭逐渐告别传统的生活方式，形成小型化家庭格局，这种家庭结构的变化使"空巢"老人日益增多，并导致老年人与子女、亲属之间的接触和联系机会减少。随着现代生活节奏的加快，就业压力的增大，很多子女平常也很少有空看望父母、长辈。

很多中老年人在满足基本的生活需要后，开始从事闲暇娱乐活动。随着社会经济的发展和人们生活观念的更新，城市中老年人的生活方式显示出闲暇、自愿、心理满足的特点。不同年龄的中老年人其生理、心理特点不一，运动能力不一，在对体育活动内容的要求上也存在差异。

**（二）中老年人健身活动管理中存在的问题**

1. 休闲观念落后，体育意识淡薄

中老年人因受出生及社会经济环境的影响，特定的历史条件下他们把工作看得很重，除此之外，他们还要担负起家庭的责任，有时甚至一人要养活全家，这就导致他们休闲观念落后，体育意识淡薄，休闲技能匮乏。

2. 社会支持系统薄弱

老年人一旦退休，往往就会有较强的失落感和与社会脱节的感觉。造成这种脱离感的主要原因是社会没有为老年人提供新的角色和位置。老年人希望拥有健康和尊严，能够更美好地享受生活，然而社会支持系统相对滞后，无法满足他们的精神文化需求，使他们纵然拥有很多休闲时间却不知所措。

**（三）我国发展中老年体育的价值**

近年来，我国人口老龄化问题日益突出，而有效解决这一问题的最佳方式就是发展中老年人体育。中老年人群是我国参加全民健身活动的主要力量，根据第七次全国人口普查数据显示，我国 60 岁及以上人口有 2.6 亿人，其中，65 岁及以上人口 1.9 亿人。2010—2020 年，60 岁及以上人口比重上升了 5.44 个百分点，65 岁及以上人口上升了 4.63 个百分点。与上个十年相比，上升幅度分别提高了 2.51 和 2.72 个百分点。人口老龄化是社会发展的重要趋势，也是今后较长一段时期我国的基本国情，中老年人群的社会保障问题面临严峻挑战，如何降低中老年人群的医疗费用，将健康关口前置成为推动经济社会可持续发展的重要话题。

体育锻炼是以保持和促进身心健康、提高社会适应能力为目标的一种身体活动方式。研究发现，影响中老年人健身的客观因素主要体现在工作任务繁重、运动场地和锻炼器材匮乏、社会专业健身指导员数量有限以及对运动锻炼方面的经济支出较少等方面。

研究发现，制订科学合理的运动处方对中老年人群的身体健康有着明显的效果，运动健身不仅可以提高中老年人的身体素质，还可以对中老年人常患的疾病有显著的改善和治疗作用。中老年人进行体育锻炼的主要目的是以身体健康为目标，事实上体育锻炼对中老年人的心理健康也有很大帮助。一个人的心理健康不仅是心理上没有疾病，更是代表一种积极向上、能较好适应并可以完整发挥其身心潜能的状态。

# 第四节 全民健身活动的特殊人群

特殊人群因为自身或社会的原因，在社会生活中常常处于不利地位。对此，要聚焦特殊群体，聚焦群众关切，更好地履行基本民生保障、基层社会治理、基本社会服务等职责，为推进健康中国战略的实施、全面建设社会主义现代化国家作出新的贡献。健身休闲作为特殊人群的一项基本权利，也应得到更多的社会关注和保障。

## 一、特殊人群的概念界定

特殊人群作为一个社会学概念，特指那些由于某些障碍及缺乏政治、经济和社会机会而在社会上处于不利地位的人群。特殊人群需要国家和社会给予特殊的支持和帮助。社会学关于社会问题的研究、社会工作和社会福利的发展和普及等是推动特殊人群概念进入社会科学的主要因素。

## 二、特殊人群的特征

第一，法律地位较为特殊。特殊人群在法律人格、法定权利、法律责任上存在一定缺陷或一定限制，使他们在影响社会或被社会所影响的过程中缺乏普通人的法律救济和法律制裁手段。

第二，生理心理较为特殊。特殊人群往往在身体上、心理上、行为习惯上存在某些缺陷与障碍，他们有时难以与普通人一样按照正常的逻辑思维和社会行为来表达自己的意识、控制自己的行为。

第三，社会角色较为特殊。特殊人群较普通人群更具有边缘化倾向，常常缺乏反映和解决他们困难和问题的渠道。

第四，诉求反映较为特殊。特殊人群既有基于个人生活、工作学习、家庭等方面的实际困难与需求，又有国家法律政策供给方面的不足与缺失，还有社会层面的种种成见、偏见甚至歧视。

特殊人群是一个规模庞大、结构复杂、分布广泛的群体，特殊人群的特殊性决定了他们在融入社会、实现基本生活条件、接受平等对待等方面，比普通人存在更多的困难、更大的障碍。也正是这种特殊性、差异性，决定了必须要依法给予他们特殊的关照、设计特殊的保障制度。

## 三、特殊人群健身活动的意义

### （一）关注特殊人群健身是构建健康中国的应有之义

积极关注和解决好特殊人群问题，是构建健康中国的重要内容和应有之义。

社会学理论指出，利益被相对剥夺的群体可能会对社会怀有敌视或仇恨心理。因此，面对一个较为庞大的特殊人群的存在，是我国社会主义现代化建设新征程中必须关注和解决的一个现实而迫切的问题。

### （二）关注特殊人群是增强社会活力的需要

中国共产党提出要最广泛最充分地调动一切积极因素，从政策上促进、从制度上保障整个社会的创造活力。特殊人群是社会主义现代化建设者中的一部分，可通过借助国家和社会力量的帮助和支持，调动特殊人群自我发展的积极性，把"输血"与"造血"相结合，推动他们积极投身社会主义现代化建设，使这一群体的智力资源和人力资源得到充分且合理的运用。

### （三）关注特殊人群健身是社会精神文明建设的需要

关注特殊人群的健身休闲需要反映出社会的文明与进步。特殊人群健身休闲生活匮乏，除经济原因外，政府部门及社会各界对特殊人群的健身休闲需求尚未给予足够的重视和关注。体育活动是现代社会生活的重要内容，是人们休闲娱乐、健身、交往的一种手段。鼓励和帮助特殊人群参加健身活动，可以使他们走出自己"封闭式"的生活小圈子，成为社会大家庭中的一员；通过参加健身休闲活动，特殊人群的身心健康水平获得提高。社会越进步，文明程度越高，越有利于特殊人群体育休闲的发展。

## 四、残疾人的健身活动

残疾人是社会中有着特殊困难的群体。随着社会的发展，残疾人已日益引起世界各国的重视，他们得到的社会特殊帮助和照顾，从一个侧面反映出一个国家的文明程度。但同时，残疾人也是独立的个体，是社会财富的创造者，社会应给予他们平等的机会和权利。参加健身休闲活动是残疾人应享有的一项权利。

### （一）残疾人的概念界定

根据《中华人民共和国残疾人保障法》第二条规定，残疾人是指在心理、生理、人体结构上，某种组织、功能丧失或者不正常，全部或者部分丧失以正常方式从事某种活动能力的人。与健全人一样，他们同样有追求美好生活的愿望和创造美好生活的权利，他们的人格尊严和利益诉求应该得到应有的尊重、保障和满足，他们享有参与体育运动的基本权利。联合国《残疾人机会均等标准规则》中规定："各国应采取措施确保残疾人享有进行娱乐和体育活动的同等机会，应鼓励体育组织为残疾人提供参加体育活动的机会，各国应支持残疾人参加全国的或国际的体育活动。"

### （二）残疾人的基本特征和构成

首先，残疾人由于自身身心功能缺陷，包括程度不同的肢体残疾、器官功能不全、精神情绪和行为异常或智力缺陷等，客观上造成他们活动受限，甚至不能正常生活、工作和学习。其次，残疾人有着比健全人更强的自尊心，同时又兼有自卑感，在这一矛盾心态下，他们常感到孤僻封闭和无助，常常把自己封闭在一个特定的、狭小的环境中，惧怕别人的讥讽、嘲笑和议论，对一切都失去兴趣甚至觉得生活毫无意义。最后，残疾人相对健全人来说，受教育程度普遍较低，造成他们对于新的生活方式接受的困难。残疾人大致可以分为以下4种类型：

1. 身体残障

包括内脏器官残障（如心、肺等）、肢体残障（如截肢、先天性畸形、因外伤或发育异常所致的肢体畸形或功能障碍等）、神经系统残障（如中枢神经残障等）。

2. 感官残障

包括视觉残障（如视盲、低视力）、听觉残障（如聋、重听）和语言残障等。

### 3. 精神残障

包括智力障碍、精神性疾病、品行和人格障碍（如成瘾、反社会行为、行为障碍等）。

### 4. 复合性残障

一人同时有两种以上的残障情况的称为复合残障或称多重残障。

**（三）残疾人健身活动的开展和管理**

目前，许多国家都将残疾人体育健身锻炼作为制定残疾人社会保障计划中的一项重要内容，并融入相应的法律和组织体系中，使残疾人体育健身锻炼得到保障。我国《全民健身计划（2021—2025年）》中明确指出，完善公共健身设施无障碍环境，开展残疾人康复健身活动。

### 1. 残疾人健身活动释义

残疾人健身活动，是指残疾人在闲暇时间内进行体育健身活动，以求得身心的调节与放松，达到生命保健、体能恢复、身心愉悦等目的。健身作为一种科学文明的生活方式，可以有效地促进人体能量的储存和释放，它包括对智能、体能的调节和生理、心理的锻炼。

### 2. 我国残疾人健身活动的发展沿革

新中国成立以来，党和政府十分重视残疾人工作，将残疾人体育工作当作一项旨在提高中华民族素质的历史任务来抓。在组织建设方面，目前我国根据不同残疾类别，成立了中国残疾人体育协会，我国目前是国际残疾人奥林匹克委员会、国际特殊奥林匹克委员会等组织正式会员。

在政策法规制定方面，我国高度重视残疾人体育事业。为了使残疾人体育事业逐步走向正规化、制度化和法律化，国家有关部门先后制定和颁布了一系列法律法规，如《中华人民共和国残疾人保障法》（1990年）、《国务院办公厅关于进一步加强残疾人体育工作的意见》（2007年）、中国残联、国家体育总局联合印发的《关于进一步加强残疾人康复健身体育工作的指导意见》（2019年）等。上述文件都有专门对残疾人体育活动如何开展的阐述、指导和规定，为中国残疾人体育事业的发展提供了有力保障。

### 3. 残疾人健身活动的特点

首先，健身内容的特殊性。由于自身身体条件的限制，残疾人参加健身活动的内容和形式会受到较大的制约。残疾人参加健身活动时，必须事先对他们的运动功能（能力）进行评估、分析，以确定其可参加的健身活动内容或运动项目。其次，健身形式的特殊性。许多残疾人在进行健身活动时需要借助和使用某些特殊器材与辅助人员的帮助。因此，社会应注意提供各种相应的服务和帮助，吸引和帮助残疾人健身者参与健身活动，体现对残疾人的人文关怀。最后，健身活动的基础性。残疾人本身的身体缺陷决定了其参加体育健身活动的目的是以康复娱乐为主。因此，社会应根据残疾人的特点，合理地选择和开发以恢复发展残疾人某些身体机能的健身活动内容和运动形式。

4. 残疾人健身活动的指导

（1）根据残疾人的身心特点，明确残疾人参加健身活动的目标，制订切实可行的健身计划。

（2）鼓励残疾人积极参加健身、娱乐等各种体育活动，在活动过程中，尽可能提供各种免费服务和安全、便利、无障碍的场地设施，防止残疾人在健身活动中出现伤害事故。

（3）在指导残疾人进行健身活动时，应将体育活动内容与保健手段结合起来，改善和促进残疾人机体正常功能的恢复和发展。

5. 残疾人健身活动的管理

（1）加大宣传力度，为残疾人健身活动管理决策的实施创造舆论环境。要加大社会宣传力度，引起全社会对残疾人健身的重视，消除"重残疾人运动会，轻残疾人健身"的误区。通过残疾人健身活动，促进残疾人的康复，增强残疾人的体质和生活自信心。

（2）建立法规制度，保证残疾人健身活动管理秩序。按章办事是发展残疾人健身的基本保证。建立法规制度能保证残疾人健身管理秩序，使残疾人与健全人一样拥有参加体育活动的权利和机会，有效推动和促进残疾人健身管理的完善和发展。

（3）建立残疾人健身的基层组织，为残疾人健身提供组织保证。建立"政府—单位（社区）—个体"一体化的健身管理组织，制订开展残疾人健身活动的工作计划，在基层残疾人体育协会或体育俱乐部的组织指导下，开展日常健身活动，形成一体化的残疾人健身组织管理体制。

（4）培养残疾人健身的专业指导员，保证残疾人健身的科学有效性。从社会体育指导员和特殊学校体育师资培养这两条途径入手，培养一批残疾人健身的专业指导员，帮助和指导残疾人开展健身活动，既能有效的康复肢体，提高健康水平，又能防止受伤。

（5）多渠道筹集经费，为残疾人参加健身提供场地、器材和设施。经费保障和适合于残疾人健身需要的场地、器材设备是广泛开展残疾人健身活动的重要基础。在经费方面，应形成以政府拨款为主，社会、企业及个人捐赠为辅的多渠道经费来源体系，在条件成熟时，可考虑实行市场化运作模式；在场地、器材设备方面，设计、建设必要的残疾人专用体育设施、运动器材，同时逐步实行残疾人健身与健全人体育相融合的模式，分享体育资源，共用场地和器材。

## 思考与练习

1. 简述全民健身活动参与者的分类依据及类型。

2. 新时代我国市民健身活动和农民健身活动分别具有哪些特点？

3. 试述如何针对不同年龄阶段人群的身心特点进行健身指导？

4. 试述残疾人健身活动的特点与管理。

## 参考文献

［1］李建国，吕树庭，董新光. 社会体育 ［M］. 北京：人民体育出版社，2004.

［2］卢元镇. 社会体育学 ［M］. 北京：高等教育出版社，2002.

［3］王凯珍，李相如. 社区体育指导 ［M］. 桂林：广西师范大学出版社，2005.

［4］［美］埃弗里特·M. 罗吉斯，拉伯尔·J. 伯德格. 乡村社会变迁 ［M］. 王晓毅，王地宁译，杭州：浙江人民出版社，1988.

［5］刘豪兴. 农村社会学 ［M］. 北京：中国人民大学出版社，2004.

［6］张传泉. 城乡一体化背景下农民市民化路径探析 ［J］. 华中农业大学学报（社会科学版），2014（05）：98-103.

［7］唐宏贵. 体育健身原理与方法（修订本）［M］. 武汉：湖北人民出版社，2009.

［8］武千钧. 西安市主城区社区中老年居民健身现状的调查研究 ［D］.

西安：西安体育学院，2018.

　　［9］郝晓岑，王婷. 幼儿体育概念辨析［J］. 首都体育学院学报，2017，29（01）：26-30.

　　［10］商伟，扈凯. 全民健身背景下残疾人体育权益保障问题及对策研究［J］. 福建体育科技，2019，38（05）：27-29+34.

　　［11］廖文豪，王现强. 公平视域下我国残疾人体育权利保障研究［J］. 成都师范学院学报，2016，32（01）：91-95.

# 第八章 全民健身效果评价

>>> 本章导学 >>>

　　全民健身是"健康中国"的重要组成部分，作为国家体育事业的重要内容，体现了体育公共政策的重要导向。全民健身评价的目的是及时把握全民健身的实际效果，解决措施失灵带来的难题，进而寻找更好的政策思路，并发展有效的可替代模式，为"健康中国"和体育公共管理创新决策服务。全民健身效果的评价，不但关乎政府对体育事业和体育产业相关政策或工作任务的综合评价和发展，而且也关乎民众自身的幸福感和体育享受。

　　本章重点阐述了全民健身效果评价的概念、意义、类型和基本要求，梳理了全民健身效果评价的结构与内容以及评价的方法与手段；系统介绍了国家体育锻炼标准，国民体质测定和监测的历史沿革、意义和基本内容。对全民健身效果的综合评价，是一项颇具挑战性的系统工程，也是保障全民健身顺利开展的反馈机制。

>> 学习目标 >>>

1. 理解全民健身效果评价是全民健身实施的重要反馈机制，明确评价实施对于全民健身工程建设等的重要意义，强化反馈意识。

2. 能够理解全民健身评价的内在结构、核心要素以及全民健身评价实施的具体方法与路径；了解《国家体育锻炼标准》及《国家学生体质健康标准》实施的意义、步骤和要求，初步具备效果评价实施的能力。

3. 掌握全民健身效果评价的概念和特点，全面了解全民健身评价的类型和特点，激发学生的学习兴趣；能够结合某一具体案例，学会合理运用评价反馈的策略。

# 第一节　全民健身效果评价概述

## 一、全民健身效果评价的概念

全民健身效果评价是指依据一定的标准，对在全民健身过程中取得的成效进行评定或验证。全民健身效果评价包括检查、测定和评定三个基本过程，其中，检查是通过观察、主观感觉对全民健身效果和锻炼者身体状况进行的一般衡量；测定是通过实验、测量和测验等客观手段，对全民健身活动和个人身体状况指标进行描述和标记；评定有时也称评估，是根据测定所获取的数据或指标，运用有关标准或理论，对全民健身过程的成果进行价值判断。检查带有经验判断的性质，而测定和评定是两个互相联系的不同过程。测定是评定的基础，评定以测定为前提，评定的准确性有赖于测定手段和操作方法的科学性以及正确标准的支撑。全民健身活动的科学组织不能脱离效果评价。

一般而言，全民健身效果评价可以大致分为宏观和微观两个层面。从宏观上来说，全民健身效果评价主要体现在国家和社会推进全民健身的政策措施的制定和执行上。国家应当在把握现代社会和广大民众对体育需求的基础上，制定出切实可行的政策，并保证其得到良好的贯彻实施。全民健身事业与整个文化事业的和谐和可持续发展，也是全民健身效果评价的重要体现。对个体而言，全民健身运动效果评价主要表现在生理、心理、社会性效果三个方面。全民健身效果评价有助于个体克服体育健身的盲目性，获得最佳锻炼效果。具体来说，其意义表现在：

（1）在宏观层面上对全民健身效果进行评价，有助于国家根据全民健身的需要和现实情况，制订出科学有效的全民健身政策和措施，保证这些政策在实践中得到有力的贯彻实施，并根据实际情况及时调整，以推进全民健身工作稳步有序地向前发展。

（2）对锻炼者的身体状况和运动能力等进行的测定和评价，可以明确锻炼者在身体机能、身体素质和运动能力等方面的基础条件，科学地确定体育锻炼的内容、方法和负荷量，并为评价锻炼者的体育健身效果提供基础指标，分析锻炼者体育锻炼时身体受到刺激的程度，为锻炼过程的负荷控制积累资料。

（3）全民健身效果的个体评价，具有极好的反馈作用。比如，健身效果测定与评价中的良性结果，有助于调动锻炼者的积极性和兴趣；测定与评价的不良结果可为锻炼者运动后的不良反应提供预警机制，为改进锻炼手段、方法提供努力方向。全民健身效果评价为促进体育健身运动的科学化，提高锻炼者锻炼效益提供了保证。

## 二、全民健身效果评价的类型

全民健身效果的测定有多种多样的方法，可根据不同需要灵活选用。具体来说，全民健身效果评价的类型包括：

### （一）纵向评价与横向评价

纵向评价是以时间角度来评价全民健身的效果，横向评价是从现代社会角度来评价全民健身的效果。通过对历史和现实、过去和现在的分析评价，坚持用历史唯物主义的观点看待问题，才有可能把握我国全民健身运动的发展规律和未来趋势。通过国际国内的横向比较，才能分析各个国家和地区在全民健身运动中的差异和不同，扬长补短，不断拓展我国全民健身工作的思路。

### （二）自我评价与他人评价

自我评价多采用主观感觉进行定性检查和评价，也可采用较为简便的定量评价方法。定量评价是健身锻炼最常用的方法，其特点是方法简便、及时，便于操作，但主观成分较大。他人评价是根据特定要求由专人进行的评价，它需要一定的设备和仪器，但比较客观规范，他人评价还需要有一定的组织工作。

### （三）主观评价和客观评价

主观评价即评价人根据观察、感觉和个人经验等来评价健身锻炼效果，既可由锻炼者个人进行，也可由他人进行。该方法不需要仪器设备，简便易行，缺点是客观性较差。客观评价是借助测试仪器设备，用规范的方法获得精确的数据，用一定的标准去评价锻炼者的锻炼效果。在实践中，应创造条件，更多地采用定量评价的方法。

### （四）绝对评价和相对评价

绝对评价即不考虑被评者的个人情况，只依据某种特定的标准或指标而对其进行评价。它反映出个人参加全民健身活动的实际水平和身体发展程度，有利于在不同个体之间进行横向比较。相对评价是考虑锻炼者在身体和运动能力方面的进步幅度而进行的评价。尽管这种评价方法不利于进行不同个体的比较，但在把握个人锻炼状况时有其优势。由于每个个体在身体、运动能力、心理状态等方面存在差异，而体育锻炼也是一个循序渐进的过程，因此在全民健身实践中通常会更多地采用相对评价的方法。

## 三、全民健身效果评价的基本原则与要求

### （一）基本原则

1. 科学性原则

全民健身效果评价指标的构成首先要科学。在认识与理解全民健身事业对于经济社会全面发展的重要价值与作用的基础上，要充分考虑各指标在评价体系中的地位与影响，能够反映出全民健身事业的特征、性质以及运动的过程，可以反映出各个地区甚至是整个国家全民健身运动的真实进展情况。此外，全民健身效果评价的方法要科学。技术方法要符合科学原理，数据采集要遵守科学规范，数据分析要运用科学方法，评价效果要符合客观现实。

2. 层次性原则

要利用不同层次来反映全民健身评价指标与体系构建的内在结构以及关键性问题，从而制定出相应的解决措施，这将有利于及时发现问题，有助于对我国的全民健身事业进行横向以及纵向的全面综合分析和比较。

3. 可比性原则

在全民健身评价指标与体系构建的各个具体指标之间，其内涵、口径范围、计算方法、计算时间以及空间等都要相互衔接，只有这样才可以综合且全面地认识评估指标所反映出的全民健身事业的内在联系以及规律。只有具有可比较的评估指标，才有可能提供正确的信息资料，这种可比性一般有两个方面的要求：第一要在不同的空间与时间范围内具备可比性；第二要在各个区域之间开展除评估指标口径范围一致性之外的，应用相对数、指数、平均数等进行的相互之间的比较。

4. 可操作性原则

可操作性原则是建立在社会评估指标与体系构建的基础之上的，因为全民健身活动属于社会体育的组成部分，属于社会的公共项目，所以它的数据通常包括一个比较大的领域范围，在设置评估指标时就必须要实现简单操作，继而真实地反映出我国全民健身事业的发展水平以及对于社会全面发展的重要影响与作用。

5. 结合性原则

结合性原则的首要体现是定性与定量分析相结合。定性分析和定量分析具有内在统一性，两者之间存在不可分割的联系。对全民健身的特点与性质方面的认识属于定性认识，就用定性的方法，可以用数据来体现和标定的方面，就用定量的方法。第二是稳定性与发展性相结合。全民健身是广大人民群众创造美好生活的重要途径和手段，同时又在不断发展的过程中。因此，为了对其开展综合性、历史性的比较，评价指标需要具有一定的稳定性，同时也要与时俱进地增加一些体现发展性的指标和方法。

（二）基本要求

1. 根据评价对象的需要选择评价手段

全民健身过程中的评价手段是多种多样的，每一种手段都有其专门的职能和作用，对评价器材、仪器和评价对象本身也有一定的要求。因此，要根据锻炼者的需要，有针对性地选用评价手段。

2. 测评手段可靠、有效、客观、安全

测评的指标和方法要有代表性和层次性，采用同类指标时可运用不同的测定手段，选择时要达到可靠、有效、客观。同时，也要考虑到安全的要求。

在评定全民健身效果的相关研究中，所选择的对象应具有随机性，所采用的评价标准应具有可比性。选择时要考虑不同年龄性别和锻炼者的身心特点。

# 第二节 全民健身效果评价的结构与构成要素

## 一、全民健身效果评价的结构特征

结构是要素的联结方式，即结构是一种关系，而不是实体，这是结构的一个重要特性。全民健身体系是由全民健身活动中诸多相互联系、相互影响的要素组成的有机整体，这些要素包括健身活动系统、健身组织系统、健身场地设施系统等子体系，全民健身体系的结构就是各个子体系间的相互联结方式，这种联结方式从整体上把握了全民健身的特征。所以在评价全民健身体系时，厘清构成要素的同时更应认识到各要素之间的关系及结构形式。

全民健身评价的体系结构需要根据全民健身体系与周围环境的相互作用的过程，按照层次、内容、关系三种方式进行划分，即从横向的涉及面、纵向的要素内容及相互关系角度进行剖析，进而明确全民健身评价的结构特征。

### （一）层次上的结构

我国的城乡二元结构决定了全民健身效果评价要针对城市体系和农村体系两大板块，分别评价城乡居民健身的效用特点。同时，全民健身效果评价的结构在地域规模上可划分为国家级、省级的；在城市中可划分为市级、区级、街道甚至居住区等多个层级，从而构成整个城市的全民健身监测体系。农村也要建设县级、乡镇以及村落的体系，从而构成农村的全民健身监测体系。要使服务涉及广大人民，做到层层推进，落实基层、全民身边的健身体系。

### （二）内容上的结构

全民健身体系所提供的各项基本服务和保障内容构成了全民健身评价的内容框架。全民健身服务体系由6个子系统组成：为全民健身提供基本物质条件的体育健身场所设施系统；提供组织支持的体育健身组织系统；提供丰富多彩内容的体育健身活动系统；提供技术指导服务的体育指导系统；提供信息服务的体育信息系统以及监测评价系统。这六大系统紧密联系、互为支撑。全民健身的监测评价系统能对其他系统进行全面监测与及时反馈，形成条块明晰的内容评价结构。

### （三）关系上的结构

关系结构是指将各要素联系起来的管理体制和运行机制。全民健身效果评价也要注重管理体制和运行机制的审视与反馈，即将诸要素统筹协调起来，充分发挥全民健身体系的整体效能。全民健身的管理体制是由政府领导、体育行政部门组织、有关部门和全民组织齐抓共管；是人民参与管理，体育社会团体和体育健身组织责权明确、分工负责；是社会兴办、基层组织和单位各负其责的系统管理体制。全民健身的运行机制是一种落实公民体育权益的保障机制；是一种满足人们多样化体育需求的共建机制；是动员社会共同参与的整合机制；是促进全民健身事业和谐发展的控制机制；是客观描述公民体质状况和全民健身事业发展规模与水平的评价机制和对公民体质状况、全民健身状况有人管、有人问的监督机制。

总之，评价指标的结构既要在理论的指导下建构，又要根据行动主体的不同，设计不同的指标评估或考核形式，政府、民间组织、企业和民众的共同评价都要围绕总体的指标结构。其最终目的是建立以结果为导向、过程和发展相结合的分析性指标——全民健身发展指数。因此，既要充分挖掘现有的存量指标，即评价性指标，也要考虑适应未来的增量指标，即考核性指标。评价性指标是全民健身的现状，包括政府投入的人、财、物现状；考核性指标关注投入和产出的效果，即如何实现收益最大化，对预期目标完成的程度进行评价。如何保障指标的实现，体现在政府、社会和市场的合作机制上和具体分目标的制度设计上。评价指标结构的建立，要符合"健康中国"的总体战略目标，顺应社会经济发展的时代要求，搭建个体健康的外部环境，提高全民的健康水平。

## 二、全民健身效果评价的构成要素

### （一）健身环境

#### 1. 物理环境

体育设施条件在全民健身效果评价上具有基础性的作用。在体育设施方面，评价指标可以涉及以下几个方面：一是健身路径的建设、改造与维护；

二是室内体育中心的规划、审批、新建和运营指导；三是体育设施配套规划、审批和运营指导；四是公园和绿道的新建、使用指导和维护；五是户外特色体育营地的规划、审批、新建和运营指导。当前我国实施的乡村振兴战略下的山、水、田、林、湖、草、沙是生态体育发展的有力印证，也是健身环境的优质资源。

2. 社会环境

社会要素包括全民健身意识宣传、全民健身活动的举办以及体育民间组织的培育、组织凝聚力、个体对组织的归属感等。体育民间组织的培育包括如何推动学校体育组织、社区体育组织、单位体育组织、草根体育组织的建设，如何有效管理青少年、老年人等不同群体有序加入各类组织，满足个体多样化体育需求的同时构建全民健身的社会网络。

3. 市场环境

营造良好的产业环境，扶持全民健身企业发展的外部条件要通过提高民众的体育消费意识来实现，重点在于构建全民健身的产业网络。要积极扶持行业协会的建设，形成有特色的产业网络体系，在创新驱动的市场环境下，宏观把握体育产业的总发展趋势，打造良好的全民健身市场环境，挖掘不同群体的潜在体育需求，利用全民体育竞赛和新兴户外体育运动的"杠杆"撬动体育健身市场。

**（二）体育参与**

体育参与者的特征包括：性别、年龄、婚姻家庭等人口学特征；职业、收入、身份、居住等社会学特征。体育参与的意识和价值观包括：个体身体健康、愿意进行体育消费、乐于从事体育志愿者等。体育参与的行为包括：体育参与的特征，如时间、项目、频率、强度、形式、地点等；体育消费的特征，如消费偏好、消费习惯、消费体验等。

欧美国家以及澳大利亚、日本、韩国等国的经验表明，针对不同的经济社会发展阶段，不同群体面临的健康威胁不同，比如：因缺乏运动而产生的儿童青少年身体健康问题，如过度肥胖；伴随社会经济发展出现的社会心理问题，如青少年偏差行为（酗酒、犯罪等），老年人的慢性非传染性疾病和孤独症等身体和心理问题等。通过运动干预减少上述问题成为各国政府体育工作的重点。因此，提高不同群体的体育参与是实现这一目标的重要过程。

### （三）体质健康

体质健康，既包括传统的客观身体素质和体能技能的健康，又包括心理健康等主观测评，如生活满意度和幸福感。要通过全民健康意识的提高，达到健身参与度的提高和参与权利的均等化，营造全民健身的环境，最终实现全民健康，使人民共享改革和发展的成果。结合"健康中国"战略，全民健身效果评价应建立一个全民健身指数，将其作为健康中国指数的重要组成部分。

目前，我国的全民健身效果评价不足体现在以下几个方面：一是指标只关注个体的体育参与特征，忽视个体嵌入的社会结构和社会网络特征；二是指标只关注个体的体育行为感知特征，忽视个体对政策的感知特征；三是指标只关注个体体育行为方式的客观特征，忽视个体行为方式对环境依赖的特征。

### 三、全民健身效果评价的关联要素

全民健身效果评价可以转变全民健身工作的开展方式。传统的评价指标较多考虑体育设施、体育协会、社会体育指导员、全民健身活动等数量增长指标，忽视了体育权利的保障、弱势群体的关怀、社会阶层之间的融合、健康生活方式的形成等发展性指标。国家是全民健身公共服务的供给侧，应考虑如何满足民众日益增长的健康需求，创建社会和市场共同参与的公共服务治理机制。

基于此，全民健身效果评价的相关内容，应关切到政府、社会和市场三个主体要素：一是政府功效的有效发挥，是否从传统的管理者、运营者转向治理者；二是社会组织功效的发挥，是否从被动的参与者、承担者转向主动的行动者，兼顾千差万别的具体人群；三是市场功效的发挥，是否从市场产品的供给者转向公共产品的供给者。

### （一）政府

政府应将全民健身经费纳入财政预算，角色应实现从体育管理者到体育治理者的转变，这是国家治理能力和治理体系现代化的体现。全民健身的评价指标要反映政府的工作绩效，对政府职能部门的政策执行和制订应进行全面的监控和把握，一方面要评估政府公共服务的进展，如体育设施建设、社会体育指导员培养、体育组织培育等；另一方面要评估基层政府的绩效，如在原有服务的基础上，取得了哪些进步与创新。体育公共服务的终极目的是通过全民健身改变人们不健康的生活方式，改变体育资源不平等的资源配置方式，实现民众健康生活方式的转变和体质健康水平的提高，推动"健康中国"战略目标的实现。

### （二）社会

社会组织在全民健身服务参与过程中，发挥着重要作用。全民健身民间组织的角色，从单纯的体育兴趣爱好群体逐步转化为体育公共服务的行动主体。民间体育组织面临的生存环境和服务环境，要和政府提供的公共服务体系紧密结合。一方面，政府要对体育民间组织的决策参与和服务进行了解和跟踪，对其进行全面评价；要及时反映体育民间组织对全民健身工作的诉求，使其更好地参与体育的公共服务；另一方面，政府可自主选择让哪些民间组织参与全民健身服务体系，通过考核的方式解决谁能够参与、谁参与时效果最好等方面的问题。

### （三）市场

各级政府投资体育设施建设和体育服务，常常通过政府购买服务等方式，引导市场经营主体提供公益性全民体育健身服务。评价指标体系要关注市场要素，对体育市场主体参与体育公共服务的实践有所反馈。一方面，企业作为评估政府相关体育健身产业政策的客体，也应该参与到政府营造的产业环境、政策、体制和制度体系中。另一方面，特定社会阶层的体育消费需求和体验会反映现有体育产业市场规模与质量，进一步鼓励全民的健身消费，鼓励公共体育设施免费或低收费开放。

## 第三节　全民健身效果评价的手段与途径

全民健身效果评价的方法与手段，包括检查、测定和评定等。在全民健身效果评价的实践中，通常依据《国家体育锻炼标准》对不同年龄阶段及性别的人群进行体质测定与监测。通过国民体质测定与国民体质监测体系，可全面掌握我国国民体质现状和健身效果及变化规律，为提高全体国民的身体素质和健康水平服务。

### 一、《国家体育锻炼标准》

《国家体育锻炼标准》（以下简称《国家标准》）是经国务院批准的一项重要体育制度，目的在于鼓励广大儿童和青少年自觉地锻炼身体，为实现社会主义现代化，培养德智体美劳全面发展的建设者和接班人服务。

#### （一）《国家体育锻炼标准》的历史沿革和实施意义

1. 历史沿革

为了鼓励和推动人民群众，特别是广大儿童和青少年积极参加体育锻炼，早在 20 世纪 50 年代初，国家体委吸取了苏联发展群众体育的经验，推行《准备劳动和卫国体育制度》（简称《劳卫制》），吸引亿万儿童和青少年积极参加各种形式的体育活动。到了 20 世纪 70 年代，这一制度逐步发展成《国家体育锻炼标准》，于 1975 年由国务院印发实施。之后，我国结合实践经验不断对其进行修正。1982 年 8 月 27 日，新版《国家体育锻炼标准》发布；1989 年 12 月 9 日，国务院印发《国家体育锻炼标准施行办法》；1990 年 1 月 6 日，经国务院批准，国家体委再次发布《国家体育锻炼标准施行办法》，使《国家体育锻炼标准》成为一项具有广泛群众基础的基本体育制度。《中华人民共和国体育法》关于"实施体育锻炼标准"的规定，进一步确立了这一制度的法律地位，为其可持续发展奠定了良好的社会基础。进入 21 世纪，人们的健康观念正在发生深刻的变化，为适应我国《全民健身计划纲要》的要求，全面提高国民的健康素质，2003 年，国家体育总局联合 8 个部委对《国家标准》进行了第三次修订，颁布了《普通人群体育锻炼标准》，它与同时期出台的《国家学生体质健康标准》互为补充。2004 年 5 月，经中国人民解放军总参谋部批准，《中国人民解放军军人体能标准》颁发施行，加上此前颁布的《公安民警体育锻炼达标标准》，我国有了比较完备的适合中国人自身特点的国家体育制度。2013 年 12 月 16 日，国家体育总局、教育部、全国总工会印发《国家体育锻炼标准施行办法》，标志着我国群众体育进入了新阶段。

2. 实施意义

新版《国家体育锻炼标准》既是国家推行的一项重要体育制度，又是一种适应普通人群健身需要的，科学、适用的评价标准。因此，实施新版《国家体育锻炼标准》的意义在于：（1）可以有效地指导普通民众的体育锻炼。

以往的各种"体育锻炼标准"大都规定了促进个体体能发展的项目类型，如1990年颁布的标准中规定的项目主要有走跑类、跳跃类、投掷类、体操类等。新修订的《国家体育锻炼标准》继承了过去的传统，同时针对普通人身体素质发展的特点，新设了典型的体能锻炼项目，如短跑（50米跑）可以有效发展人的速度，立定跳远可以有效提升人的爆发力，仰卧起坐可以增强人的腰腹肌力量，中长距离跑（如800米、1 000米、1 500米跑等）可以提升耐力等。科学研究证实，长期进行此类运动项目，能够有效地发展身体素质，提高人的体质健康水平。同时，这些项目对场地器材和运动技术的要求不高，特别适合普通人群锻炼的需要。（2）可以科学地评价国民体质和健康状况。新修订的《国家体育锻炼标准》与以往标准最大的不同在于增加了关于身体形态和机能方面的评价指标，如身高、体重、肺活量等，这些指标能够较好地反映出测定对象的身体形态、身体机能等方面的情况。身体形态是人体内外部的形状特征，如身高、体重、胸围、腰围等。由于身体形态与人的身体密度和身体成分有着密切的关系，对人的健康有着十分重要的影响。身体机能则是反映身体健康状况的直接指标，对评价人体的健身状况具有重要的意义。国家通过对超大样本进行统计分析所制定的体质健康评价标准，能够有效地评价个体真正的体质和健康状况。因此，施行新版《国家体育锻炼标准》意义重大。

**（二）《国家体育锻炼标准》的基本内容**

1.《国家学生体质健康标准》

为贯彻落实"健康第一"指导思想，切实加强学校体育工作，促进学生积极参加体育锻炼，养成良好的锻炼习惯，提高学生体质健康水平，2002年，教育部和国家体育总局联合印发《学生体质健康标准（试行方案）》和实施办法。2014年7月18日，教育部印发《国家学生体质健康标准（2014年修订）》。新修订的《国家学生体质健康标准》（以下简称《体质标准》）是国家学校教育工作的基础性指导文件，是评价学生综合素质、评估学校工作和衡量各地教育发展的重要依据，是《国家体育锻炼标准》在学校的具体实施，适用于全日制普通小学、初中、普通高中、中等职业学校、普通高等学校的学生。

《体质标准》从身体形态、身体机能和身体素质等方面综合评定学生的体质健康水平，是促进学生体质健康发展、激励学生积极进行身体锻炼的重要手段，是我国培育学生核心素养和提升学业质量标准的重要组成部分，是学生体质健康的个体评价标准。

《体质标准》将适用对象划分为以下组别：小学、初中、高中，每个年级为一组，其中小学6组、初中3组、高中3组。大学一、二年级为一组，三、四年级为一组。小学、初中、高中、大学各组别的测试指标均为必测指标。其中，身体形态类中的身高、体重，身体机能类中的肺活量以及身体素质类中的50米跑、坐位体前屈为各年级学生共同测试指标。

《体质标准》的学年总分由标准分与附加分之和构成，满分为120分。标准分由各单项指标得分与权重乘积之和组成，满分为100分。附加分根据实测成绩确定，即对成绩超过100分的加分指标进行加分，满分为20分；小学的加分指标为1分钟跳绳，加分幅度为20分；初中、高中和大学的加分指标为男生引体向上和1 000米跑，女生1分钟仰卧起坐和800米跑，各指标加分幅度均为10分。

根据学生学年总分评定等级：90.0分及以上为优秀，80.0~89.9分为良好，60.0~79.9分为及格，59.9分及以下为不及格。

《体质标准》规定，学生测试成绩评定达到良好及以上者，可参加评优与评奖；成绩达到优秀者，可获体育奖学分。测试成绩评定不及格者，在本学年度准予补测一次，补测仍不及格，则学年成绩评定为不及格。普通高中、中等职业学校和普通高等学校学生毕业时，《体质标准》测试的成绩达不到50分者按结业或肄业处理。

此外，《体质标准》对学生因病或残疾的情况也作出明确规定，此类学生可向学校提交暂缓或免予执行《体质标准》的申请，经医疗单位证明，体育教学部门核准，可暂缓或免予执行《体质标准》。被免予执行《体质标准》的残疾学生，仍可参加评优与评奖，毕业时《体质标准》成绩需注明"免测"。

各学校每学年都应开展覆盖本校各年级学生的《体质标准》测试工作，《体质标准》测试数据经当地教育行政部门按要求审核后，通过"中国学生体质健康网"上传至"国家学生体质健康标准数据管理系统"。测试和数据上传时间由教育行政部门确定。

《体质标准》既是锻炼标准，又是测定标准。《国家学生体质健康标准》的单项指标与权重如表8-1所示。

表 8-1　《国家学生体质健康标准》单项指标与权重一览表

| 测试对象 | 单项指标 | 权重（％） |
|---|---|---|
| 小学一年级至大学四年级 | 体重指数（BMI） | 15 |
| | 肺活量 | 15 |
| 小学一、二年级 | 50 米跑 | 20 |
| | 坐位体前屈 | 30 |
| | 1 分钟跳绳 | 20 |
| 小学三、四年级 | 50 米跑 | 20 |
| | 坐位体前屈 | 20 |
| | 1 分钟跳绳 | 20 |
| | 1 分钟仰卧起坐 | 10 |
| 小学五、六年级 | 50 米跑 | 20 |
| | 坐位体前屈 | 10 |
| | 1 分钟跳绳 | 10 |
| | 1 分钟仰卧起坐 | 20 |
| | 50 米×8 往返跑 | 10 |
| 初中、高中、大学各年级 | 50 米跑 | 20 |
| | 坐位体前屈 | 10 |
| | 立定跳远 | 10 |
| | 引体向上（男）/1 分钟仰卧起坐（女） | 10 |
| | 1 000 米跑（男）/800 米跑（女） | 20 |

2.《普通人群体育锻炼标准》

为适应广大人民群众日益增长的运动健身需求，努力构建面向大众的全民健身服务体系，激励和促进广大人民群众积极参加体育锻炼，全面提高全体人民的健康水平，从 2000 年开始，国家体育总局组织国内专家学者，经过两年多的调查研究，研制出《普通人群体育锻炼标准》。2003 年 5 月，国家体育总局、民政部等 8 部委联合印发《普通人群体育锻炼标准施行办法（试行）》。

根据施行办法的规定，我国《普通人群体育锻炼标准》是《国家体育锻炼标准》的重要组成部分，适用于 20~59 周岁的生理和心理健康的人群。施行办法规定，国家提倡各类人群按照《普通人群体育锻炼标准》的锻炼项目，积极参加体育锻炼，并每年至少参加一次达标测试。鼓励和提倡广大群众参加标准所列锻炼项目以外的其他科学、文明、健康的体育健身活动。

根据科学性、趣味性、实用性、可行性、统筹性等原则，在调查研究的基础上，《普通人群体育锻炼标准》选取了包括速度、力量、耐力、柔韧、灵敏在内的五大类锻炼和测试项目，男女各 23 项评价指标（表 8-2），并依据性别和年龄分为男女各 8 个组别。所选项目简便易行、适应性强，具有一定的针对性，既是锻炼项目，又是测试手段，一般群众可以根据自身的身体状况和条件，有选择地进行锻炼和参加测试。

表 8-2 不同年龄和性别人群的测试项目

| 性别 | 年龄（岁） | 测试项目 | | | | |
|---|---|---|---|---|---|---|
| | | 耐力 | 速度 | 柔韧 | 灵敏 | 力量 |
| 男 | 20~39 | 9分钟跑 1 500 米跑 5 分钟上下楼梯 | 25 米往返跑 30 秒跳绳 三点移动 | 持棍转肩 臂夹棍体 坐位体前屈 | 象限跳 左右横跨 曲线托球跑 | 仰卧起坐 双手前投实心球 原地纵跳摸高 |
| | 40~59 | 9分钟跑 3 000 米健身走 5 分钟上下楼梯 | 30 秒跳绳 两点侧滑 前后击掌 | 持棍转肩 臂夹棍体 坐位体前屈 | 左右横跨 绕杆跑 曲线托球跑 | 俯卧背伸 跪卧撑 双手前投实心球 |
| 女 | 20~39 | 9分钟跑 2 分钟跳绳 5 分钟上下楼梯 | 25 米往返跑 30 秒跳绳 三点移动 | 持棍转肩 臂夹棍体 坐位体前屈 | 象限跳 左右横跨 "8" 字变向跑 | 仰卧起坐 双手前投实心球 原地纵跳摸高 |

| 性别 | 年龄（岁） | 测试项目 | | | | |
|------|----------|--------|------|------|------|------|
| | | 耐力 | 速度 | 柔韧 | 灵敏 | 力量 |
| 女 | 40~59 | 9分钟跑<br>3 000米<br>健身走<br>5分钟上<br>下楼梯 | 30秒跳绳<br>两点侧滑<br>前后击掌 | 双手背勾<br>臂夹棍体<br>坐位体前<br>屈 | 左右横跨<br>绕杆跑<br>曲线托球<br>跑 | 俯卧背伸<br>仰卧举腿<br>双手前投<br>实心球 |

考虑到普通人群身体锻炼的均衡性，为促进锻炼者全面发展，并把达标活动与平时锻炼有机地结合起来，《普通人群体育锻炼标准》对锻炼效果的评定采用综合评价方法，即：总分＝各单项分之和＋均衡分＋平时锻炼分。

《普通人群体育锻炼标准施行办法》规定，国家体育总局负责全国的标准施行工作；地方各级体育行政部门负责本行政区域内的标准施行工作。国家农业、卫健委等部门和工会、共青团、妇联等社会团体在各自的职责范围内负责标准的施行工作。各行业体协在自己的职责范围内负责标准的施行工作。施行办法还具体规定了保障条件和奖励措施等内容。

## 二、国民体质测定与监测

### （一）国民体质测定与监测概述

1. 国民体质测定与监测释义

（1）国民体质测定：是依据体质测定与评价的理论和方法，选取受测者身体形态、机能、素质和运动能力的若干指标，按规范要求进行测定，然后根据相应的数学模型，对其体质状况加以综合定量评价。

在国民体质测定与评价体系中，要想获得科学合理、真实可信的结果，必须满足三个条件：一是所选择的体质指标必须合理有效；二是各项指标的权重必须合适；三是通过对大量样本的测试，建立起相应年龄、性别的体质评价的数学模型。

（2）国民体质监测：是国家为系统掌握国民体质状况，以抽样调查的方式，按照国家颁布的国民体质监测指标，在全国范围内定期对监测对象进行统一测试和对监测数据进行分析研究的工作。

体质监测与一般意义上的医疗体检不同，体质监测的目的在于帮助人们了解自己的身体素质状况总体结果和总体评价，为组织锻炼人员开展体育运动提供科学的依据。

国民体质监测主要目的：全面了解掌握我国国民体质现状和变化规律，充实完善国民体质监测系统和数据库，开发应用国民体质与健康监测大数据，配合完成《全民健身计划（2021—2025 年）》实施效果评估和研制，推进"健康中国"战略实施，为提高科学健身指导水平和全民健身公共服务能力、提高全体国民的身体素质和健康水平服务。

2. 实施国民体质测定与监测的历史沿革

体质测定与评价最早出现在 19 世纪末的美国，最初在学校中实施。1880—1900 年，特·萨特金制定的体力测验法在美国已相当普及。20 世纪上半期，美国频繁地修改体力测验标准。1975 年，美国健康、体育、娱乐与舞蹈联盟（现"美国健康和体育教育协会"）修改的体力测验标准在测验内容上，包括引体向上（女生用屈臂悬垂）、屈腿仰卧起坐、30×4 往返跑、立定跳远和 50 码跑等五项身体素质内容，并在年龄分组、评分标准上作了较大的调整。

日本多年来系统地积累青少年身体形态、机能和素质方面的材料，作为发展社会体育和衡量学校体育工作成绩的依据。1977 年，日本筑波大学公布日本 80 多年的国民体质调研材料，从中可以看出日本国民的体质状况呈逐渐上升的趋势。在苏联和东欧国家，也有相应的体质锻炼和测验标准，最为典型的例如苏联的《劳卫制》。

为了加强我国国民的体质测定工作，促进国民积极参加体育健身活动，提高劳动者素质，国家体委于 1994 年开始组织力量，进行部分人群体质测定标准的研制工作。在 1995 年正式实施的《全民健身计划纲要》中，专门规定了实施国民体质测定的内容。1996 年 7 月 2 日，国家体委正式发布《中国成年人体质测定标准施行办法（试行）》，使国民体质测定工作逐步在全国开展起来。在此基础上，从 2001 年起，国家体育总局先后组织有关专家，进行幼儿、儿童和老年人群的体质测定标准的研制。2002 年，国家体育总局制定完成了《国民体质测定标准》。2003 年 7 月 4 日，由国家体育总局、教育部、国家民委等 10 个部门共同颁布的《国民体质测定标准施行办法》正式施行，标志着我国的国民体质测定制度正式建立，并开始广泛实施。

我国的国民体质监测制度是在国民体质测试的基础上建立起来，并与国民体质测定制度同步实施的。从 1996 年开始，国家体育总局先后组织有关专家，经过总体设计、小范围实验和科学论证，于 1999 年研制出不同年龄阶段人群的监测指标体系，并于 2000 年在全国范围内正式进行国民体质监测。迄今为止，我国已进行 4 次覆盖全国 31 个省（自治区、直辖市）的国民体质监测，建立了中国国民体质监测数据库，掌握了我国国民体质基本变化规律，为国家科学制定发展群众体育事业、增强国民体质的相关政策提供了重要依据。国民体质监测结果已经成为制定和评估全民健身计划实施效果、评价"健康中国"战略实施成效的重要指标和数据来源。

3. 国民体质测定与监测的意义

我国定期进行国民体质测定与监测，有利于坚持党和国家发展体育事业的根本宗旨，体现了《中华人民共和国体育法》和《全民健身计划纲要》的基本要求，是我国群众体育事业朝着科学化方向迈进的具体体现，也是发挥体育对增强人民体质的积极作用的必然要求和有效手段。通过国民体质测定和监测工作，有助于了解国民的整体体质和健康状况，可为国家经济社会发展和全民健身运动提供科学的依据。

具体来说，开展国民体质测定与监测工作的意义在于：

（1）开展国民体质的测定与监测，有利于督促国民参加体育锻炼，提高国民健身锻炼的自觉性和积极性，科学地指导国民开展体育锻炼，不断增强国民体质，为社会的可持续发展提供可靠的人力资源保障。

（2）开展国民体质的测定与监测，可为政府有关部门（如工业、农业、国防、体育、教育、卫生和医疗等）的决策提供科学依据，并为国家统计局提供有关体育事业发展的数据。

（3）党和政府高度重视我国国民体质现状和变化规律，科学指导全民健身活动的开展，提高国民身体素质和健康水平，发挥体育对增强人民体质的积极作用的有效手段是坚持"以人民为中心"，贯彻落实《中华人民共和国体育法》和《全民健身计划纲要》，构建面向大众的体育服务体系的一项重要工作。

（4）开展国民体质的测定与监测，可为评价《全民健身计划纲要》实施效果及对其进行宏观管理提供有效的方法及技术保证。

（5）开展国民体质测定与监测是衡量全民健身运动成果和体育事业发展成就的重要标准；是满足社会发展需要，科学指导健身，使国民树立正确健身观的有效手段。通过监测科学地了解自身的体质现状和变化规律，能有效提高广大人民群众的身体素质和健康水平，为全民健身计划的实施提供科学依据。

**（二）国民体质测定与监测的基本内容**

1. 国民体质测定的基本内容

新版《国家体育锻炼标准》根据我国国民的年龄与性别特点，将 3～69 周岁公民按年龄分为幼儿、青少年、成年人和老年人，其中青少年实行《全国学生体质健康标准》。

新版《国家体育锻炼标准》对体质的评定分为单项指标评分和综合评定两方面，采用百分位数法制定。综合评定采用各单项指标得分等权相加的方式制定。测试项目包括身高、体重、肺活量、反应时、纵跳、俯卧撑、握力、坐位体前屈、台阶试验等（表 8-3）。

表 8-3　幼儿、成年人和老年人体质测定的评价指标

| 组别 测试指标 | 幼儿 3~6 岁 | 成年人 | | 老年人 |
|---|---|---|---|---|
| | | 20～39 岁 | 40～59 岁 | 60～69 岁 |
| 形态 | 身高体重 | 身高体重 | 身高体重 | 身高体重 |
| 机能 | | 肺活量 台阶试验 | 肺活量 台阶试验 | 肺活量 台阶试验 |
| 素质 | 10 米折返跑 立定跳远 网球掷远 双脚连续跳 坐位体前屈 走平衡木 | 握力 俯卧撑（男） 1 分钟仰卧起坐（女） 纵跳 坐位体前屈 选择反应时 闭眼单脚站立 | 握力 坐位体前屈 选择反应时 闭眼单脚站立 | 握力 坐位体前屈 选择反应时 闭眼单脚站立 |

新版《国家体育锻炼标准》的各个单项测定采用 5 分制评分法，同一年龄阶段评分标准相同。根据受测者全部项目测定的总分进行评定，分为一级

（优秀）、二级（良好）、三级（合格）。只有所测项目获得一定的分数，才能达到相应的标准。标准还对各项目制定了详细的测定规则和要求。从近年实施的情况来看，它作为贯彻《全民健身计划纲要》的重要举措，对于有效评价和提升我国民众的体质和健康水平，提高体育健身活动的科学性起着重要的作用，但在标准实施的软件和硬件条件方面仍需进一步改善。

2. 国民体质监测的基本内容

为保证国民体质监测工作定期有序进行，国家体育总局、全国总工会等11 个部门于 2001 年 2 月印发《国民体质监测工作规定》（以下简称《规定》）。《规定》确定的国民体质监测对象为 3~69 周岁的中国公民。按年龄分幼儿、儿童青少年、成年人和老年人四组。国民体质监测工作的任务是：对监测对象进行体质测试；建立国民体质数据库；统计与分析监测数据；公布监测结果，为相关工作决策和研究提供服务。为此，国家专门建立了由国家国民体质监测中心，省（自治区、直辖市）国民体质监测中心、市（区、县）国民体质监测中心和监测点构成的国民体质监测网络，同时决定每 5 年开展一次国民体质监测工作。国民体质监测结果由国家体育行政部门会同有关部门公布。2000 年起，我国已进行了 4 次大规模的国民体质测试，获得了大量反映我国国民体质状况的基本数据。

## 三、全民健身效果评价的程序

全民健身效果评价程序，是运用健身效果的评价方法，根据国家体育锻炼标准的内容及实施办法而采取的方式、步骤及过程。全民健身效果评价的程序应该包括以下几个步骤。

### （一）评价前的准备工作

1. 实施细则的制订

评价前制订的实施细则是依据《国家体育锻炼标准》，在确定体质评价指标和测试方法后，对实施测试过程进行的详细说明，使测试人员和被测试者在统一规范的测试过程中接受同样的信息。

实施细则包括的内容有：测试目的、测试内容、测试方法、测试仪器设备等。

实施细则说明应包括：测试日期、测试时间、测试顺序、记录评分方法和要求、测验的安全措施、注意事项、测试人员须知、受试者须知等。

2. 测试人员的培训与分工

体质测试工作是由测试人员根据拟定的测试方案，按照一定的操作程序来完成的。在实施测验前应对测试人员进行培训，保证测试质量。

对测试人员的培训一般从下列几个方面进行：（1）组织测试人员学习实施方案和实施细则，使测试人员对测试目的、测试任务、测试指标等有一个全面的了解，明确自己的职责，加强对测试工作的责任感。（2）熟悉测试内容、具体的操作方法及要求。培训时应根据测试人员的专业特长进行分工，尽量使测试人员发挥其专业特长，保证测试的准确性。（3）对测试人员进行必要的技术培训。使测试人员体会测试动作的难点和要点，加深对测试项目的理解。（4）统一测试评分的尺度，以减少测试人员评分的误差。

3. 测试仪器、场地布置和记录表格

正式测试前，应根据测试的要求准备好测试仪器的安装和校对、布置好场地及准备各种记录表格等。有条件的测试单位还应有备份，以便在测试仪器出现故障时及时更换。

4. 测验时间的估计

在正式测验前应初步估算每一单位时间内能测试人数，一般而言，应尽可能使同一批受试者在同一单位时间内测定，以保证测验环境的一致性，确保测试数据的可靠性积有效性。

（二）测试的实施及评价数据的收集

测试的实施是整个测试工作的关键所在，也是评价数据的收集过程。要想测试顺利、高效率地完成，除认真做好测试前的准备工作外，严密的现场组织是保证测试工作有条不紊、顺利完成的前提和基础。在测试的实施过程中，应做到以下几点：（1）测试人员按照实施细则规定的测试内容、方法、时间及顺序认真负责地组织实施测试。在测试的实施中，应注意提高测试工作的效率和质量，并保证测验各环节的畅通。（2）每个项目测试前，受试者应熟悉测试的指示、方法和要求。工作人员应让受试者做适于测试内容的专门性准备活动，使其达到最佳竞技状态，参加测试。（3）加强测试人员的责任感，随时注意检查场地，校正仪器设备，尽可能降低系统误差。测试时要按操作要求进行，做到规范化、标准化，数据记录做到清晰准确。

（三）对测试数据的分析与评价

测试结束后，要尽快地对测试数据进行整理、分析，以评价受试对象的健身效果，并根据预先设计的评价指标，按照测试目的撰写健身效果评价报告。

## 思考与练习

1. 为什么要进行全民健身效果的评价？

2. 全民健身效果的评价有哪些基本类型？

3. 简述《国家体育锻炼标准》的历史沿革、实施意义及基本内容。

4. 国民体质测定有何重要意义？它的基本内容是什么？

5. 简述全民健身效果的评价程序。

## 参考文献

[1] 于永慧. 健康中国：全民健身工作的评价指标体系研究 [J]. 体育与科学，2016，37（04）：71-76.

[2] 董新光. 关于全民健身体系的理论构架 [J]. 体育文化导刊，2005（05）：5-7.

[3] 裴立新. 论全面建设小康社会的全民健身体系 [J]. 中国体育科技，2003（06）：9-12.

[4] 董立. 全民健身体系结构与功能探析 [J]. 人民论坛，2010（17）：220-221.

[5] 张艺宏，何仲涛，徐峻华等. 国民体质监测与评价 [M]. 北京：科学出版社，2017.

# 第九章　全民健身与体育产业

>>> **本章导学** >>>

　　全民健身是激发体育市场活力和健身消费热情、提升全民健康水平、促进人的全面发展、推动体育产业发展及国民经济发展的重要手段。本章重点阐述了全民健身与体育产业的关系，梳理了全民健身消费的方式与内容，系统介绍了我国全民健身消费市场的特点和实际发展现状，阐述了全民健身背景下体育产业发展中的新业态、新模式以及新趋势。

>>> **学习目标** >>>

　　1. 了解全民健身与体育产业之间的关系，明确全民健身与体育产业协调发展的现实意义，理解全民健身与体育产业之间的协调动因关系，掌握全民健身计划实施的体育产业内容。

　　2. 掌握全民健身消费市场的形式与内容，明确全民健身消费的路径及发展趋势，了解全民健身体育活动的特点和现状，能够结合自身体验感受全民健身消费形式，明确全民健身消费的种类。

3. 了解全民健身产业的多融合与创新性的特点，掌握全民健身产业的结构类型，激发对体育产业的学习兴趣，能够合理运用体育产业相关知识来开发全民健身与体育产业的消费市场。

2019 年 9 月，国务院办公厅印发的《关于促进全民健身和体育消费推动体育产业高质量发展的意见》中指出，体育产业在满足人民美好生活需要方面发挥着不可替代的作用。本章主要介绍全民健身与体育产业协同发展的供需关系。在新形势下，要强化体育产业要素保障，激发市场活力和消费热情，推动体育产业成为国民经济支柱性产业，积极实施全民健身行动，让经常参加体育锻炼成为国民的一种生活方式。

## 第一节　全民健身与体育产业的关系

全民健身在推进健康中国建设，实现个人幸福生活以及提升民族身体素质与健康等方面发挥着积极作用。全民健身是体育产业发展和扩大消费的重要基础。健身消费能壮大体育产业的规模，优化体育产业的结构。而体育产业能为全民健身提供必要的物质条件，促进全民健身的深入开展。遵循全民健身与体育产业协同发展的客观规律，解决人民群众日益增长的健身多元化消费需求与供给不足、不充分的现实问题，是推动全民健身高质量发展的必由之路。

### 一、全民健身和体育产业具有协同发展的关系

#### （一）全民健身是体育产业发展的基础

全民健身是全体人民增强体质、健康生活的基础和保障，没有全民健康就没有全面小康，人民身体健康是获得个人成长和实现幸福生活的重要基础。全民健身能为体育产业创造巨大的体育消费群体。当前，人们对与健康息息相关的行业的需求逐年上升，人们对体育消费的需求也日益旺盛。全民健身属于需求侧，能释放消费潜力，推动体育产业发展。从消费者需求来看，人民收入水平的提高为健身休闲产业市场提供了经济基础。全民健身消费者的消费形式也由传统型体育消费，如跑步、游泳、羽毛球、篮球等逐渐向新型时尚运动项目拓展，冰雪运动、水上运动、山地户外健身休闲项目等越来越受大众欢迎。体育消费结构逐渐优化，许多健身爱好者由物质型消费向服务型消费升级。政府也积极通过市场来激活全民健身的运行机制，引入和调动更多资源推动全民健身，保障公民基本公共体育服务的

落实。

## （二）体育产业是全民健身发展的物质保障

体育产业以健身休闲活动和体育竞赛表演活动为核心，健身休闲产业是全民参与体育最直接的领域，是全民健身发展的重要动力。体育产业为全民健身提供了必要的物质保障，不断满足大众多元化的健身休闲需求，提升消费者的获得感和幸福感，促进全民健身消费朝着个性化、品质化方向发展。据国家体育总局数据显示，近年来，我国体育产业总规模持续增长，2018年全国体育产业总规模 2.7 万亿元，2020 年体育产业总规模超过了 3 万亿元，预计到 2030 年将达到 5 万亿元。其中与全民健身消费密切相关的体育服务业在体育产业中的占比预计可达 40%，虽然新冠肺炎疫情对全球体育产业带来了巨大影响，但也让国民更加重视健康，认识到通过体育锻炼能够提高自身免疫力，以此带动居家健身产业的发展。现阶段，与全民健身消费需求相关的体育用品需求强、满足程度高，而大众健身、中介服务、体育培训等体育服务性需求满足程度较低。因此，要满足大众日益增长的健身消费多元化需求，必须大力发展体育服务业。

## （三）体育消费市场是全民健身与体育产业的纽带

体育消费市场是全民健身与体育产业协同发展的桥梁和纽带，能促进二者共同发展，目前我国已具备体育产业与全民健身发展的条件。在体育消费市场中，体育健身娱乐业、体育场地服务业、体育培训业的发展潜力持续释放。体育消费市场日益呈现出规范有序的状态，城市马拉松、健身跑、极限运动等群众喜闻乐见的项目发展呈现出"井喷"之势，拓宽了休闲健身消费市场。全民健身消费需要市场提供多元化、个性化的健身服务和相关产品。体育产业是关联性较强的产业部门之一，而多层次、多样化体育健身服务和产品能不断刺激体育消费，产生市场集聚效应，逐步扩大体育消费市场的规模并带动投资热潮。在体育消费市场中，影响体育市场需求的因素主要包括消费者收入水平、消费者偏好、体育市场规模、体育产品价格等，影响体育市场供给的因素有生产成本、技术水平、生产者预期、宏观政策等。全民健身和体育产业是具有协同共生性质的供需双方，可从供需两侧发力，刺激二者协调发展。

## 二、全民健身与体育产业协同发展的动因

### （一）全民健身与体育产业协同发展的政策支持

2014 年，国务院印发的《关于加快发展体育产业促进体育消费的若干意见》提出要加快体育产业布局，将体育产业列为促进国民经济增长的重要一环。要求进一步满足并刺激人民群众对体育的消费需求，明确将全民健身上升为国家战略，表明国家对全民身体素质提升的高度重视。2016 年，《"健康中国 2030"规划纲要》明确提出，到 2030 年，我国主要健康指标进入高收入国家行列，要提高全民身体素质，广泛开展全民健身运动，加强体医融合和非医疗健康干预，促进重点人群体育活动。2016 年，《国务院办公厅关于加快发展健身休闲产业的指导意见》也明确提出推进健身休闲产业供给侧结构性改革，不断满足大众多层次、多样化的健身休闲需求，重点支持消费引领性强的健身休闲项目发展，明确提出全国体育消费总规模达到 1.5 万亿元的主要目标。2019 年，国务院办公厅《关于促进全民健身和体育消费推动体育产业高质量发展的意见》提出要研判全民健身和体育消费发展的大趋势，促进体育消费和提高体育服务业的比重。在国家一系列政策的推动下，我国体育产业发展持续向好，取得了显著成效，形成国家引导、部门协同、地方落实的政策环境。各级政府纷纷以新发展理念为指导，对全民健身和体育产业发展作出了全面规划，成为推动消费升级的动力。

借助北京 2022 年冬奥会、体育"十四五"发展规划、"健康中国"战略、构建体育公共服务体系等契机，我国居民的体育消费和健身需求不断增长。"通过全民健身实现全民健康"是新时代全民健身工作的根本方针。政府在保障群众全民健身基本公共服务的基础上，对群众差异化的健身需求，应充分发挥市场在资源配置中的决定性作用，通过推动健身休闲市场营商环境优化、鼓励健身休闲企业创新发展、优化要素保障等措施，推动健身休闲产业高质量发展，激发健身消费活力，使那些不愿享受无差别健身服务的群众，能在自愿多付费的前提下进行选择，享受更多更优质的健身服务。在国家政策的推动下，体育消费市场日益丰富的体育健身产品以及服务供给，将满足大众体育健身多样化的需求，而大众体育消费需求的增长又将为体育产业的发展提供更广阔的市场空间。

### （二）解决体育消费市场供需不平衡的矛盾

"十四五"时期，我国依然存在人民群众日益增长的多元化体育需求与体育供给不足的突出矛盾。从体育消费市场需求侧来看，体育场地设施不足、数量不多、功能不全，成为制约全民健身活动开展的突出问题。从体育消费市场供给情况看，健身指导、场馆服务、赛事观赏等体育消费产品供给失衡，难以满足城乡居民高层次的体育消费需求。要通过提高居民收入、培养消费意识、增强体育技能、挖掘闲暇时间等，实现对体育需求潜力的激发，有效扩大体育消费的内在需求。

全民健身是覆盖全体公民并伴随每个人生命全周期的体育形态。由于我国人口众多，加上区域、城乡发展水平差异大，全民健身不仅需要政府和社会组织力量驱动，还应结合中高端大众体育健身需求找到合理的市场对价机制和渠道，让更多有个性化需求的消费者去享受市场服务，从而既为普通民众特别是为社会弱势群体更好地享受政府提供的基本公共体育服务节约资源，又为有较高消费需求的健身爱好者提供多样化、个性化的体育健身需求。有效释放市场能量，可以给我国全民健身的发展带来更强的活力、更大的空间。

合理的供需结构是全民健身和体育产业协同发展的重要驱动力量。多元化的体育消费产品和服务，不仅有利于调动大众健身消费的积极性，而且能有效扩大健身消费人群的辐射面。

### （三）供给侧结构性改革的现实需要

我国经济已由高速增长阶段转向高质量发展阶段，体育产业作为国民经济的新兴产业，也要实现高质量发展。国民素质的提高是社会发展的内在要求，国民体质的提高离不开体育消费需求的满足，要满足国民体育消费需求就需要按照我国经济社会发展不同阶段的新特点、新变化，提供与之匹配的体育服务。健身服务、体育用品、竞赛表演等业态具有拉动体育消费的能力，在此发展过程中，全民健身与体育产业发展有助于实现同步发展态势。

推进体育产业供给侧改革，能够提高体育有效供给，引导大众增加体育消费，以适应新时代经济高质量发展的需要。推进体育产业供给侧改革，可从提高体育供给质量、优化体育产业结构、助推消费结构升级等方面展开。

## 三、全民健身与体育产业协同发展的现实意义

全民健身与体育产业协同发展具有合理性与必要性，对于优化体育产业结构、推动体育产业转型升级、缓解全民健身消费资源相对不足的困境、满足人民群众多样化多层次的体育消费需求具有重要的现实意义。

### （一）有助于推动国民形成投资健康的消费理念

全民健身是为了提高全民的健康素质或健康水平，提升人民的生活质量和生命质量。全民科学健身需要既懂得运动人体科学及医疗卫生知识，又具备运动锻炼指导能力的专业人员，能够根据民众的个体差异，科学地制订运动处方。《"健康中国 2030"规划纲要》中要求要推动形成体医结合的疾病管理与健康服务模式，发挥全民健身在健康促进、慢病预防和康复等方面的积极作用。推动全民健身与全民健康深度融合是提高人民身体素质和健康水平的重要举措，是"体医结合"的升华，是推动全民健身向全民科学健身发展的跨越。

人的需求是向高层次不断发展的。随着社会的进步，人们的需求越来越高并且越来越多元化。拥有健康、享受美好人生一直是人类永恒的追求，体育锻炼可以提高生命质量，减少医疗开支，是实现全民健康最积极、最有效、最经济的手段。现如今，大街小巷健身热潮涌动，不断扩大的参与人群印证着体育运动的强大吸引力，如火如荼的健身行动记录着健身融入生活的时代风貌，"运动让生活更美好""运动是健康的源泉""我运动、我健康、我快乐""运动与生命同在，健康与快乐永存"等理念已深入人心。

树立科学健身理念，形成健康生活方式，是每个公民追求幸福生活的权利。营造全民健身环境的最终目的是实现全民健身融入国家的社会和经济发展，使全体公民共享改革与发展的成果。

### （二）有助于推动体育消费结构升级

体育消费需求是人们参与体育消费行为的动因。促进体育消费需要引导广大民众改变既有消费观念，树立"崇尚健康、珍爱生命"的价值观，在此基础上通过提供优质的产品和多元化的服务，激发民众的消费欲望。目前我国居民体育消费观念已由"实物型消费"为主向"体验型消费"为主转变，更加注重质的提升，更加注重服务型消费。消费者在体育服务消费过程中开始关注服务质量、消费环境等附加服务带来的身体体验和心理感受。

健身休闲产业是以体育运动为载体、以参与体验为主要形式、以促进身心健康为目的，向大众提供相关产品和服务的一系列经济活动。健身休闲产业是社会公众参与体育最直接的领域，是体育服务业的核心和基础。体育消费需求对体育产业尤其是体育服务业的发展具有牵引作用。在消费升级的背景下，以健身、娱乐和观赏为主的体育服务消费成为新的消费热点，逐渐呈现规模化的发展趋势。

### （三）有助于推动体育服务业高质量发展

居民的消费升级对体育服务业提出了更高的要求，需要体育消费市场提供更高质量的体育服务产品。

《国务院关于加快发展体育产业促进体育消费的若干意见》提出，优化体育产业结构，促进产业融合发展，大力培育健身休闲、竞赛表演、场馆服务、中介培训等体育服务业，打造一批优质、精品的体育俱乐部、场馆和赛事，营造良好的健身氛围。在这一政策指引下，社会资本纷纷进入体育产业，通过建立完善的体育服务业体系，有效满足了消费者不断增长的消费需求，助推了体育服务业高质量发展。

## 第二节 全民健身与体育消费市场

近年来，体育产业在适应经济发展新常态，推进供给侧结构性改革中发挥越来越重要的作用。国务院《全民健身计划（2021—2025 年）》的颁布让体育消费市场前景、体育消费市场如何转型升级等问题成为业界关注的焦点，这将给体育产业带来巨大商机，同时快速促进全民健身的繁荣发展。全民健身消费市场的形式与内容主要包括以下几个方面：

### 一、健身休闲市场

健身休闲市场是以增进健康、增强体质、陶冶情操、愉悦身心为目的的体育市场。

健身休闲市场在发达国家是体育产业中效益最好、规模最大的一个市场，特别是在大众体育健身娱乐活动日益普及与社会化发展进程的推动下，该行业已成为世界上许多国家体育产业的支柱行业。例如在美国，纯商业化运作的健身休闲娱乐企业就有 1.33 万家，以会员方式成为这些企业固定消费者的人数高达 1 100 万人。在美国，从事健身休闲业的企业大多具有相当大的规模，并开展多样化、集团化和连锁式经营。健身休闲市场的大规模发展和大众体育消费水平的大幅提高，给各国健身休闲企业带来了可观的经济效益。由于体育健身娱乐与大众身心健康关系最为直接，因而有许多国内外行业相关人士认为，健身休闲市场将成为今后一段时间各国体育产业的最大市场。

我国的健身休闲产业起步较晚，健身休闲产业的有效供给不足体现在人均体育场地面积不足、健身休闲项目产业发展水平不高、体育产品种类不丰富等方面。具体来说，一是人均体育场地面积不足。截至 2019 年年底，全国体育场地达 354.44 万个，体育场地面积达 29.17 亿平方米，人均体育场地面积 2.08 平方米。相较于其他国家，美国的人均体育场地面积为 16 平方米，日本的人均体育场地面积达 19 平方米。现阶段，我国公共健身场馆开放程度较低，开放时间受限，体育资源有效供给不足，不仅不利于提高我国居民参与体育健身的积极性，也不利于体育产业的持续快速发展。二是健身休闲项目产业发展水平不高。目前，篮球、足球等项目产业的市场化发展程度较好，据 2019 年全国体育场地统计调查数据，全国篮球场地是数量最多的体育场地。足球、篮球、排球场地共计 116.78 万个，占到全国球类运动场地的 52.05%，为项目发展提供了充足的物质保障。而时尚休闲类项目如冰雪运动的大众化市场、山地户外运动的开拓、水上休闲体育项目的发展等还有很大的发展空间。三是当前我国体育产品种类不够丰富，体育服务质量不高，产品竞争力不强，不能很好地满足大众体育消费需求。总体上看，我国健身休闲产业有效供给不足，制约了体育产业的高质量发展。

## 二、体育培训市场

体育培训市场是以体育运动技术或某一项目的技术指导为商品并提供相关服务的场所。如果说体育健身休闲市场的主要对象是成年人，那么体育培训市场的目标群体还包括了广大儿童、青少年，即为满足广大儿童、青少年身体锻炼和学习运动技能而提供的相应服务。因此，体育培训市场的服务是全方位、多层次的，既包括大众体育健身技术指导、咨询等，又包括对各种体育专门人才如教练员、运动员、体育教师、体育科研人员和其他各类人才的培训。

目前，体育培训市场主要有两种类型。第一类是体育运动技术培训，主要包括青少年的技术技能培训、大众体育健身技术辅导等，是以各运动项目技术指导为商品，为满足不同消费群体和不同年龄群体在学习运动技术或锻炼身体等方面的需求而形成的一种专门的服务行业。第二类主要以体育知识培训为主，是体育专业人才的培训，比如教练员培训、裁判员培训等。这类培训场所相对固定，有严格的教学内容要求，有较好的教学条件和较高水平的师资，其性质相当于对社会所需的体育专业人员进行的岗前培训或上岗培训。

在西方国家，体育培训是一个成熟且覆盖面较广的市场。国外青少年体育技术技能的掌握或在某一运动项目上成绩的提高，大多是通过参与学校或社区体育俱乐部的训练而获得的。以体育培训为内容的机构组织和俱乐部遍布全国，不少著名运动员在退役后也加入体育培训行业之中。如曾在奥运会上获得 9 枚金牌的美国著名运动员刘易斯退役后就创办了以他名字命名的"未来之星训练营"，专门从事儿童青少年的体育技术技能培训。

随着我国"双减"政策的提出以及教育部印发的《关于进一步明确义务教育阶段校外培训学科类和非学科类范围的通知》，体育、艺术以及综合实践活动等按非学科类进行管理，可以在寒暑假、周末等时间组织培训。这无疑给体育培训产业打了一针"强心剂"。

对于体育培训市场的发展，政府行政部门应重点优先发展能最大限度提高全民身体素质，为大多数人谋福利的俱乐部，这主要是指青少年俱乐部和群众健身俱乐部，无论是以社团形式存在，或者以民办非企业形式存在，还是以企业形式存在，都要采取积极鼓励、大力扶持政策，促其快速、健康发展。通过青少年体育俱乐部和体育培训中心在青少年中的普及，一方面可以教授他们体育技能，从小培养良好的锻炼习惯，使体育运动成为人们的终身爱好，提高全民身体素质；另一方面，通过这一形式能发现和培养更多的竞技运动后备人才。此外，吸引更多青少年的参与还可拉动体育消费，不仅可获得一定的经济效益，对促进市场发展起到积极的作用，而且也能取得良好的社会效益。

近年来，随着我国群众体育的社会化、市场化和竞技体育的职业化、俱乐部化进程的加快，社会上对各种形式的体育项目培训需求加大，体育培训市场也有了较快的发展。由于需求的不断增长，参与体育培训的个人、机构和单位增多，规模也明显扩大，我国体育技术培训市场已经形成全社会共同参与的局面。

### 三、体育旅游市场

体育旅游是旅游与体育的结合，是体育资源和旅游资源的互补。近几十年来，世界旅游业快速发展。体育旅游作为现代人生活方式之一，已在世界许多国家得以开发和利用。在欧美国家，人们喜爱的高山滑雪、徒步登山以及攀崖、漂流、探险等项目，都是体育运动与旅游结合的产物。在亚洲，日本和韩国的许多旅游点也设有相应的体育娱乐项目和设施。我国目前城市旅游资源较为丰富，但与旅游业发达国家相比，我国的旅游产品缺乏特色，多为传统观光型旅游产品，而现代旅游市场所需要的休闲旅游、专项旅游等特色旅游产品还没有得到足够的重视与开发，传统型产品结构在一定程度上影响我国体育旅游业的快速发展。加快体育旅游业开发对优化旅游市场结构、提高市场竞争力可起到有力的带动作用。

体育旅游是体育产业中一个重要的行业。把体育融入旅游中或在旅游中加入体育的特色，有很大的发展前景。把旅游与体育相结合，开展以体育为吸引物的旅游消费活动，通过招商引资以及其他经济活动，不仅可使旅游业和体育产业共同发展，同时对我国全民健身计划和奥运争光计划的落实也起到推动作用。

开发体育旅游对我国有着重要的现实意义。自提出西部大开发战略以来，西部各省（自治区、直辖市）大多将发展旅游业作为当地新的经济增长点或重点发展的行业。体育本身也应是一种重要的旅游资源，结合当地的地理位置、气候特点和自然条件，在时空上充分挖掘体育旅游资源，对各地体育市场的扩展和旅游业的发展都具有积极的意义。在体育与旅游的结合或开发体育旅游市场时，必须注意自然环境和生态保护，市场开发决不能以损害、牺牲自然环境与生态平衡为代价。

### 四、体育用品市场

体育用品市场泛指具有社会体育特点的消费品市场。体育用品作为开展群众性体育活动的基本物质条件，是大众体育消费中重要的一环。广大消费者对各种体育用品的消费需求，是体育用品市场发展的根本动力。

在一些国家和地区，体育用品市场的发展已形成较大规模。如在 20 世纪末的美国，体育用品的销售额每年均在 400 亿美元以上；20 世纪 80 年代末，日本体育用品市场年销售额为 1.6 万亿日元；1995 年，法国体育用品市场销售额超过 310 亿法郎，欧洲其他国家体育用品的销售情况也相当可观。

随着我国社会主义市场经济体制的确立，我国体育用品业从小到大、从计划到市场、从研制到创新、从自给自足到进入国际市场，取得了令人瞩目的成就，我国已成为世界上最大的体育用品加工基地。2019 年 8 月，国务院办公厅印发《体育强国建设纲要》，支持体育用品研发设计、生产制造和示范应用，引导企业加大自主研发和科技成果转化力度，开发科技含量高、拥有自主知识产权的产品。

根据国家统计局与国家体育总局发布的《体育产业统计分类（2019年）》，体育相关用品和设备制造包括运动鞋服及体育场馆用品设备制造。从细分产品营收结构来看，专项体育器材和健身器材在我国体育用品行业的需求占比过半。2020 年，我国专项体育器材及配件制造业营业收入为434.95 亿元，同比增长 4.10%，占体育用品制造业营业总收入的 32.45%，占比最大。我国体育用品行业市场供需情况基本处于平衡状态。在体育器材、一般体育用品方面，国内生产企业基本能够满足中国市场的需求量，但是在运动鞋服以及部分户外用品方面，国外企业生产的产品的市场占有率仍然较高。

## ⇨ 五、竞赛表演市场

竞赛表演市场泛指体育竞赛表演活动的消费市场。体育竞赛表演活动大致可分为两类情况，一类是指职业体育竞赛表演活动，如商业化、市场化的职业体育赛事活动的组织、宣传、训练以及职业俱乐部和运动员的展示、交流等活动，包括足球、篮球、排球、乒乓球、羽毛球、拳击、马拉松、围棋、电子竞技等运动项目。另一类是指非职业体育竞赛表演活动，包括非职业化的专业或业余运动项目的比赛、训练、辅导、管理、宣传、运动员交流等活动以及赛事承办者和相应推广机构等组织的活动。

竞赛表演活动也是一种群众性赛事，最典型的例如近几年十分火爆的马拉松赛事。2003 年的厦门国际马拉松赛是我国竞赛体制改革后,厦门市举办的规模最大的一项国际体育赛事。该赛事采用市场化运作模式,通过群众性竞赛表演带动全民健身消费,对当地的餐饮、住宿、批发零售贸易、交通、旅游、通信及其他行业都有非常大的推动作用。所以,体育竞赛表演业的发展能够为社会提供众多的就业机会,刺激和拉动内需,有利于推动体育产业发展,对改善人民生活方式,提高人们生活质量都具有重要意义。

从体育产业发展的视角和统计数据来看,我国体育竞赛表演业到 2025 年总规模将达到 2 万亿元,基本形成产品丰富、结构合理、基础扎实、发展均衡的产业体系。未来,我国将建设若干具有较大影响力的体育赛事城市和体育竞赛表演产业集聚区,推出 100 项具有较大知名度的体育精品赛事,打造 100 个具有自主知识产权的体育竞赛表演品牌,培育一批具有较强市场竞争力的体育竞赛表演企业,使得体育竞赛表演产业成为推动经济社会持续发展的重要力量。

## 六、互联网+体育消费市场

互联网+体育消费指互联网时代,人们通过线上购买健身消费指导服务的一种体育健身消费行为。关于互联网+体育消费者行为的概念,目前学术界也未对此有明确的界定,美国市场营销协会把消费者行为定义为:"感知、认知、行为以及环境因素的动态互动过程,是人类履行生活中交易职能的行为基础。"《网络消费者行为》一书中指出,现有论著大多是从狭义的视角研究消费者行为,即消费者为获取、使用、处置消费物品和服务所采取的各种行动,包括先于且决定这些行动的决策过程。目前大多数学者认为"互联网+体育消费"的定义为:个人、群体或组织以互联网为工具,为满足体育需求,在一定主客观条件的限制和体育价值观、消费价值观的指导下,产生消费动机、收集体育产品信息、购买体育产品并进行售后评价等的一个动态过程,是一种情感体验与互动的过程。

互联网+体育消费的类型主要有:实物类消费、信息类消费、参与性消费、劳务性消费等。整个消费结构中以信息类消费和实物类消费为主。互联网+体育消费的动机,以节省时间、操作简单、节省费用为主,获取信息快捷,且消费价格公开。这种在线体育消费可以实现消费者行为的主动性及互动性,实现消费群体自身效用的递增。

当前，互联网+体育消费需求的升级反映出我国大众消费水平的整体提升，能够引领和带动体育服务业的发展。"十四五"时期，伴随着我国体育供给侧结构性改革的不断深入和健康中国、全民健身国家战略的全面实施，体育消费需求将从实物型消费向参与型和观赏型消费拓展，这将为体育服务业的发展提供重要的发展机遇。

互联网+体育消费是一种崭新的体育营销模式，与一般的网络购物相比有共性，同时也有其自身独有的特点。从互联网+体育消费动机与顾虑的模型运算情况分析来看，互联网+体育消费的服务质量还有待提高，消费者比较看重互联网+体育消费的信息性，对产品质量的关注度不如其他因子高。同时，互联网+体育消费者追求的是方便性、快捷性、娱乐性等。动机因子可以让互联网+体育销售商有效地区分最优购买者和进行产品定位，以建立相应的网站功能和内容满足网络消费者的专门需要。

## 第三节　全民健身背景下体育产业的发展历程与趋势

### 一、我国体育产业发展的历程

我国体育产业发展起步于改革开放，于 20 世纪 90 年代初具规模，进入 21 世纪后特别是 2008 年北京奥运会后进入全面快速增长阶段。

我国体育产业起步的标志性事件是 1980 年举办的广州网球精英赛，这是我国第一次举办职业网球赛事。20 世纪 90 年代，我国开始进行体育体制改革。1992 年，"红山口会议"确定了我国以足球项目为突破口，以体制改革和机制转换为核心，以实体化、俱乐部和产业开发为重点的竞技体育体制转换改革。先后有 10 余支省级足球队与企业联合建立俱乐部，由社会力量赞助和支持的专业球队开启了我国竞技体育市场化先河。中国足球职业联赛全国甲级队 A 组联赛（简称"甲 A 联赛"）的观众从 1994 年的 217 万人次增加至 1996 年的 320.08 万人次，即从 1994 年平均每场比赛观众约 1.6 万人增加至 1996 年的 2.4 万人以上。

2008 年北京奥运会举办后，我国体育事业发展的重心由竞技体育向社会体育转变，体育资源也逐渐向全民健身倾斜，体育产业的发展获得空前机遇。2014 年，国务院印发《关于加快发展体育产业促进体育消费的若干意见》，提出到 2025 年体育产业总规模达到 5 万亿元的目标。2008 年，我国体育产业总规模为 4 628 亿元，实现增加值 1 554.7 亿元；2016 年，体育产业总规模为 19 011.3 亿元，实现增加值 6 474.8 亿元；与 2008 年相比，2016 年体育产业总规模涨幅达 310.8%，年均增长率为 19.3%。2020 年，我国体育产业总规模为 27 372 亿元，增加值 10 735 亿元。

21 世纪，我国体育产业快速发展，取得了一系列成就。体育产业规模增长迅猛，凸显出体育产业作为国民经济新兴产业的巨大潜力。我国体育产业形成以竞赛表演、健身休闲为引领，体育场馆服务、体育培训、体育用品制造等共同发展的产业体系。国有体育产业集团数量稳步增长，民营体育企业迅速崛起，各类体育产业创新创业平台不断出现，体育产业主体合力逐渐形成。体育服务业服务水平不断提升，体育制造业转型升级，体育与大数据、互联网、物联网、人工智能等技术的融合程度不断加深，消费者运动休闲体验全面提升。

## 二、我国体育产业发展的趋势

### （一）可持续的生态体育观念深入人心

国外体育产业的发展进程表明，以高能耗、高污染为代价的粗放型不可持续的发展方式所带来的是对环境的破坏、对资源的过度开发，最终会危及人类的生存与发展。1972 年，"联合国人类环境会议"上正式确立了可持续发展的理念，生态体育的理念逐渐盛行，体育旅游和户外运动逐渐盛行。我国的体育用品制造业已经走过了技术积累的初始阶段，技术水平和整体竞争力大大提升，开始走出国门、走向世界，更注重产品的高附加值和技术含量。

### （二）体育消费改变家庭消费结构

国家体育总局发布的《2014 年全民健身活动状况调查公报》显示，39.9%的人有过体育消费，全年人均体育消费为 926 元，较 2013 年的 645 元增加了 43.57%。近年来，我国居民体育消费增长迅速，但在家庭消费结构中占比偏低，尚有较大提升空间。青少年是体育消费的主力军，近几年，体育培训市场十分火爆。老龄化进程的加快决定了我国老年人消费群体的不断壮大，消费潜力巨大。今后，我国在引导老年人积极参与全民健身活动的同时，要鼓励他们改变消费观念，把更多资源投入康养产业和体育休闲消费。随着人民生活水平的不断提高和余暇时间的增多，体育休闲将成为生活常态，人们对高质量体育用品、个性化的体育服务和特色体育休闲旅游的需求将成为体育消费新的趋势。

### （三）多产业融合成为大势所趋

产业融合是产业发展过程中产业结构调整或产业升级的必然选择，通过产业的渗透、交叉或重组实现产业增长。全民健身战略为多产业融合提供了很好的契机并加速融合进程，积极推动传统产业的转型升级，提升相关产业的竞争力，并在区域经济一体化过程中发挥重要作用。体育产业市场潜力巨大，产业规模增长迅速，许多企业看到了其中蕴含的无限商机，纷纷跨界入局。"体育+"与"互联网+""AI+"等新业态融合加速，围绕全民健身和体育产业，新的产业链和产业生态即将成型。

### （四）体育产业智能化势不可挡

在互联网、大数据和人工智能等技术的支持下，满足人们个性化需求的智能化产品层出不穷。体育产业智能化涉及体育建筑、体育场馆管理、体育场地设施、体育用品、体质监测、体育在线服务、体育赛事传播等各个方面。特别是新冠肺炎疫情暴发后，直播健身、线上培训和网络赛事等成为常态。体育产业智能化为全民健身带来健身参与形式、休闲体验方式、赛事组织管理、赛事转播的深度变革，成为推动体育产业发展的加速器。

### 思考与练习

1. 全民健身与体育产业的关系是什么？

2. 一些国家和地区的体育产业发展对我国体育产业的发展有哪些可以借鉴的经验？

3. 全民健身消费市场的形式与内容主要包括哪几个方面？

4. 全民健身体育产业未来发展的趋势主要表现在哪些方面？

### 参考文献

［1］国务院.全民健身计划（2021—2025 年）［EB/OL］.http://www.

gov.cn/xinwen/2021-08/03/content_5629234.htm.

[2] 国家体育总局. 关于进一步加强体育赛事活动安全监管服务的意见 [EB/OL]. http://www.gov.cn/xinwen/2021-07/06/content-5622734.htm.

[3] 刘琨. 全民健身与体育产业协同发展的现实困境与政策选择 [J]. 西安体育学院学报，2020，37（4）：465-469.

[4] 骆秉全. 体育经济学概论 [M]. 北京：高等教育出版社，2016.

[5] 邹昀瑾，姚芳虹，王东敏. 新时代体育健身休闲业供需协调与高质量发展研究 [J]. 北京体育大学学报，2020，43（7）：14-24.

[6] 黄海燕，朱启莹. 中国体育消费发展：现状特征与未来展望 [J]. 体育科学，2019，39（10）11-20.

[7] 李颖川. 体育蓝皮书：中国体育产业发展报告 [M]. 北京：社会科学文献出版社，2021.

# 第十章　全民健身与体医融合

>>> **本章导学** >>>

全民健身与体医融合既是实现健康中国战略目标的重要抓手，也是实现体育强国的重要载体。同时，全民健身与体医融合既相对独立又密不可分。本章重点阐述了全民健身与体医融合的发展现状，梳理了当前我国体医融合开展的主要形式，分析了国外体医融合的做法及对我国的启示，并对体医融合健身指导方案的制订进行了系统介绍。

>>> **学习目标** >>>

1. 理解体医融合的内涵与核心要义，掌握当前我国开展体医融合的各种形式及内容。

2. 找出国外体医融合的做法对我国体医融合与全民健身工作的启示。

3. 掌握体医融合健身指导方案制订的基本要求，学会针对不同群体开具体医融合健身指导方案或运动处方。

## 第一节　体医融合概述

近几年，我国提出了促进体育和医疗卫生行业的融合。2016年，中共中央、国务院印发的《"健康中国2030"规划纲要》中明确提出，要加强体医融合和非医疗健康干预，推动形成体医结合的疾病管理与健康服务模式。《中华人民共和国国民经济和社会发展第十四个五年规划和2035年远景目标纲要》把"推动健康关口前移，深化体医融合"放在了建设健康中国、体育强国的突出位置。

### 一、我国体医融合发展的时代背景

研究证明，亚健康已经成为全球引起人类死亡的主要危险因素。数据显示，目前我国慢性病患者已超过3亿人，同时，以肥胖、糖尿病、高血压等为主的慢性病已呈现年轻化发展趋势，严重影响了我国居民的生活质量和身体健康。我国将公共卫生工作的重点从治疗转向预防，这决定了体育锻炼配合健康生活方式的新型健康管理模式将在未来的全民健康进程中占据重要位置。美国运动流行病学专家斯蒂芬·布莱尔（Steven Blair）研究指出：体力活动不足将成为21世纪最大的公共卫生问题。近年来，越来越多的学术研究发现包括心血管疾病、糖尿病和肿瘤在内的很多慢性疾病，都与缺乏运动或者运动不足有关。习近平在全国卫生与健康大会上的讲话中指出，健康是促进人的全面发展的必然要求，是经济社会发展的基础条件，是民族昌盛和国家富强的重要标志，也是广大人民群众的共同追求。树立"大健康"理念，推动健康事业与健康产业有机衔接，促进全民健身和全民健康深度融合，是健康中国建设的要求和必由之路。

研究证明，形成健康的体育生活方式是防治慢性疾病的最佳手段之一。通过运动可提高心肌利用氧的能力，促进侧支循环形成，增加心肌供氧量，降低冠心病的威胁；如肥胖问题是严重影响人类生活的一种疾病，其病因复杂，涉及生理因素和遗传因素等。控制肥胖的手段有很多，但运动是一种安全合理的手段。美国运动医学学会前主席、印第安纳大学教授詹姆斯·斯金纳的研究指出："对于很多慢性病来说，合理运动就是最好的药物。"有研究证实，久坐和运动不足是导致人体健康出现问题和增加患病概率的重要因素，经常参加体育活动可以明显降低患病率和死亡率。在我国，为期30年的"大庆研究"发现，包括运动干预在内的生活方式干预促使糖耐量受损患者糖尿病的累计发生率、糖尿病并发症、心血管疾病风险及发病率显著下降。

研究证明，个体健康的生活方式要从生命初期开始培养，然后在生命周期过程中加以维持，从而保证健康的实现。人类需要在生命的各个阶段进行不同的体育活动，由于儿童青少年的生长发育受多种因素的影响，如何提高其心肺功能、改善神经系统的结构与功能，解决慢性病、亚健康的不良干扰，使儿童青少年的身体得到全面的发展和提高，就成为人类发展的一项重要任务。此外，老年人参加体育锻炼可以提高氧运输和摄氧能力，降低血压，增强协调性和降低神经肌肉张力。简而言之，体医融合对于改善老年人的生理机能和心理活动具有积极作用，对预防疾病、延缓衰老、延年益寿和增进健康等多方面易产生良好影响，可以说体育是个体生命全周期的一种健康促进方式。

体医融合的工作重点应从关注疾病治疗转向疾病治疗的预防与康复相结合。可见，体医融合以推动"健康中国"战略为目标，以促进健康质量和效益为抓手，做好这项工作既是体育功能价值的体现，也是体育回归生活的本质反映。因而，对其的认识与理解是必要的也是重要的。

## 二、我国体医融合发展现状

2017年2月颁布的《中国防治慢性病中长期规划（2017—2025年）》将促进体医融合视为防控慢性病的重要途径。同年，国家卫生和计划生育委员会（现"国家卫生健康委员会"）、国家体育总局等5个部门联合印发的《全民健康生活方式行动（2017—2025年）》指出："体育行政部门要携手卫生计生等部门培养运动康复医生、健康指导师等相关人才，推进国民体质监测与医疗体检有机结合，推进体育健身设施与医疗康复设施有机结合，推进全民健身和全面健康深度融合。"2017年5月4日，国务院全民健身工作部际联席会第一次会议在北京召开，国务院办公厅、中宣部、教育部、文化部（现文化和旅游部）、国家卫生和计划生育委员会等29个成员单位的负责人出席了会议。时任中共中央政治局委员、国务院副总理刘延东发表了重要讲话，要求加强组织领导，推动形成"大体育"体制机制，推进全民健身和全民健康深度融合，发挥好国务院全民健身工作部际联席会议机制作用，奋力开创全民健身事业发展新局面。

2018年，中国首部《健康管理蓝皮书》发布，蓝皮书指出，我国慢性病发病人数已高达3亿人，慢性病总体状况呈现出患病人数多、患病时间长、医疗成本高、服务需求大等特点。2019年7月，国务院成立健康中国行动推进委员会，发布《关于实施健康中国行动的意见》，指出实施全民健身行动，推动形成"体医融合"的健康服务模式，制定印发《健康中国行动（2019—2030年）》，建立完善针对不同人群、不同环境、不同身体状况的运动处方库。中国疾病预防控制中心发布的新型冠状病毒肺炎（2022年12月26日，国家卫生健康委发布公告，将"新型冠状病毒肺炎"更名为"新型冠状病毒感染"）流行病学资料显示，确诊病例中患有高血压、糖尿病、心血管疾病的人数较多，而且伴有慢性非传染性疾病的新型冠状病毒肺炎患者死亡率显著高于总体死亡率。《柳叶刀》刊载的临床研究表明，超过1/2的新型冠状病毒肺炎患者患有心脑血管疾病和糖尿病等，由于这些患者免疫能力低下，更易感染新型冠状病毒。因此，发挥体医融合在慢性非传染性疾病预防和康复中的作用，增强慢性病患者免疫力是我国公共健康和卫生事业的迫切需求。

"体医融合"是一种主动、低成本、长期受益的模式，是一种"大健康、大卫生、大体育"的健康新观念。推动全民健身与全民健康深度融合是党中央、国务院的一项重大决策部署，是提高人民身体素质和健康水平的重要举措，是"体医结合"的升华，将大力推动全民健身向全民科学健身的跨越。

### 三、当前我国体医融合的主要形式

#### （一）建立运动处方门诊

当前，我国体医融合还是以运动处方门诊为主。运动处方门诊是指临床康复医生或运动医学专家开设个性化运动处方和训练计划，对亚健康或患病人群提供疾病预防、治疗和康复的一种服务模式。如东南大学附属中大医院内分泌科与江苏康兮运动健康研究院从2017年2月开始，选取270例28～78岁的Ⅱ型糖尿病患者开展治疗，临床效果明显。这是在体医融合背景下探索"专科医生+运动机构+患者"三位一体的糖尿病运动管理模式。2019年，北京医院内分泌科糖尿病健康管理门诊的开设，把糖尿病患者的运动指导落到实处。运动处方门诊的建立主体有两个，一个是体育行政部门，一个是医疗部门。形式有单独开设的，也有合作共建的。国家体育总局运动医学研究所体育医院是国内最早开设运动处方门诊的医院。2016 年 3 月，江苏省首家体育医院综合门诊部落户常州奥体中心，该门诊部设有内科、康复医学科、运动医学科、医技科等多个科室，开启了体育场馆供给健康服务的新模式，为国内场馆参与体医融合开拓了新思路。2018 年 1 月，同济大学附属杨浦医院（杨浦区中心医院）与上海体育学院、上海体育科学研究所、杨浦区体质监测中心合作，组成"四位一体"的复合型运动诊疗团队，设立运动处方门诊。2019 年 11 月，江苏省体育科学研究所与江苏省人民医院健康管理中心签署了体医融合战略合作协议。

体医融合运动
处方案例

**（二）建立社区体质监测站**

随着体医融合的提出，一些社区卫生服务中心向社区体育卫生服务中心转变。上海市嘉定区率先提出建立社区"体医融合"的工作模式，提倡非医疗健康干预，将预防保健的"靶点"前移，对慢性病患者采取社区综合防治方式，以体育干预的方式缓解病症。该模式构建"1+1+2"的社区工作团队，即 1 个居民自我管理小组长、1 名社区医生再加上 1 名社会体育指导员，把健康促进纳入社区发展中。此外，该模式还在社区街道设立体质监测中心提供监测服务，根据检查结果，组织指导居民进行针对性的健身锻炼，以增进社区居民的整体健康水平。如上海市在社区体质监测站建设的基础上，创新体医融合工作模式，设立"智慧健康驿站"，为居民提供健康自检自评报告，并有针对性地进行健康指导，开具具体的运动处方；此外，还设立了社区的"尚体乐活空间"，提供科学体质测试及评估，提供专业健身器材并配以康复治疗师进行现场指导，提供一对一健康私教干预服务，在一定程度上丰富和加强了体医融合途径。

**（三）开展体医融合专项活动**

2005 年，苏州市政府推行"阳光健身卡"政策，在全国率先采用体育与医疗相结合的方式，使申请者可以将个人医保账户结余金额按规定划拨到"阳光健身卡"中，用于在指定的运动健身中心进行体育消费，并享受各定点场馆优先、优惠、优质的服务。2015 年，国家体育总局联手北京电视台体育频道发起了名为"为孕而动"的运动辅助治疗试点计划。江苏省常州市体育局针对超重肥胖、Ⅱ型糖尿病和血脂异常人群，推出"慢性病人群运动干预"体育惠民项目，通过专业体质检测、身体机能评估等方式，为其量身订制运动方案并进行运动监测。国家体育总局驻山西扶贫组把体育锻炼作为健康关口前移的重要举措，开展针对当地医务人员的科学健康技能指导培训，将八段锦、太极拳等广受乡民喜爱的健身气功送到村镇，送到百姓身边，使"体医融合"成为乡村振兴战略的重要催化剂、助推器。还有每年8月8日的"全民健身日"，全国各地纷纷举办各类科学健身的活动，如体质检测及健康咨询服务，聘请运动与医疗专家坐诊，为公众免费提供体检、健康咨询、运动指导等服务，较好地展现了体医融合。

**（四）建立体医融合研究基地**

2017年4月，国家体育总局体育科学研究所分别与中国疾病预防控制中心、重庆医科大学、北京大学第三医院等成立了"体医融合促进与创新研究中心"。

2019年1月，中国（青岛）体医融合研究院正式落户山东省青岛市即墨区，青岛也成了全国首个体医融合试点城市。该项目规划建设体医融合产业研究院、体质健康中心，配套体医融合产业引导基金，打造国家级体医融合产业基地。该模式的运作方式是利用体医融合标准服务模块实现即墨区居民不病、少病、晚病、主动健康的局面，以各级医疗卫生服务+体育健康服务手段，推动全民健身运动向个性化全生命周期健康服务转变，实现以疾病为中心的医疗向以健康为中心的医疗转变。青岛市即墨区还积极举办"运动处方大赛"，将医疗和体育紧密结合，并通过医务人员示范带动，形成全民运动热潮。此外，即墨区还建设蓝谷山地自行车运动健康公园，打造慢生活运动公园和国际单车营地，积极推进全民健身服务进基层，累计为1 000余名市民进行体质测试并开具健身运动处方。2020年9月，苏州市体育运动与赛事医疗保障指导中心科研基地成立，旨在推动体医深度融合，为全民健身提供科学指导。

面对目前我国慢性病患者超过3亿人的现状，公共卫生工作的重点应从治疗转向预防，打造智慧体医融合平台，给予慢性病患者精准的干预。此外，还要依托大数据平台的建设，以个体电子体质档案、健康档案为基础，实现运动处方师、运动康复师、医务人员、心理咨询师、营养师、健身教练、社区健身指导员、志愿者等与慢性病康复需求者的互动，打造出更好的康复设备、医疗设备。

# 第二节　国外体医融合的发展与经验

在国外，体医融合最早实践于美国。如美国通过启动"运动是良医"与校园 EIM 项目，倡导人们增加日常生活中的身体活动比例。日本认为只有把体医融合与健身活动、青少年体质健康促进关联起来，才能更好地发挥体医融合促进全民体质的目的。

目前，从体医融合的研究来看，国外医学界重点集中在疾病预防和健康促进方面，运动处方已在欧洲医学理论和实践中占据重要地位。人们对身体活动、体育锻炼与慢性疾病的关系有了清晰的认识，如：经常进行身体活动与体育锻炼的人患慢性疾病的概率较低；体育远不止是锻炼身体，它的主要目的是保持健康；体育锻炼显然是一种可行的、相对便捷的方式，可以协助对抗大多数严重疾病，而这些疾病在很大程度上是可以预防的。提出医生在教育患者体育活动的重要性，并将运动处方融入患者生活方式，扩大运动和运动医学专业人员的知识技能，建立以体育活动、饮食和生活方式为重点的慢性病预防和治疗新方案。

为此，世界卫生组织于 1997 年在日内瓦召开了以"积极生活：体育为健康"为主题的会议，并启动了"全球积极生活运动"。"积极生活"是一项对公众健康的最佳投资，是一种适合不同群体、低投入的、简便易行地改善健康、预防疾病并最终实现健康的方法。2010 年世界卫生组织提出了《关于身体活动有益健康的全球倡议》，提出了针对不同年龄、不同运动能力、特定健康风险和身体受限情况、具有不同"适应症"的身体活动"剂量"（身体活动频度、时间、形式和总量）建议，积极倡导各国政府将运动纳入促进健康与预防疾病的体系中，应对因缺乏运动导致的健康与疾病风险。

## 一、美国体医融合的发展与经验

在国外，虽然没有明确的"体医融合"概念，但是出现了运动医学整合、运动与健康中心结合、将运动作为医学实施的手段等观点。1954 年，美国运动医学学会（ACSM）成立，旨在通过运动科学、体育教育和医学等先进科学成果促进人类健康之路。

1979 年，美国卫生与公共服务部（HHS）成立，是美国联邦政府公共医疗服务的最高行政管理部门。其基本职能一方面是制定大众健康政策，保护国民身体健康、提供医疗卫生服务；另一方面是制定并实施大众体力活动标准。同年，该部门发布《国民健康：健康促进与疾病预防报告》，首次把体力活动纳入美国国家健康促进计划，把运动健康促进纳入"预防优先"政策。该部门还发布了《健康公民》系列、《美国居民膳食指南》和《美国居民体力活动指导手册》等健康指南，不仅鼓励民众进行体育运动，还提倡医卫人员指导患者进行运动，倡导以运动这一非医疗手段促进健康，体现了"运动促进健康"的主张。该部门同时管理医疗卫生与体育事业，可以说是美国政府部门中倡导"体医融合"、促进民众科学健身的直接推行者与实践者。

1995 年，美国疾病控制与预防中心、美国运动医学会联合出版了该国第一部涉及体力活动与健康促进的指南——《体力活动和大众健康指南》。书中指出，成年人每天应至少进行 30 分钟以上的身体锻炼。进入 21 世纪，美国出版的两版《美国居民膳食指南》都提出通过积极参与运动来使国民保持良好的身体状况。2005 年，美国哥伦布市心脏病科医生大卫·萨博格尔（David Sabgir）苦于无法有效地在临床环境内改变患者生活方式，于是他邀请病人一起在附近的公园散步，同时探讨散步的功能、健康生活方式等话题。从那以后，"与医生同行"便开始在美国广泛流传开来。后来美国还成立了专门的行政机构，邀请相关的医生与患者加入其中。现在，"与医生同行"已经风靡美国乃至全球多个国家，拥有广泛的群体基础。为了解决医疗保健提供者与锻炼专业人员能力相关的信心障碍，美国运动医学学会（ACSM）创建了 EIM（Exercise is Medicine）证书。

2007 年，美国医学会和美国运动医学学会联合提出"Exercise is medicine（EIM）"即"运动是良医"，目的就是通过增加体力活动促进全民健康、预防慢性疾病，并将其作为解决公共卫生问题的措施与手段，鼓励医生把运动处方作为慢性疾病治疗方案的一部分。2008 年，美国卫生部发布了以"运动、健康和幸福"为主题的《美国体力活动指南》，主要用于向政策制定者、医疗卫生工作人员、健身专家提供政策与运动处方制定的依据，并向民众提供体力活动建议与指导，突破了以往只提供一般性的运动、卫生和膳食指导的策略，体现出"体医融合"的服务理念。

2010 年，美国学者围绕体育运动成为治疗疾病的功能等理念，提出了体医融合思想的雏形。之后，美国先后颁布了 2010—2015 年和 2016—2020 年《国民体力活动计划》。2011 年，美国《国家蓝皮书：促进 50 岁以上成年人身体活动》出台，推动了中老年人体适能计划开展。2013 年，美国运动医学学会在第 60 届美国运动医学年会暨第 4 届全球"运动是良医"大会上，首次将"运动"定义为"药物"，并就"运动"这一"新药"在健康人群、慢性病人群中的应用功效、配方和安全性开展了研究和讨论。

美国在体医融合工作中协同体育、医疗、卫生、教育等多元主体通力合作，把体力活动作为健康促进的重要方式，强调医疗卫生与体育非医疗手段的深度融合，通过明晰不同利益相关者的权利及责任，构筑整体均衡的合作秩序，走出了多元主体协同治理之路。通过跨越政府组织层级，打破公共部门界限，倡导公私领域合作，实现了健康促进利益优化。

由于美国政府中没有专门的体育行政管理部门，其"体医融合"是由政府卫生行政管理部门以及医疗卫生系统进行管理，这种医疗卫生单一系统的管理，能够使医疗与体育资源高度整合，并且也能使医疗与运动非医疗健康干预手段紧密契合，进而发挥了"体医融合"促进健康与疾病诊治的作用。美国的经验提示我们，"体医融合"管理的高度整合，能够更好地发挥"体医融合"的健康服务功能。

## 二、英国体医融合的发展与经验

资料显示，19 世纪，英国就非常重视体医融合，开始将体育与健康联系起来，评估有需求人员对体医融合的需要，并形成促进健康的举措和指导思想，目的是通过营造保健环境提高人们的身体活动水平，为有需要的人提供体医融合服务并制定有针对性的个性化体育活动计划。

## 三、爱尔兰体医融合的发展与经验

有关资料显示，体医结合在爱尔兰有很好的体现。2009 年，爱尔兰颁布《爱尔兰体力活动指南》，对不同年龄段人群的体力活动量提出建议。2013 年，爱尔兰颁布了《健康爱尔兰》，并提出建设"每个人都能最大限度地享受身心健康和福祉"的爱尔兰。2016 年，爱尔兰卫生部联合交通、旅游、体育部共同颁布了爱尔兰第一个全国体力活动促进计划——《国民体力活动计划》。2017 年，爱尔兰颁布了《爱尔兰步行项目：策略和行动计划（2017—2020）》。2017 年 9 月，爱尔兰卫生部与高校展开前瞻性合作，将体力活动干预模型列入所有卫生专业本科培训之中。

### 四、日本体医融合的发展与经验

1961 年，日本颁布《体育振兴法》，以法律的形式强调民族体质健康的重要性。1964 年，日本内阁会议颁布《关于增进国民健康和体质的对策》，进一步贯彻《体育振兴法》精神，通过普及体育等活动大力促进国民健康。20 世纪 70—80 年代，日本两次出台《增进国民健康促进对策》，体医融合进一步发展。2003 年 5 月，"健康日本 21 计划"的法定地位伴随着《健康增进法》的颁布得以确定。2005 年，该计划的修订版提出了新的体医融合相关策略，对青少年体质下降及成年人体育活动提出明确要求。2007 年，日本厚生劳动省首次提出"身体活动"的概念，并颁布了《为了增进健康的运动指南 2007》，对"生活活动"与"运动"进行区分，对民众的运动健身进行科学指导。

### 五、德国体医融合的发展与经验

德国是世界上体医融合健康促进发展较好的国家之一，通过体育来促进健康早已成为德国民众的生活方式。特别是 2014 年，德国启动新的医疗保险政策，把运动习惯在健康促进中的重要地位作为科学的实证依据，当投保人积极参与定期健康检查、完整参加体育锻炼、营养等预防课程等活动后，保费可享受优惠。

## 第三节　体医融合健身指导方案

### 一、体医融合健身指导方案的分类

体医融合健身指导方案形式多样，内容多元。根据适用对象和锻炼目的，体医融合健身指导方案一般可分为三种类型：

### （一） 竞技性指导方案

主要用于提高运动员身体素质和运动技术水平的训练方案。

### （二） 预防性（保健性）指导方案

主要用于包括中老年人在内的用以增强体质、预防疾病和提高健康水平的人群。

### （三） 治疗性健身指导方案

主要用于慢性非传染性疾病患者创伤康复期的锻炼，提高疗效，加快疾病的康复。

## 二、体医融合健身指导方案的内容

体医融合健身指导方案的内容一般包括运动目的、运动项目、运动强度、每次运动持续时间、运动频率和注意事项等 6 个方面。

### （一） 运动目的

根据年龄、性别、职业、爱好、习惯和体质健康状况的不同，健身者的锻炼目的各不相同，因而制订的方案也不同。运动的目的包括预防疾病、强身健体、健美塑形、休闲娱乐及提高运动成绩等。

### （二） 运动项目

运动项目应根据锻炼目的而定，一般包括以下项目：

1. 耐力性项目（有氧运动项目）

此类运动项目能有效增强或改善人体心血管系统，提高体能，预防冠心病、肥胖和动脉硬化等。锻炼的项目有快走（步行）、慢跑、骑自行车、游泳、爬山、跳绳、划船、登楼梯、滑冰和滑雪等。国外运动医学专家对经常参加体育运动的老年人进行体检时发现，参加健身跑、游泳、骑自行车等运动的老年人的心肺功能要比从事其他运动项目的老年人好。

2. 医疗体操（呼吸操、矫正体操等）

适用于患有某种慢性疾病和创伤康复期的中老年人或患者，如慢性支气管炎、肺气肿患者可进行呼吸操锻炼；内脏下垂者可进行腹肌锻炼；截瘫患者可进行轮椅训练，截肢病人主要进行上、下肢训练；脊柱畸形或扁平足患者可练习矫正体操等。

3. 放松性训练

放松性训练有调节神经、放松身心、消除紧张、防治高血压和神经官能症等作用。锻炼的项目和方法有健身气功、太极拳、瑜伽、散步和放松体操等。

### 4. 力量性练习

力量性练习能增强人体肌肉力量和耐力，防止关节损伤，改善机体有氧代谢能力。锻炼的方法有抬腿、举手、平足站立、举重练习等。

### 5. 柔韧性练习

老年人容易发生关节僵硬和疼痛的情况，常常是缺乏运动所致，经常做一些柔韧性练习可以增强关节的柔韧性和灵活性，延缓关节硬化。柔韧性项目有太极拳、八段锦、武术、柔软体操和伸展性练习等。

### （三）运动强度

运动强度是体医融合健身指导方案制订中最重要的部分，目前运动强度的衡量有多种形式：

### 1. 最大摄氧量（$\dot{V}O_{2max}$）

$60\% \sim 80\%$ $\dot{V}O_{2max}$ 一般是理想的运动强度，对于年纪较大且患有心血管疾病的患者低于 $50\%$ $\dot{V}O_{2max}$ 较为安全且有效。

### 2. 心率（HR）

心率一般指人每分钟的心跳次数，是一个反映运动强度直接、简便的指标。最大心率＝220－年龄，通常认为 $60\% \sim 70\%$ 最大心率的训练是较为合适的运动强度。此外，人们还较常用最大心率贮备（HRRmax）百分比来确定运动强度。最大心率贮备（HRRmax）＝最大心率－安静心率。实际应用中多用靶心率来表示运动强度。计算公式是：靶心率＝（最大心率－安静心率）×（$0.6 \sim 0.8$）+安静心率。$0.6 \sim 0.8$ 是适宜的强度系数，即 $60\% \sim 80\%$ 的最大心率贮备。

### 3. MET（代谢当量）

MET 是代谢当量的缩写，是以安静坐位时的能量消耗为基础，表达各种活动时相对能量代谢水平的常用指标。例如：2MET 表示本人每千克体重每分钟摄氧量为安静时的两倍。$1 \text{ MET} = 3.5 \text{ ml}/（\text{kg} \cdot \text{min}）$ 即 1 MET 等于每千克体重每分钟 3.5 ml 的摄氧量。一般以 $60\% \sim 70\%$ 最大 MET 为适宜运动强度。运动处方中应用 MET 最常用的方法是查阅相关活动 MET 表。

### 4. 无氧阈（AT）

临床上一般用气体代谢分析仪测定无氧阈值，无氧阈值是选择理想运动强度的指标之一，可用来客观评价运动疗法的效果。

5. 主观用力程度分级（rating of perceived exertion，RPE）

RPE 对分级运动的反应与心肺和代谢指标（如摄氧量、心率、肺通气量、血乳酸浓度）有关。RPE 是持续强度运动中用力水平可靠的指标，可用来评定耐力训练的运动强度。

6. 谈话水平（conversational exercise or talk test）

谈话水平是指在运动时谈话而不伴有明显气短的运动强度，即为产生运动效果的适宜强度。

### （四） 每次运动持续时间

即除准备活动和整理活动外，运动持续的时间对习惯久坐者和体能水平较低的人应该从小强度、短时间（20~30 分钟）运动开始逐渐增加。

### （五） 运动频率

人体对训练刺激作出反应的需要时间。在进行长时间训练时，需要一定的时间来消除疲劳，可以选择每天或隔天一次的运动，但无论如何每周都要留出一天时间来休息。

### （六） 注意事项

在实施体医融合健身指导方案时必须注意两个问题：一是要循序渐进。在任何情况下都要从简单的运动开始，逐渐增加难度和强度。二是要做好准备活动和整理活动。在运动开始时，轻微的运动及伸展可以使人体适应从休息到运动状态的转变。伸展运动能增加关节活动度和腰背柔软度，这些都应包括在准备活动中。在活动进行到最后时，大约要有 5 分钟的整理活动，这样可使人体的呼吸和心跳逐步恢复正常，从而降低运动后发生低血压的风险。

### 思考与练习

1. 简述全民健身与体医融合的联系。
2. 当前我国开展体医融合主要有哪些形式？
3. 国外体医融合的开展对我国全民健身工作有什么启示？
4. 体医融合健身指导方案的分类有哪些？
5. 体医融合健身指导方案的内容包括哪些方面？

6. 如何针对不同人群制订适宜的体医融合健身指导方案？

## 参考文献

［1］汪波，黄晖明，杨宁. 运动是良医（Exercise is Medicine）：运动促进健康的新理念——王正珍教授学术访谈录［J］. 体育与科学，2015，（1）：7-12.

［2］李璟圆，梁辰，高璨等. 体医融合的内涵与路径研究——以运动处方门诊为例［J］. 体育科学，2019，39（07）：23-32.

［3］黄亚茹，梅涛，郭静. 医体结合，强化运动促进健康的指导——基于对美国运动促进健康指导服务平台的考察［J］. 中国体育科技，2015，51（06）：3-9.

［4］冯振伟，张瑞林，韩磊磊. 体医融合协同治理：美国经验及其启示［J］. 武汉体育学院学报，2018，52（05）：16-22.

［5］韩磊磊，王艳艳，贺立娥等. 英国运动转介计划的发展经验对我国体医融合的启示［J］. 西安体育学院学报，2020，37（02）：137-144.

［6］于洪军，冯晓露，仇军. “健康中国”建设视角下“体医融合”研究的进展［J］. 首都体育学院学报，2020，32（06）：484-491.

# 第十一章　全民健身信息供给与智慧化

>>> 本章导学 >>>

　　全民健身是建设"健康中国"的重要支撑，是人民群众对美好生活向往的必然要求。目前云计算、大数据、人工智能等技术逐渐成熟，全民健身信息供给与智慧化，将使人民群众获得更个性化、多样化、科学化的全民健身服务。本章重点阐述全民健身信息供给主体、内容、渠道和全民健身智慧化实践、智慧健身信息服务平台建设。

>>> 学习目标 >>>

　　1. 了解全民健身信息供给主体、供给内容并理解全民健身信息供给渠道。

　　2. 了解全民健身智慧化及智慧化健身概念，理解并掌握全民健身智慧化的特点。

　　3. 掌握全民健身智慧化的路径，理解智慧健身信息服务平台建设的意义。

# 第一节　全民健身信息供给主体和供给内容

全民健身信息服务是公共信息服务的组成部分。全民健身信息供给的内容非常广泛，需要多元主体共同参与，充分发挥各主体的作用，实现全民健身信息资源的有效配置，以满足人们不断增长的健身需求。

## 一、全民健身信息供给主体

### （一）政府

政府是最大的全民健身公共信息资源拥有方，也是最主要的全民健身信息供给主体。政府提供全民健身公共信息服务具备先天优势，相较于企业、社会组织和个人，政府统计和发布的信息具有权威性高、时效性强等特点，是最可靠的信息来源，合理地开发与利用信息，有利于提高政府决策的科学性。同时，由于全面健身公共信息基础设施建设投资巨大，即使个别企业有能力承担，受利益驱使也不愿投入过多资金，因此政府必须承担起全民健身公共信息资源建设的责任。

政府在全民健身信息公共供给中的作用主要为监管指导、调节规范、政策支持、项目支持和财政支持等。

### （二）企业

企业在技术开发、服务创新等方面具有较大的优势。企业可以提供群众锻炼效果评价、体育赛事评估、体育培训等技术性服务，也可以借助品牌服务创新力提供信息安全认证、信誉保障、宣传推广等服务。

企业参与健康信息服务平台的运营建设以盈利为目的，但最终会不同程度地产生客观的公益效果。

### （三）社会组织

社会组织一般由具有一定体育技能、专业知识背景的社会人士组成，其中某些成员在某一专业领域具有较高的体育专业技能、专业学术成就和社会地位，所提供的健身信息具有较高的权威性。

### （四）个人

个人在健身信息服务供给中主要是提供信息和专业技能，进行专业学术支持。随着网络的普及，个人可以通过互联网发布自己了解的或是擅长的体育知识、技能等，自身形成一个小的供给方，向公众提供有关的健身信息。个人也可以线下对公众进行运动科普、健身指导等。

## 二、全民健身信息供给内容

### （一）知识类信息

主要包括健身常识性的知识和健身专业性的知识。健身常识性的知识如关于不同运动项目类型、特点、方法、全民健身的价值等；健身专业性的知识如不同疾病人群适宜的锻炼方法，体育教学、体育发展史、体育理论等基本理论知识。

### （二）技能类信息

主要是各种体育项目技能的介绍、学习、交流等信息。

### （三）新闻类信息

主要包括各类体育政策、健身活动、群众体育赛事、健身活动组织、社会体育指导员、国民体质监测、全民健身活动场地及器材等信息。

### （四）产品类信息

主要包括体育装备的规格、品牌、使用方法和其他信息，这部分内容一般集中于专业的体育产品类网站和企业宣传，主要以体育产品广告的方式来提供。

### （五）娱乐类信息

主要包括与健身有关的游戏、体育明星访谈、娱乐体育活动、公益体育活动等信息。

### （六）其他健身信息

主要包括体育彩票、电视节目、网上购物、体育赛事赛程表、健身宣传等信息。

## 第二节　全民健身信息供给渠道

随着大数据、云计算、5G 等信息技术的快速发展，当前全民健身信息供给渠道趋于多元化、具体化，全民健身信息供给呈现服务覆盖率高、信息集中度强、时效性强的特点。

## 一、全民健身数据库

全民健身数据库是按一定的规则组织、存储、应用的全民健身信息数据的集合。主要形式是文字、声音、图像、视频等资料。

全民健身数据库具有组织性、灵活性、数据共享性和数据独立性的特点。全民健身数据库的主要作用是方便管理、维护及访问。数据库包括群众体育数据库、体质监测数据库、健身项目数据库、社会体育指导员信息数据库、体育赛事数据库、体育场馆场地数据库、体育产业单位名录库、体育科技资源数据库和体育高端智库等。

目前我国正在建设由国家体育大数据中心和各省（自治区、直辖市）体育数据中心组成的体育数据框架体系，逐步建成全国各类体育数据库，提升数据分析、运用和决策支持能力，促进我国全民健身的发展。

## 二、全民健身信息网站

全民健身信息网站包括政府网站、企业网站、社会组织网站等，是由政府、机构或个人发布的与健身相关的内容，如各类知识类、技能类、新闻类、产品类、娱乐类健身信息等。

## 三、全民健身信息服务平台

全民健身信息服务平台是运用移动互联网、云计算、大数据、物联网等现代信息技术手段，为国民体质监测与全民健身工程建设提供全过程、多层次信息集成与信息分析的交互公共服务平台。具备体育场馆免费及低收费开放信息、场地预订、赛事活动、赛事直播、体育场馆信息化建设咨询指导和数字监理等功能模块。

2020年8月8日是第12个"全民健身日"，在国家体育总局群众体育司的指导支持下，由国家体育总局信息中心、国家体育总局体育科学研究组织，国体智慧体育技术创新中心开发的全民健身信息服务平台正式上线。平台可为各级体育行政部门提供体育场馆免费或低收费开放信息、赛事活动管理等服务。地方各级体育行政部门可通过平台获得体育场馆信息化建设的专业技术支持服务。平台还可为体育场馆提供信息填报和公开、场地预订、赛事活动举办、信息化建设等服务，并提供云分发到主流预订客户端，提高场馆的大众知晓率和管理服务水平。广大群众可通过平台查询场馆开放信息，进行场地预订，观看赛事直播，从平台获取所需的体育资讯等，提升参与体育的便捷性。同时，大众还可通过平台对场馆开放情况进行监督，对场馆开放工作提出意见和建议。

## 四、移动终端

近几年，全民健身信息化水平不断提升。基于大数据，通过对受众的行为分析，企业可快速掌握受众感兴趣的内容特征，通过移动终端进行全民健身信息的精准推送。如体育类 App（Keep、悦跑圈、Fit 健身、咕咚等）可通过对手机的定位和智能手环来获取健身用户的信息，记录包括运动步数、轨迹、心率、卡路里消耗等数据，形成个人数据中心，并提供专业课程、健身知识、锻炼方案和体质监测等服务。又如微信公众平台，政府部门、企业可通过自身的官方微信公众号，发布政务、品牌、促销活动等信息，达到宣传全民健身、维护客户、树立品牌形象等效果。

## 五、物联网+健身

物联网+健身是指将所有与健身者有关的要素如健身指导者、健身器械等，系统地按照一定的标准和管理规范进行有序管理。借助于物联网技术，可实现远程指导，如移动咨询、健身指导服务、远程无线健康监护、体质监测等。

物联网+健身的核心是物与物以及人与物之间的信息交互。主要特征表现为：① 全面感知。利用射频识别、二维码、传感器等感知、捕获、测量技术，随时随地对健身者进行健身信息的采集和获取，并将其加以传输，便于加工处理等。② 可靠传送。通过将物体接入信息网络，依托各种通信网络，随时随地进行可靠的健身信息交互和共享。③ 智能处理。利用各种智能计算技术，管理与共享海量多元的健身数据，实现智能化的决策和控制。④ 指导与监控健身过程。提取运动健身数据，并根据运动健身计划及其健身目标形成健身过程监控分析报告和健身指导意见，通过智能健身终端（智能手机等）及时反馈给健身者，从而实现健身过程的动态监控与指导。

当然，除了上述与大数据、云计算、5G 技术等有关的全民健身信息供给渠道，传统的电视、广播、报纸、杂志也是全民健身信息供给的重要渠道，人们可以通过各种渠道获取有关健身的信息。

## 第三节　全民健身智慧化概述

随着 5G 与物联网时代的到来，"智能化+科学健身"已成为落实全民健身国家战略的重要抓手，智慧健身的概念也越来越被大众所熟悉。

2019 年 9 月，国务院办公厅印发的《体育强国建设纲要》（国办发〔2019〕40 号）中提出推进全民健身智慧化发展。要运用物联网、云计算等新信息技术，促进体育场馆活动预订、赛事信息发布、经营服务统计等整合应用，推进智慧健身路径、智慧健身步道、智慧体育公园建设。鼓励社会力量建设分布于城乡社区、商圈、工业园区的智慧健身中心、智慧健身馆。依托已有资源，提升智慧化全民健身公共服务能力，实现资源整合、数据共享、互联互通，加强分析应用。

### 一、智慧化与智慧健身

智慧是智力因素的综合体现，是随着各种知识和技能不断积累，综合素质得到不断提升的一种能力。简而言之，智慧即是指在面对某事物时，能够迅速、灵活、正确地理解并予以解决的一种能力，是人们在现实生活中赖以生存所必须具备的基础前提条件。

智慧化是在智慧的基础上向外扩展延伸，其内涵已不仅限于智慧的含义。智慧化是指通过利用各种现代科学技术，使某事物在其某种功能方面实现全面自动化和智能化。从数字化到智能化再到智慧化，是信息不断丰富、健全和深入应用的过程，这个过程是连续的、重叠的、迭代的、没有明确界限的、不可分割的。

智慧健身是大数据、云计算、人工智能、5G、物联网等新一代信息技术应用于健身领域的最新成果，通过构建数字化、网络化、智能化的健身空间、健身模式、健身生态，全面提升全民健身服务质量，推进健身产业转型升级，从而更迅速、灵活、正确地响应大众更具个性化、多元化的健身需求。

同时，智慧健身不仅是一种理念、构想，更是全民健身变革发展实践进程的具体行动，尤其在技术发展日新月异、技术融合日趋常态化的今天，智慧健身基础设施建设变得更加实际与明晰。当下，智慧健身场馆、智慧健身平台等智慧化健身基础设施建设正加速推进，智能跑步机、智能球拍、智能手环等一系列智慧健身设备已投入应用。技术变革使健身的参与和观赏方式均发生了巨大转变，在为用户提供更多样、便捷、高质量的健身参与选择的同时，也为健身产业发展创造了更多的商业机遇。用户意识的觉醒使用户在更倾向于接纳健身生活方式的同时，对健身运动的需求也更加多样化，推动智慧健身新产品、新服务的出现，智慧健身已然走进我们每个人的生活。

## 二、全民健身智慧化的特点

### （一）数字化

智能健身最核心的要点在于通过视频识别、图像识别、姿势识别等各种信息采集方式，收集海量的数据，使健身中的定性信息定量化、健身信息数字化。健身信息数字化能为健身赛事组织者、参与者的科学计划与决策提供更可靠的证据，为健身者运动技能的学习提供更精确、个性化的锻炼。

### （二）娱乐化

与传统健身相比，智能健身的娱乐性得到了大幅增加。一方面，智能化的健身设备能通过更为强大的智能化功能与健身者进行更有效的交互，增加了健身活动参与的趣味性、娱乐性；另一方面，智能健身能为更大范围、更多形式的人际互动提供可能，增强了健身的社交性。

### （三）便捷化

全民健身需求越来越注重快捷、弹性、个性化。智能健身打破了传统体育健身活动的时间和空间限制，使得人们可以更灵活地安排运动时间，在更多样的地点参与丰富的运动和锻炼，智能健身通过智能化设备和算法的应用，使人们可以更轻松、快捷地获得想要的健身信息，更好地满足人们的健身消费需求。智能健身能最大限度地达到量身定做、私人定制的效果，根据健身参与人的具体情况（包括身体情况、运动习惯、运动强度、运动姿势等），制定适合健身者自身的运动指导方式，满足个性化的需求，达到最佳的健身体验。

### （四）多元化

全民健身与大数据、云计算、人工智能等领域的相互融合，使全民健身智慧化的产品类型和组织形式都呈现出多元化趋势，为全民健身的发展提供了更多可能性，为健身大众提供了更加多元的娱乐健身方式。

### （五）智能化

全民健身与互联网信息技术的融合使得全民健身的服务和产品更加人性化、智能化。例如，通过 App 可将体育场馆的信息资源整合到健身系统平台上，便于消费者了解场馆开闭馆时间、使用费用、场馆使用情况等，并提供线上预约、在线支付等功能。体育产品的智能化主要表现为各种智能穿戴设备、智能化的健身器材，例如运动手环等。全民健身智能化服务满足了健身者更高的功能需求。

## 第四节　全民健身智慧化实践

"5G+全民健身"是在传统的健身锻炼的基础上运用 5G 技术实现全民健身智慧化，通过智能健身器材、智慧健身场馆等实现全民健身智慧化，助力我国体育事业高质量发展，提升广大人民群众获得感、幸福感，进一步推进健康中国、体育强国建设。

### 一、"5G+全民健身"智慧化概述

5G，又称 5G 技术，是指第五代移动通信技术。5G 的核心是声音和图像的模拟信号在手机中被数字化。5G 具有大宽带、广连接、低时延和绿色环保的特性。国际电信联盟定义了 5G 的三类主要应用场景，即增强型移动宽带、海量机器类通信和超高可靠低时延通信。

"5G+"的含义包含了连接、聚合与赋能。"连接"意味着 5G 连接一切，即通过 5G 进一步突破连接的时空限制，实现万物更广泛的互联和在线；"聚合"意味着 5G 聚合一切，即以 5G 为基础融会贯通其他信息技术，实现聚合创新，构建全新的信息基础设施；"赋能"意味着 5G 赋能一切，即5G 促进各类生活生产场景产生颠覆式变革，构建无线化的全新生活生产方式。因此，"5G+"就是以 5G 为基础，通过连接万物、聚合平台、赋能产

业，不断满足人民美好生活的信息消费需要，为经济发展打造新动能、拓展新边界，助力产业转型升级和经济高质量发展，是促进经济社会发展的质量变革、效率变革和动力变革的新模式。

5G 的超大带宽、超低时延、超多连接的新特性，只有和人工智能、物联网、云计算、大数据、边缘计算等新兴信息技术深度融合、系统创新，才能充分发挥关键基础设施的重要作用，孕育新兴信息产品和服务，成为推动各类产业发展的核心引擎。中国率先在全球提出"5G+"概念，并将其扩展成为"5G+"行动计划，以数字化、网络化、智能化为主要特征的"第四次工业革命"正在孕育兴起，而"5G+"正是构筑竞争新优势的关键所在。"5G+X"将为人们智慧化的健身锻炼、社会生活、城市治理等提供前所未有的支持。

5G 时代的到来改变了人们的健身锻炼方式，带来便捷、高效和智能化的健身服务模式。5G 与全民健身相结合，推动 5G 技术在全民健身领域的应用合作，探索"5G+全民健身"智慧化是全民健身建设与发展新方向。

5G 为人与人、人与物、物与物之间的永续互联打下了基础。5G 的强连接特性将促使健身数据信息在更广范围内充分流动，推动人工智能、物联网、云计算、大数据和边缘计算等技术在全民健身智慧化领域的应用。5G 网络所能承载的 VR、AR、4K/8K 超高清视频等大流量移动宽带网络为健身参与者带来更加真实的健身体验，推动健身娱乐深度融合。

## 二、"5G+全民健身"智慧化实践

### （一）5G+智慧健身场馆

2020 年，国务院办公厅印发的《关于加强全民健身场地设施建设发展群众体育的意见》中明确指出，加强信息化建设。健身场馆管理运营方要积极执行场馆信息化建设的标准规范，建立完善预约制度，提高全民健身公共服务智能化、信息化、数字化水平。

健身场馆智慧化主要包括两个层面。第一个层面主要是指健身场馆基础设施智能化与服务运营智慧化。健身场馆基础设施的智能化建设是指基础的智能楼宇框架下硬件设施的投入，即通过楼宇自动化系统对整个健身场馆的建筑自控、综合布线、安防安保、出入控制、给排水系统、供配电系统、照明系统、电梯系统等各种设备实施自动化监控与管理，保证系统运行的经济性和管理的数字化与智能化，包括但不仅限于健身场馆智能监控系统、设备通信网络系统、场馆专业性系统、实用型信息系统以及综合布局系统等。第二个层面是指围绕智能终端及软件升级而衍生的各种健身场馆智慧化服务模式。智慧化服务在基础设施智能化的基础上，通过互联网软件实现体育信息服务精准化、应用管理精细化、运营决策科学化。其特点可以概括为健身场馆基础设施智能化、运营管理信息化、应用服务数据化和健身场馆建设环保化。

5G 应用于健身场馆，对智慧场馆的建设起到科技性的改变。智慧健身场馆能有效地实现医、体、健的有机结合，满足健身用户个性化需求，拥有联动周边产业、构造更为完整的健身产业链优势，且具有以人为本、技术智能化、去中心化和可持续发展的特点。5G+智慧场馆可满足现场无人机、5G背包等各类移动采集、多视角 VR 拍摄、超高清回传等连接需求，无须转播车协同、专线部署，极大地降低了超高清内容制播和媒资传输成本。在场馆内安装 AI 视频采集设备，自动跟踪拍摄健身场地上人员的健身运动影像，搭载智能算法自动剪辑、融合视频集锦并输出流媒体信号，方便下载进行商用或个人分享。通过 4K/8K VR 直播、全景拍摄、多视角、自由视角、XR等沉浸式技术，为健身大众开辟"第二现场"，提供线上观摩健身和虚拟健身现场体验，并增加健身 5G"云观众"、健身 5G"云包厢"、健身 5G"云呐喊"等应用，最大限度地保证健身参与者的观赛临场感。

智慧体育场馆需要进行适时创新和优化，使其突破发展瓶颈，根据发展现状和现实困境，智慧体育场馆建设的具体路径主要包括：

① 发挥政府的主导作用，各行业通力合作打造智慧健身场馆品牌。

② 健身场馆与互联网和大数据技术等深入结合，满足健身用户个性化信息需求。

③ 加强场馆与医疗保健合作，运用可穿戴设备让健身运动更专业。

④ 注重素养和技能培训考核，打造专业的智慧场馆人才运营团队。

⑤ 打造互联网社区论坛，建立有效的健身用户评估与反馈机制。

**相关链接**

## 智慧化健身基础建设

随着 5G、AR、VR、AI、大数据、互联网、物联网、区块链等技术的发展，全民健身智慧化基础建设例如智慧化的健身设施将无人值守，并配备自助取手环机器。通过扫描二维码、人脸识别等方式进行身份验证后，用户便可领取手环，结束后使用同样的方法归还即可。健身运动过程中，依托控制系统自动采集数据，管理人员能够及时对健身场地的温度、湿度等指标进行调整，保证健身运动时的舒适度，灯控系统可以对照明进行智能调节；健身用户可以在网上完成线上订场、信用支付、预约健身、健身赛事报名和费用等一系列操作。

### （二）5G+智慧健身公园

智慧健身公园是一种特殊的城市公园，既有符合一定技术标准的健身运动软硬件智能化设施，又有较充分的绿化布置；既能满足各类健身运动比赛和锻炼，又可供人们休息和游憩。

智慧健身公园作为环境优美、空气清新的城市绿色健身空间，本着服务于健身大众的原则，满足各类人群的需要，有较完备的健身运动软硬件智能化设施、完善的健身运动修复保障体系，为人们提供了放松身心、回归自然的运动场所。

2020 年 8 月，乌镇斥资 1 600 万元对公园进行智慧化升级改造，打造了全国首个新基建 5G+智慧互动体验和线上线下一体化公益性生态公园。

智慧健身公园以趣味性为主，让人们感受到健身锻炼带来的乐趣。智慧健身公园中配有 AI 识别虚拟步道跑道装置、AI 虚拟骑行装置以及 AI 虚拟广场舞装置；国术大屏游戏采用百度视觉算法，能精准、灵敏、稳定地识别人体；AR 肢体识别训练、动作捕捉系统，能高效地反馈训练成绩，通过人脸识别采集运动者运动数据，并制订健身计划。

### （三）5G+云健身

云健身最初只用于简单记录跑步者的跑步运动轨迹，随着运动类 App 的使用成为常态，直播健身、在线培训、网络赛事、自营商城等成熟体系，实现了线上运营闭环。"智研咨询"发布的报告显示，中国人运动健身的方式正逐渐由无工具健身扩展至"线上+线下"相结合，在线运动健身客户数量从 2014 年的 1 040 万人暴增至 2018 年的 1.26 亿人。2020 年，新冠肺炎疫情的出现，全民居家健身热情高涨，通过 5G 技术与智能设备实现居家锻炼、与教练或好友进行云交流、云健身成为全民首选。受云健身启发，国际奥委会组织发起了一系列线上体育活动，吸引了 5 000 名奥运选手以及 50 多个国家和地区的 2.43 亿人参加，不但给民众以调节身心的机会，更是为其注入了战胜疫情的新活力。客厅足球、卧室平板、书房芭蕾等云健身形式层出不穷，在社交网络上掀起热潮。

《健康中国行动（2019—2030 年）》指出，到 2022 年，我国经常参加体育运动的人口比例要达到全国总人口的 37%，到 2030 年，这个数字要达到 40%。对于互联网健身企业来说，应该抓住机遇、服务社会，以更优质的产品服务来满足大众的健身需求。"云健身"应运而生，无疑能成为线下健身的有益补充，但要想更快更好地发展，还是要更加规范化。一方面，有关部门应设立线上健身指导机构，搭建官方平台，完善监管内容，指导行业规范化运营，使"云健身"能够健康发展；另一方面，要加强科学引导，抓紧制定相关准入标准，建立线上健身规范体系。同时，要加强监管，及时发现问题，切实纠正行业乱象，当好维护消费者权益的后盾。

### （四）5G+智慧健身步道

智慧健身步道首先是健身器材的智能化，智能化的健身器材可判断健身者的开始、停止状态，并对健身者所进行的运动进行计算分析，计算出健身者运动的时间、次数（里程）、热量消耗等，并将相关健身信息通过语音提示系统播报出来，在健身过程中健身者可以充分了解自身准确的运动信息，便于合理调控个人的运动强度、运动频次，从而提高科学锻炼的水平。

智慧健身步道在起始位置、中途位置、终点位置通过人脸识别技术自动记录健身者的运动数据。在运动结束之后智能显示系统将显示个人运动里程、耗时、平均时速、消耗热量、能量代谢当量以及个人历史运动数据对比。

智慧健身步道融合人工智能、物联网、移动互联网等技术，可安全有效地收集运动信息数据，从而实现智慧步道对各类健身运动人群的全覆盖，为健身人群、运营单位、体育管理部门等各方面提供理想的运动体验和信息服务。

**相关链接**

### 智慧健身步道 AR 太极互动大屏

AR 大屏是运用体感识别与手势识别技术，真正实现人的肢体语言与计算机场景内容进行互动的设备。只需人的四肢做相应动作即可与大幕进行交互，无须佩戴任何感应设备，轻松控制想看的内容，是最新一代的人机交互方式。具体功能如下：① AR 肢体识别跟踪技术可通过摄像头捕捉用户肢体动作，与大屏进行太极互动；② 可支持交互打分系统，系统将对用户的太极动作进行实时打分，若完成正确则有特效提示；③ 用户体验后，可合影分享到社交圈；④ 管理方可监测体验人数。

## 第五节　智慧健身信息服务平台

### 一、智慧健身信息服务平台的建设意义

智慧健身区别于传统健身的一个最大特点是形成智能化的信息管理系统，系统中的所有行为轨迹都可通过软硬件设备以数据形式传输到管理系统，智能化的管理系统能更高效地对全民健身进行全局管理。

为贯彻落实《体育强国建设纲要》等政策文件中关于"推进全民健身智慧化发展"的要求，国家体育总局组织开发了全民健身信息服务平台，这对于提升智慧化全民健身公共服务能力意义重大。随着技术规范的推行和健身场馆的开放服务，各类信息将同步至信息平台，各级体育行政部门可通过线上的方式及时、客观、准确地了解场馆开放利用、运营管理等信息，从而更好地掌握场馆免费或低收费开放情况、改进场馆开放绩效评价工作、提升场馆开放监管效率。同时，广大人民群众能更便捷地通过与全民信息服务平台相联通的手机 App、微信小程序、云分发平台等获取场馆开放信息，进行健身场地预订、健身赛事活动报名等公共体育服务，健身场馆也可通过信息平台进行日常管理和交流，提升全民健身信息化管理服务水平和综合效益，增

强公共体育服务供给能力。

## ➤ 二、"天行健"智慧健身信息服务平台

"天行健"智慧健身信息服务平台是由国家体育总局体育信息中心负责建设，旨在通过信息化手段、互联网思维和市场化运作打造全民健身互联网服务平台，目的是改善和推进现有的国家全民健身公共服务体系，顺应共享经济的发展思路，实现全民健身活动的普及与推广，达到全民健康的目的。

"天行健"全民共享智慧健身网主要由"天行健 App"、国家体育总局及其各省（自治区、直辖市）全民健身数据中心、配套政策法规三部分组成。"天行健"智慧健身信息服务平台有三大版块与三大工作体系，分别是以城市为单位的市场落地版块、面向 C 端的 App 建设版块、以健身赛事活动为纽带的互动版块。对应城市落地单位、产品研发单位、健身赛事活动策划单位三大工作体系。该项目由国家体育总局牵头，通过整合政府、协会、商家、体育健身从业人员等社会资源，以"体育+互联网+物联网+大数据"为手段，进行全民健身场所的信息化改造，优化全民健身场所和社会资源配置，最终促进全民健身的良性循环，打造出全功能、全生态系统的健身运动公社。

### （一）"天行健"智慧健身信息服务平台系统

"天行健"智慧健身信息服务平台系统包括健身综合信息服务平台、健身场所智慧化系统及健身数据监控中心。

1. 健身综合信息服务平台

健身综合信息服务平台涵盖健身场馆资源、教练资源、赛事信息、工作动态、运动健康、体育小镇、体育旅游等功能模块，旨在结合当地体育特色，通过打通运动健身场所与健身人群之间的桥梁，构建健身、旅游、文化多产业融合的发展体系。此外，平台整合当地健身场馆及室外公共健身区域信息，实现健身场所的信息化、公开化、透明化，解决广大群众"去哪健身"的问题。

2. 健身场所智慧化系统

健身场所智慧化系统采用最先进的人脸识别系统，以"一卡通"为原则，打造整个体育场馆的智能化硬件体验配套设施。场馆经营管理系统主要包括场地预订、票务售卖、商品售卖、会员管理、营业报表、用户角色分配

等功能模块，是帮助健身场馆实现信息化管理的有效手段。

3. 健身数据监控中心

健身数据监控中心打造完成后，将是对健身场所及相关产业数据把控的有效手段。如通过人流识别可以把控每个健身场所的客流量，通过网络视频直播监控可以任意查看健身场所的实时画面等手段。

### （二）"天行健"智慧健身信息服务平台功能模块

整个"天行健"智慧健身信息服务平台系统的最终目标是将健身场馆、教练人员、健身赛事等相关资源进行整合，通过互联网及物联网手段收集分析各项数据，全面把控健身产业发展情况，并为未来制定各项决策提供数据参考。因此其主要的功能模块涵盖健身、场馆、赛事、培训等一系列服务。

1. 全民健身信息化平台

全民健身信息化平台旨在通过信息化手段、互联网思维和市场化的运作打造全民健身互联网服务平台，改善和推进"国家全民健身公共服务体系"，顺应共享经济的发展思路，实现全民健身活动的普及与推广，是国家全民健身公共服务体系的有益补充。

2. 智慧场馆服务

智慧场馆服务是以信息化手段推进场馆管理的精细化与服务流程的标准化；运用互联网技术突破传统经营中的空间与时间限制，推进体育服务产品的拓展与创新，用大数据技术助力运营模式的创新和在线管理；智能化软、硬件设备相结合，有助于服务运动人群，打造科技场馆形象，提升用户体验，增加场所运营附加值。

3. 智慧赛事服务

智慧赛事服务平台可提供强互动性、高透明化的赛事体验，是合理办赛、科学办赛、成功办赛的有效支撑。可以通过导入各项大型赛事和活动，成为各种群众赛事和活动的互联网入口，协助各种赛事和活动进行传播和推广，进行各种赛事活动的实时数据挖掘与实时视频挖掘，通过实时数据和视频的挖掘留存，协助各地政府、体育局掌握各项赛事或活动的实际数据和现场情况，以效果为导向更好地利用自身或者社会力量，进行群众喜闻乐见的全民健身活动或竞赛开展。

4. 智慧培训服务

智慧培训服务聚焦于健身运动培训，实现对健身人员报名、健身项目选择、签到、健身进度、健身情况等多维度、全方位的实时监控管理，通过"训、科、医、管一体化"的智慧化培训体系，实现健身人员的智能化健康数据管理及运动健康建议指导。

## 思考与练习

1. 简述全民健身信息供给的主体、内容与渠道。

2. 简述全民健身智慧化的特点。

3. 简要说明智慧体育场馆建设的具体路径。

4. 阐明智慧健身信息服务平台建设意义。

## 参考文献

［1］李正茂，王晓云，张同须等. 5G+：5G 如何改变社会［M］. 北京：中信出版集团，2019.

［2］韩潇. 智慧体育［M］. 北京：清华大学出版社，2019.

［3］张榕林."互联网+"背景下"智慧场馆"的路径选择［D］. 北京：首都体育学院，2017.

［4］陈翔. 基于"互联网+"的无锡"智慧体育"产业发展调查研究［J］. 体育科技文献通报，2017，25（12）：19-23.

［5］陈锦，邱楷，张媛媛."互联网+"背景下智慧体育平台建设方案［J］. 南京体育学院学报（自然科学版），2017，16（03）：125-130.

［6］柴仲学."互联网+"时代我国体育场馆服务转型升级的发展路径研究［J］. 南京体育学院学报（社会科学版），2017，31（02）：88-92.

［7］谢雨航，李显良，陈志辉. 智慧体育总体架构及关键技术研究［J］. 当代体育科技，2016，6（25）：177-179.

［8］王奇，颜小燕. 大数据时代我国体育发展面临的机遇与挑战［J］. 体育与科学，2016，37（01）：75-80.

［9］王雅雯. 智慧城市建设中天津市全民健身服务信息化的研究［D］. 天津：天津体育学院，2020.

## 第十二章 全民健身的国际借鉴与发展趋势

### 本章导学

全民健身是一项具有现实意义的事业，已在全球范围得到广泛重视，但由于世界各个国家和地区的基础条件和发展水平存在较大的差异，因而全民健身的发展也呈现出不同的情况和特点。全民健身在国外也称为大众健身，本章主要介绍国际大众健身的发展概况、经验借鉴与发展趋势。通过对部分国家在大众健身方面的基本理念、具体做法和经验进行汇总分析，尝试探索其中的普遍性规律和个性化经验，并结合我国的实际情况进行多维度比较，以期得到有益的启发和借鉴。

### 学习目标

1. 了解当今国际大众健身的发展概况，熟悉部分国家在大众健身方面的具体做法及政策依据，对于各国经验予以比较分析，找出其中的共性关联和差异所在。

2. 拓展国际化体育视野，通过有逻辑、分层次的学习，针对不同的具体问题，引导学生形成发现问题、分析问题和解决问题的能力。

## 第一节　国际大众健身的发展概况

近年来，越来越多的国家和地区开始重视国民健康，世界各国都在大力推进大众健身的可持续发展。许多国家制定了相应的大众健身计划与政策，利用一些行之有效的措施，激发各类社会组织参与实施，以增强国民体质，引导国民树立积极生活的观念。国际大众体育健身的发展概况主要表现在以下几个方面：

### 一、大众健身的重要性在全球逐渐形成共识

#### （一）国际社会广泛关注大众体育的发展

第二次世界大战后，自然体育思想成为欧洲各国体育思想的主流。英式、美式竞技运动取代了体操在许多国家所占有的地位。同时，由于受战争的影响，各国青少年体质都有不同程度的下降。在这种情况下，各国都通过增加各级学校体育课时、增加经费、实施体质测试标准等方式，加强了对体育的干预。这个时期各国体育工作的重点在整顿和发展学校体育，大众体育还未受到关注。

20 世纪 50—60 年代，国际政治、经济、文化、教育的发展为奥林匹克运动带来了空前的发展机遇和巨大的挑战。为了提高竞技运动水平，各国政府逐渐加强了对体育事务的干预。这一时期，发展竞技体育成为主导思想。

20 世纪 70 年代以后，随着社会的进步，以鼓励大众健身为宗旨的"大众体育"浪潮在全世界兴起。1975 年，欧洲共同体通过了《大众体育宪章》，努力促进各国大众体育的发展，提高人民的健康水平和生活质量。1976 年，联合国教科文组织成立了"政府间体育活动委员会"，主要任务就是"促进发展大众体育"。1978 年，联合国教科文组织又通过了《国际体育运动宪章》，宣布"体育运动是整个教育体系的重要组成部分，是生涯教育中不可缺少的重要因素"。与此同时，国际奥委会也加强了体育与文化的联系，努力促进大众体育的发展。20 世纪 70 年代末开始，国际奥委会积极投入"大众体育"运动，向组织"大众体育"活动的机构提供财政援助。1985 年，国际奥委会成立了"大众体育委员会"。1992 年，国际奥委会成立国际

大众体育组织协调委员会。1994 年，在乌拉圭召开的第五届大众体育大会的主题就是"大众体育与健康"，大会宣言指出："通过体育活动促进和平、健康、提高生活质量"，还提出"2000 年，体育为人人，健康为人人"的口号。1997 年，世界卫生组织召开了以"积极生活，体育为健康"为主题的非正式会议。2000 年，国际奥委会大众体育委员会召开了以"大众体育与政府政策"为主题的第 8 届国际大众体育大会，大会发表了"为完善大众体育政策行动起来"的魁北克宣言。"终身体育、休闲体育、快乐体育"成为 20 世纪 70 年代中后期主流的体育思想。

从国际体育发展阶段来看，大众体育的发展绝不仅仅只是体育活动发展中一种量的变化，它的发展变化是世界体育发展活动中一种质的变化，意味着社会在对体育功能、价值认识方面的新变化，尤其是体育活动对参与者身心健康方面的积极作用，可以说大众体育的迅速发展极大地影响了各国大众健身事业的发展。

### （二）各国政府把大众体育发展纳入国家发展规划

为提升全民身体素质，促进全民健康，大众体育和大众健身问题普遍受到各国政府的高度重视，他们纷纷把大众体育发展纳入国家发展战略中。据不完全统计，全世界已有近 120 个国家和地区公布过大众体育发展计划。如美国的"健康公民计划"、德国的"黄金计划"、日本的"体育基本计划"。2015 年，英国还发布了"体育的未来——充满活力的国家新战略"等。可见，从国家层面推动国民体育参与、引导国民关注健康，是各国大众健身发展的重要策略。

### （三）体育健身设施的建设为大众健身提供了良好的环境和条件

公共体育场馆的数量和质量的提升会明显促进大众健身参与人数以及参与水平。

美国是竞技体育强国，也是城市社区公共体育场馆建设积极性较高的国家之一。如美国纽约市政府近年来高度重视与支持大众体育的发展，逐步增加投资，兴建各类体育场馆和基础设施，不仅强调城市社区公共体育场馆建设的整体发展和功能升级，而且更注重大众参与质量的提升。

日本在城市公共体育场馆建设方面开展较早。早在 1933 年，日本就已颁布各类城市社区规划和公共体育场馆建设的规划技术标准。东京借助举办奥运会的战略机遇，在加快奥运体育场馆建设的基础上，重点关注了城市社区体育场馆建设的速度与质量，按照城市社区居民的人口规模来配置社区体育中心和社区体育公园的数量，并尽量完善公共体育场馆的结构与功能，以充分满足大众体育发展的需求。

法国巴黎以社区为依托建设的公共体育场馆数量从 1977 年到 2014 年增长了近 50 倍。为了推动大众体育的发展，巴黎对配套设施建设也十分重视，并通过相关的法律制度对配套设施的标准、建设与管理工作进行规范，并制定专项政策予以支持。

新加坡也非常重视城市公共体育场馆的建设问题。政府通过抽样调查了解社区居民的大众体育需求，调查体育场地建设的实施方案，增加城市公共体育场馆建设的数量，优化城市公共体育场馆建设的空间结构，促进大众体育活动的可持续开展。目前，新加坡的城市社区普遍配有大众体育活动需求的小公园、露天篮球场和网球场等设施，周边居民都可以免费使用体育设施，市民只需提前电话预约就可以使用。

### （四）大众健身活动成为一种普遍的生活方式

生产方式决定生活方式，经济发展水平制约着大众体育的发展规模和质量。据美国体育与健身产业协会的调查报告显示，2019 年，美国体育参与人数增加了 300 多万人，尤其是健身运动、户外活动等参与人数快速增长。一些国家不仅经常参加体育活动的人口比例不断扩大，而且，活动的组织化程度也越来越高。尤其是近年来户外运动一直兴盛不衰，人们利用森林、山川、湖泊、海滩等自然资源开展野营、滑雪、冲浪、钓鱼、游泳等活动，满足了回归自然的愿望。

### （五）通过大众健身宣传引导提高市民健身意识

许多国家为推动大众健身活动，广泛利用各种宣传媒介，如电视、网络、报纸等，对体育与健康资讯、新兴的健身休闲活动等开展各类宣传活动，倡导积极的健康生活理念，为人们的科学健身提供指导。此外，一些国家还通过设立体育节、健身日、健身周等来宣传体育锻炼的益处，鼓励人们积极锻炼，如法国设立的"徒步旅行日"、美国的"跑步健康日"、俄罗斯的"奔跑节"、科威特的"艾哈迈迪节"、多哥的"摔跤节"等。为了加强宣传效果，许多国家还设计了口号，鼓励人们主动参加体育锻炼。如德国提出的"运动是最好的医疗"，法国提出的"为心脏健康而跑步"等。

## 二、各具特色的实施举措推动大众健身的健康发展

### （一）制定大众体育发展规划

20世纪80年代以后，世界各国和地区都在有组织、有步骤、有计划地发展大众体育。如美国联邦卫生与公共服务部在1980年推出《健康公民1990》后，每隔10年颁布《健康公民2000》《健康公民2010》《健康公民2020》系列办法；2000年以后，日本先后制定颁布了《体育振兴基本计划》《体育基本法》《体育基本计划》等，保障了大众体育事业发展的连续性与连贯性；2014年，英国发起了"运动越多，生活越好"计划。此外，还有澳大利亚的"国家体育余暇计划"，新西兰"国家运动计划"，新加坡的"生命在于运动计划"等。

各国大众体育发展计划一般包括目标和任务、对策和措施、分工和职责等方面。比如美国的《2020年健康公民计划》包括4个总目标、42个优先领域、近600项具体指标。对策和措施是保障目标实现的基础，为此，各国都制定了切实可行的大众体育发展方案。

### （二）开展各具特色的健身活动使大众积极参与体育健身

为了动员和引导大众参与体育，很多国家推出了生动活泼、引人入胜的体育活动。比如，澳大利亚的"找30分钟运动"，即每人每天抽出30分钟进行体育锻炼；法国的"3个8运动"，即游泳80米、跑步800米、步行8000米；比利时的"每家1千米"计划，即每位家庭成员每日跑步不少于1千米。很多国家还针对不同人群制定健身活动计划，例如，加拿大针对残疾人制定了"行动的蓝图计划"。

还有很多国家采取奖励手段，激励大众投身体育活动，如法国的"大众体育奖状"制度。从1972年起，法国每年举办全国性的"跑步日""自行车日""徒步旅行日"和"长距离滑雪日"等，参加其中三个项目的活动者即可获得"大众体育奖状"。德国为了动员每个家庭参加多种形式的体育活动，于1985年推广"家庭体育奖章制度"。奖章分为纪念徽章和铜质纪念章。美国健身、运动和营养总统委员会发起了百万人"健身生活方式总统奖"挑战，推出"动起来——活力学校""我行你也行""学校早餐项目"等活动。

### （三）积极开展大众健身科学研究

为了掌握国民体质发展状况，评价国民体质发展水平，找到国民体质存

在的问题，科学地制定国民体质改善政策并进行针对性的指导。近年来，各国都非常关注大众体育研究。他们把促进健康体育活动社会功能的最大化作为大众体育研究的核心目标，研究的热点包括大众健身运动的环境建设与政策干预、生活行为方式对大众健康的影响等。

一方面，体育科研机构能在宏观上对大众健身运动进行研究指导，提出切实可行的办法。例如，美国运动医学学会经常组织专家、学者进行调查研究，连续出版多年《健身手册》指导全民进行健身运动。这些最新的研究成果，为政府部门制定政策提供了可靠依据，同时也有效指导了大众健身运动的开展。

另一方面，一些国家在健身器材、体质测量仪器的研发水平上较为领先。先进的健身器材可以使人们有良好的运动感受和体验，精确的测量仪器还可让锻炼更加有针对性。

此外，很多国家都积极开展国民体质监测活动。美国从 1880 年颁布体力测验法至今已有 140 多年的历史。日本文部省制定的运动测试方面的法规保障了国民体力测试工作的顺利进行。法国也制定了体能普查制度。加拿大、新加坡等国家也都有各自的全国体能测试制度。

**（四）通过各种体育俱乐部及基层体育组织提高大众健身的参与率**

在大众体育的组织与管理方面，很多国家主要依靠各种类型的体育俱乐部和体育组织为大众提供服务，激发大众的参与热情。

美国有很多独立、半独立类型的体育组织，如户外运动管理机构、休闲体育管理机构等，不仅有社区、学校、企业、军队体育俱乐部，而且还有大量的旅馆俱乐部、社区健身中心、大学休闲中心、医院体育康复中心等。据不完全统计，美国注册的俱乐部共有 2.1 万个，此外还有许多志愿组织，如美国童子军、青年基督教协会、美国青年俱乐部等，他们是社区青少年体育活动的主要组织者，同时也为社区体育提供志愿服务。

德国体育事业发展最突出的特点是俱乐部体制和体育自治。德国的大众体育发展遵循两个基本原则：一是所有公民都有机会参加体育活动。要求体育设施覆盖率要达标，费用要合理，能满足参与者的社交需求，运动项目开展可激发参与者的兴趣和能力。二是除了企业赞助，政府也要提供资金支持。德国体育俱乐部数量众多，全国约有 91 000 个体育俱乐部，有 1/3 的德国人是体育俱乐部成员。这些俱乐部为不同性别、不同年龄、不同职业、不同体育兴趣爱好的居民提供了丰富多彩的体育活动参与机会，甚至为会员配备专业的健身教练。会员参加俱乐部的时间也相当灵活，可以随时使用场地，且收费标准低，因此体育俱乐部是大众参加体育锻炼的主要形式。

日本十分重视各级各类体育俱乐部的建设，注重满足不同人群的健身需求。日本大众体育事务主要是通过日本体育协会来完成的，日本体育协会管理下的市、区、町、村体育协会管理着 37.04 万个社区体育俱乐部。日本体育协会还管辖了 52 个单项体育联合会、日本企业体育联合会以及大学生、高中生和初中生体育联合会，这些体育联合会也管理着数量庞大的体育俱乐部。综合型社区体育俱乐部是以居民自治活动为主的体育组织，它们自主经营、自负盈亏。政府不进行干预，只参与监督和援助。

**（五）依托大众体育服务人才的培养提升大众体育服务质量**

大众体育的发展需要专业人员，提供专业且高质量的服务。因此各国都十分重视各类社会体育指导员的培养。如美国社会体育指导员均持证上岗，其健身指导员资格的认定制度较为健全。美国运动医学学会、美国有氧体适能协会、美国肌力与体能训练协会和美国运动委员会等共同负责各种类型的社会体育指导员的培训、考核与认证工作。主要包括体适能管理师、运动测验师、运动指导师、运动计划师、国际基本有氧舞蹈指导员、阶梯有氧指导员、个人训练员与体适能顾问、紧急处理指导员、肌力与体能训练专业员、临床医学运动指导员、团体运动体适能指导员等，这些类型齐全的社会体育指导员能够从事专业的、有针对性的健身指导，提高了指导的时效性。

德国实行大众体育指导人员分级和培训制度，德国奥林匹克体育联合会、各单项体育协会和高等学校等均有培训与颁发指导员证书的资质。德国俱乐部的运动处方课程主要针对各类疾病预防及治疗进行相关指导，如心脏病、肝病、骨质疏松症的预防和治疗等。

英国将体育指导员职业纳入国家职业资格证书体系，有完善的职业资格证书体系，对体育指导员职业实行规范化管理。英国主要由体育娱乐中央审议会对公共体育指导员进行资格认定，主要包括三种类型：社区体育指导员、基础户外训练指导员和高级指导员。社区体育指导员主要对社区居民的健身活动进行指导；基础户外训练指导员主要对户外运动进行指导；高级指导员主要对运动队进行指导。

日本体育指导员资格认定制度也较为完善，除文部省以外，厚生劳动省也对社会指导员进行培训和资格认定。这些社会体育指导员为大众提供有偿和无偿服务，尤其值得称道的是他们乐于提供无偿志愿服务，极大地促进了大众体育的发展。

## 三、国外大众健身活动中心概况

### （一）国外大众健身活动中心的分类

以服务内容为标准，国外大众健身活动中心可以分为兼营型和专营型。兼营型大众健身活动中心是指能够为社区提供医疗保健、购物、教育培训、综合性文化活动，兼营体育活动的综合性社区活动中心。专营型大众健身活动中心指专门向社区居民提供体育服务的场所，又可分为综合型和单项型。综合型大众健身活动中心是指能够开展多项体育活动，满足社区居民多层次体育需求的大众健身活动中心，目前国外大众健身活动中心大多都属于综合型。单项型大众健身活动中心较为少见，一般在小型社区较多。

### （二）国外大众健身活动中心的特点

（1）国外大众健身活动中心是构建社区服务网络的一个重要环节，是开展社区体育活动的基本载体。因此大众健身活动中心的建设目的在于满足社区居民不同层次的体育需求，不以竞技体育为目的。在建设之初，设计者一般都要对社区居民的体育活动特点和体育需求情况进行深入的调查，同时对已有的体育设施及市场情况进行调查。

（2）能够开展多种体育活动是国外大众健身活动中心的一个显著特点。如英国的大众健身活动中心一般能够开展 17 个体育项目。因此一般大众健身活动中心都建有多功能的体育大厅（体育馆）。游泳池是国外大众健身活动中心的重要组成部分，几乎每一个综合性大众健身活动中心都建有室内或室外游泳池。

（3）国外大众健身活动中心的建设强调与社区及城市人文景观相互融合。大众健身活动中心往往被设计成社区公园的一部分，许多大众健身活动中心都有户外设施，其中许多设施与公园融为一体。

（4）体育设施的多用途性。国外大众健身活动中心的体育设施具有多用途性，如室内球场除开展各种球类比赛外，还可以办会展、集会以及开展其他社区文化活动等。

（5）体育设施小型灵活多样，依托基层，成本较低，易于管理。

（6）可兼顾老年人、青少年等各类群体的体育需求和爱好。

### （三）国外大众健身活动中心的运营模式

国外各类大众健身中心的运营以自主管理为主，政府不对其进行过多干预，只负责提供硬件设施和做好协调工作，以体育协会和体育俱乐部为主要组织形式，各类俱乐部本着自筹经费、自我管理、自负盈亏的原则发展大众体育。

美国几乎每个社区都有多用途的大众健身中心，可提供多种体育活动。美国大众健身场所一般都是免费开放的，学校的体育场馆除了满足正常的教学，也对外开放，而且进行社会体育活动指导的一般都是志愿服务人员。当然，为了提供更优质的服务，有些社区、学校的体育场馆也会收取少量的费用，运营费用主要还是来自政府拨款。此外，美国也鼓励企业或社会组织共同兴建体育设施，共同承担风险并分享收益。在经费投入上一般采用政府与市场相结合的方式。

在德国，大众体育健身主要采用俱乐部形式，绝大部分由社会体育组织通过各种市场化手段筹集，主要包括会员费、体育彩票、企业赞助、门票收入等，运营经费中政府拨款仅占10%左右。企业赞助是体育俱乐部经费的重要来源，许多俱乐部与各类企业保持着良好的关系。

英国大众健身的投入渠道包括彩票公益金、政府拨款、社区投资基金、企业和体育非营利组织等，其中彩票公益金与政府拨款是其主要来源。不同类别公共体育服务的经费投入，分别由不同的部门或组织负责。

弱化政府管理，尊重公民的自主性；由政府、社会、个人共同投资，拓宽融资渠道；充分发挥俱乐部的功能，学校和社区共享体育健身资源，这些模式所展现的自主性、协同性和内生动力是国外大众体育发展的成功经验，也为我国全民健身的发展提供了有益的借鉴。

## 》》》》　第二节　大众健身的国际借鉴　》》》》

现代体育运动发源于欧洲，其标志为现代奥林匹克运动的诞生，其间随着文艺复兴、工业革命以及信息技术革新等一系列人类重要变革的发生，逐渐奠定和形成当今世界体育发展的新格局。在此过程中，法国启蒙思想家卢梭提出的"体育是一切教育的基础","现代奥林匹克之父"顾拜旦发出的"一切体育为大众"等口号，直到今天依然为体育发展指明了方向。本节分别以美国、德国、日本三个具有代表性的国家为样本，分析他们在大众健身活动开展方面的成功经验，为我国全民健身的规划与发展提供借鉴。

## 一、政策法规为大众健身提供保障

法规是人类社会行为的准则。大众体育只有纳入法制化轨道，才能健康发展。纵观英国、美国、德国、日本等国家，在其大众体育取得成就的背后，离不开政策法规的保驾护航。在这些国家，大众体育制度的呈现方式主要有三种：一是国家层面的中长期大众体育发展战略规划；二是自上而下推行的具有效力的大众体育法律法规；三是具有一定时限或区域划分的大众体育规章、条例、办法等。

以美国为例，作为最早将全民健康上升为国家战略的国家之一，美国自1980年推出《健康公民计划》，至今已延续40多年，其目的在于提高美国公民的健康水平，培养公民的健康生活方式。《健康公民计划》的时间跨度为10年，根据现实情况，在上一次计划的基础上不断加以完善和提升。经过四代的发展，美国健康公民计划的发展重点发生了悄然的变化，以2020年版《健康公民计划》为例，其主要目标围绕4个方面展开：一是生活质量与疾病预防；二是健康行为改善；三是逐步消除差异，实现健康公平；四是提升良好的社会健康物质环境。其内容涵盖42个健康领域，近600个具体目标。与计划实施相配套的是一系列包括新闻发布会、社区宣传、门户网站宣传、社交媒体等在内的媒介。

借助于1964年东京奥运会的成功举办，日本国会通过并颁布了《体育振兴法》，以推动日本国内体育环境的改造与提升，并以国家法律的力量推动日本国民身体素质的提高。该律法共分为23条，从法律层面对社会体育事务的各个方面作出了具体规定，其内容涵盖对"体育活动"的界定、对于体育行政计划的制定与实施、公共体育设施的建设与维修、社会体育指导员的培养、国民运动会及各项大众体育竞赛的召开等。该法案为日本体育政策的具体实施和有效执行奠定了基础。

1917年，德意志帝国体育委员会成立，该组织对于早期的德国大众体育发展起到了重要的促进作用，并于1920年推出了具有划时代意义的"黄金计划"，该计划主要围绕全民健康、体育锻炼及健身场地建设等内容展开，在短期内对德国的大众体育开展起到有效的推动作用。1990年后，德国体育政策重新走向正规，"黄金计划"被重新提上议程并被赋予了新的时代意义，主要表现为三个方面：一是体育场地设施的全面提升，人均室外体育场地面积达到4平方米，人均室内体育场地面积达到0.1平方米，设施的质量及实用性达到世界先进水平。二是大众体育俱乐部体制更加完善。随着2006年德国体育联合会与德国奥委会合并为德国奥林匹克体育联合会（DOSB），其社会功能得到释放，德国大众体育俱乐部实现蓬勃发展，此外体育俱乐部又对学校体育、竞技体育以及体育产业发展进行了积极的反哺作用，实现了良性循环。三是面向大众的专业体育指导。"黄金计划"中对于社会体育指导员的培养有着明确的规定和要求，通过该计划，德国培养出一批批优秀的社会体育指导员，他们对大众的科学健身发挥了重要的指导作用。

## 二、健身文化对大众健身的推动

大众体育从不同的角度和层面反映出社会的生机与活力，不同地域的运动趣味和价值追求，不同群体的审美取向和发展程度。随着全民健身的不断发展，大众健身的文化内涵与文化张力也不断得到充实和丰富。

现代社会，不同国家间的体育文化发展呈现出独具个性却又相互交融的局面。这种文化交融在全民健身中得到充分的展现和诠释，大到一个国家或地区，小到一个社区、一个家庭，都有着各自不同的休闲文化或健身文化，这种文化差异既可以表现为对于某种运动项目的热爱与群体性参与，也可以表现为全民健身社团组织的活跃程度及显著特色。不同的文化基因和环境要素，造就出不同的全民健身氛围，不同的氛围反过来又作用于广大群众，推动地区全民健身的不断丰富和发展。

体育特色小镇的出现是体育环境氛围的集中体现。例如，法国的霞慕尼小镇长期以来形成了独特的登山文化氛围，这种氛围不光持续影响着当地人的运动取向，还吸引着来自世界各地的户外运动爱好者。又比如在我国河南省焦作市的陈家沟，自明清以来，这里逐步形成习练太极拳的风气，太极拳在当地有着深厚的群众基础，同时也吸引着来自世界各地的太极拳爱好者。

## 三、政府与民间组织的协同发展

在大众体育的运行及发展过程中，政府和民间组织的和谐共存、协同发力能有效推动大众体育的发展，实现"1+1＞2"的效果。

在美国，政府层面管理全民健康事务的机构是总统体育与运动委员会，与其协同管理国民健康事务的还有卫生与公共服务部等。在民间，大众体育工作开展主要依托两大组织，一是社区组织，二是各类非营利性组织。不同组织间的相互协作，体现在三个方面：① 充分发挥政府组织的宏观管理职能。例如在《健康公民计划》的实施中，计划经过广泛征求社会意见后由卫生与公共服务部正式发布，之后由各州政府和卫生机构配合执行，并制定适合本地区的健康计划。政府有专门的协调机构负责各项计划的实施。② 注重不同政府部门间的横向合作。③ 民间组织作用的发挥。例如在美国《国民身体活动计划》的制定中，具体实施大多由统筹委员会负责，而统筹委员会是各类专业性民间组织的联合体，在具体工作中发挥了重要的作用。

在日本，管理大众体育的政府部门主要是文部省，与之配合的是厚生省和劳动省（2001年1月合并为厚生劳动省）。其中，文部省主要以大中小学生为服务对象，主要负责从中央到地方各级体育行政组织与体育团体之间的组织协调、各类公共体育设施的规划和建设、各级体育指导员的培养和认证，是《体育振兴法》主要推动部门。厚生省相当于我国的卫生管理部门，主要负责国民保健、医疗等公共卫生领域方针政策的落实以及相关健康标准的制定。劳动省主要围绕如何为劳动者提供健康的劳动环境、如何养成健康的劳动方式等开展工作。除此之外，日本还有着成熟的民间体育促进机构，例如成立于1991年的"促进健康都民会议"组织，该机构以促进国民健康水平，倡导健康生活方式为目标，积极开展官方—民间一体化的健康促进活动。该组织下设青少年健康成长委员会、健身社团、老年健身俱乐部、女性健身推进会等部门，形成区域内的健身推进联合组织。

除了以上两种类型，德国也是政府—民间协同推动大众体育发展的典型，最具代表性的是由两者结合产生的"网络型大众体育治理机制"。由于德国是联邦制国家，其政府机构由联邦政府、州政府和地方政府组成，联邦政府、州政府只提供有限的资金支持，更大的自主权下放到地方政府，地方政府在开展大众体育的过程中，更多地依赖于数量庞大的民间组织，例如社区健身中心、公益性健身俱乐部、企业俱乐部以及各级学校等，这些民间组织与政府组织相互融合，形成覆盖面广、功能强大的网络型大众体育治理机制。在这种机制中，有四个方面的重要体现：一是平等合作机制，二是民主决策机制，三是宏观调控机制，四是志愿者服务机制，这些构成了德国的大众体育系统，实现了政府与民间的协同发展。

## 四、场地设施的硬件支撑

众所周知，大众体育的开展离不开各类体育场地设施的支撑，在美、日、德等体育发达国家，大多有着较为完善的大众体育场地设施体系，这些场地设施以及其背后的管理体系，为大众体育事业的开展发挥了很好的支撑作用。

美国有着十分丰富和完善的体育场地设施系统，根据 2020 年的统计数据显示，全美室外体育场地设施总面积到达 46.2 亿平方米，结合美国人口情况，人均体育场地设施面积约为 14 平方米。美国用于大众体育健身的场地主要有三种：一是各级政府提供的公共休闲与体育健身场所。二是社区体育设施，从 1965 年起，政府每年拨款 7.8 亿美元用于大众体育设施的修建与维护，在美国几乎每个社区都设有社区体育中心，这些体育中心既有游泳馆、篮球馆、健身房等室内设施，又有网球场、高尔夫球场等室外设施，还有国家健身步道。三是私人和社会团体的体育健身设施，目前全美注册的私人健身俱乐部约 2.4 万个，这些体育场地设施以盈利为主，同时也兼具一些社会服务功能。此外，美国政府积极推动中小学体育场馆的对外开放使用，这些场地资源为美国的公共体育设施提供了有力补充。

在日本，《体育振兴法》明确规定：国家对于地方政府建设的体育设施，在预算范围内补助 1/3 的资金。自 20 世纪 70 年代至今，日本政府投入了大量资金用于公共体育设施的修建，据 2020 年的数据显示，日本全国拥有各类运动场地约 6.3 万个，体育馆约 5.5 万个，游泳池 4.7 万个，室外网球场约 4.2 万个。2018 年，日本对终身体育的投资预算中用于建立和完善社会体育设施资金为 207.62 亿日元；建立和完善学校体育设施投入资金 10.63 亿日元；完善终身体育推进体制投入资金 2.67 亿日元；充实各地终身体育活动投入资金 20.32 亿日元；派遣社会体育指导员投入资金 17.33 亿日元。此外，日本的中小学体育场地设施占到全国体育场馆总数的 60% 以上，场馆类型多样，分布广泛。自 1976 年起，日本政府通过场馆补贴的形式，推动中小学校在正常教学时间外面向社会开放学校体育场地设施。这些举措一方面提升了日本中小学体育设施的使用效率，另一方面也极大地满足了大众对于体育场地设施的需求。

在德国，得益于"黄金计划"的实施，政府拿出专项资金用于体育场馆及设施建设，体育场馆资源较为充足。截至 2013 年，德国拥有各类体育场馆设施共计 23.14 万个。德国还拥有丰富的户外运动场地资源，全国拥有 93 个国家自然公园，总面积达到 36 万平方千米。这些自然公园为大众开展户外休闲健身活动提供了广阔的空间和多样的选择。

## 五、专业人才的资源要素

除了以上 4 个重要方面，大众健身较为发达的国家还有一个共同特征，就是具备高质量的体育专业人才培养及服务体系，他们为本国大众健身的有效开展提供了重要的人力资源保障。

在美国，大众健身志愿者是一支不可忽视的力量，长期以来发挥着重要的作用。2020 年，美国从事社区体育志愿者服务已经达到 2 800 万人。美国政府对于体育志愿者服务高度重视，早在 1997 年便颁布了《志愿服务法》，2009 年通过了旨在鼓励大众参与志愿工作的《服务美国法》，这些法律对美国的大众体育志愿者事业产生了全面积极的影响，也在很大程度上为全民健身的开展提供了人才保障。

在日本，系统的社会体育指导员培训工作始于 1965 年，经过 50 多年的发展，逐渐形成一整套较为完善和成熟的社会体育指导员管理体制。截至 2020 年，全日本体育指导员总数达到 138 734 人，其中社区体育指导员人数为 89 167 人，竞技体育指导员人数为 5 389 人，体育运动计划指导员为 6 361人，少年体育指导员为 4 867 人，综合体力调整指导员为 1 147 人，体育运动医生数量为 5 478 人。除了数量众多，日本在社会体育指导员管理方面有着以下几点成功经验：一是拥有一套成熟完善的体育指导员培养体系；二是重视社会体育指导员专业素养的提升；三是重视社会体育指导员的知识更新和岗内再培训；四是重视与各类体育院校联合开展社会体育指导员的培养；五是政府提供充足的专项资金，为社会体育指导员的培养提供物质保障。

德国实行体育健身指导员分级培训制度，全国 90.1% 的俱乐部拥有持证（如德国奥林匹克体育联合会、单项体育协会、高等学校、相关国外机构颁发的证书）教练员或体育锻炼指导员。超过 1/3 的德国体育俱乐部经常举办以促进健康、预防疾病和康复为目的的活动。这些活动的开展都离不开专业的体育指导员的支持与指导。

# 第三节　国际大众健身的发展趋势

## 一、大众健身的受重视程度日益加大

现如今，各国都在积极地进行探索尝试，不断强化大众体育管理水平。比利时各区独立管理本地区的大众体育活动；西班牙将大众体育行政权下放到 17 个自治州；日本于 1995 年制定了《地方分权推进法》，将政府对大众体育的行政管理从严格的行政隶属关系向基层社区自主管理转化，使得社区体育蓬勃发展。

20 世纪 90 年代以来，各国都在积极进行体育体制改革，强化政府的宏观管理职能，积极培育体育社会团体，加强社会团体对大众体育的专业化管理，使得各类体育社会团体的独立性、自主性得到加强。目前许多东欧国家已初步形成政府实行宏观管理与政策投入，社会团体实施层次化、专业化管理的政府与社会团体密切协作的大众体育管理体制。

## 二、大众健身的角色分工逐渐明晰

现代社会文明发达的一个显著标志就是岗位分工的专业化程度和精细化水平。现如今，各国的全民健身发展已经日益显露出分工上的专门化趋势。与此同时，大众健身市场的划分也在变得更加专业和精细。健身指导员的专业特点正在经历从"广而浅"向"聚而精"的方向发展。

在体育健身市场逐渐细分的大背景下，各式各样专业化的体育服务公司应运而生，他们大多有着准确的定位、鲜明的特色以及专业的体育服务能力，为不同的健身人群提供着细致周到的服务，并在不断的实践中使得自身及整个行业的产业链条不断完善。

## 三、大众健身的形式与内容日益丰富

国际健身大众体育协会前主席帕姆教授认为：近 30 年来，体育形象发生了两点突出变化：一是参加体育活动的人数增加，特别是发达国家体育人口迅速增长，二是过去许多和体育无关的东西，现在都和体育发生密切的联系。

美国开展大众体育的历史十分久远。1961—1981 年，美国经常参加体育活动的人数从总人口的 1/4 增加至 1/2，之后一直保持着年均 10% 的增长率。截至 2020 年，美国的体育人口比例已经达到全国总人口数的 65%。随着各国经济社会的发展，大众体育也采用了多种形式，并被赋予一定的趣味性、集体性和比赛性，主要包括：设立全国性的体育节、体育日、国民体育大会等；开展以家庭为单位的社区体育活动；将大众健身活动与旅游结合起来，使其更具有趣味性和娱乐性；重视包括残疾人在内的特殊人群的体育锻炼活动等。从目前的趋势看，各国在开展大众体育活动时还加大了宣传力度，并持续不断地推出各种体育口号，发动大众性的体育锻炼运动。许多国家为了使儿童青少年从小树立体育运动的意识，养成锻炼身体的习惯，掌握相关基础知识，还明确地将这一任务列入学校体育教学之中，并提出了终身体育、生涯体育等概念。可以预见，未来的大众体育将是体育、教育、文化等多方组织的合作。同时，不同性别、不同种族、不同肤色的人们将在体育锻炼中获得同等的鼓励和机会。

## 四、大众健身与现代科技的融入与日俱增

近些年来，随着互联网、大数据、云计算等技术的不断进步，大众体育与各种前沿科技的结合也日益紧密。例如，随着社交媒体平台的出现，线上健身、线上比赛的形式日渐成熟和完善，各类大众健身活动与体育赛事层出不穷。与此同时，大数据、云计算技术等一方面可以对健身者的各项锻炼数据进行收集分析，进而制定出科学详细的运动处方；另一方面，也对传统的健身评价方式带来了革新和发展。在新兴材料领域，以纳米技术为代表，衍生出一系列性能优异的运动装备，提升了参与者的运动体验，增加了运动的乐趣和体验感。

社交媒体的出现被应用到健身领域，并催生出功能强大的各类运动

App，这些 App 除了可以记录、分析个人运动数据，还发挥着沟通的作用，各种线上、线下的活动与赛事如雨后春笋般，大众体育在现代科技的助力下，得到了前所未有的释放和发展。

## 五、大众健身的国际化融合已成趋势

随着人类社会的不断进步和全球化的不断加深，文化大融合已经成为人类社会发展的必然。作为现代文明的重要组成部分，体育的价值已在全球范围内得到公认。在全球化背景下，全民健身的国际化融合已经变为现实。例如，马拉松赛事中，除了少部分职业运动员的参赛，大量的业余选手往返于世界各地参加不同地区、不同国家的比赛，进而感受并传播不同国家和地区的文化，促进文化融合。

此外，大众体育项目的传播也在很大程度上推动了全民健身的国际化融合，例如，排球运动起源于美国，传入中国后得到很好的发展，并通过中国女子排球队发扬形成"女排精神"。同时，排球运动在我国民间还衍生出气排球运动，这些都充分表明了全民健身的国际化融合已成为主流。

## 六、国民体质监测受到各国重视

国民体质近年来受到各个国家的重视和支持。如法国政府制定了体能普查制度，根据测定结果将学生体质分为三类，分别对各类体质合格者颁发证书；加拿大政府对 7 岁以上国民进行了"加拿大健康调查"；美国从 1978 年开始进行为期 10 年的跟踪测试和调研；日本政府实施各种形式的体育普查和测试，以掌握国民体质和体能状况；德国有些地区的体能测试工作由保险公司出资进行。根据体质测试结果为大众开具运动处方是许多国家的普遍做法，不仅在俱乐部，而且在健身中心也会有专人进行监测工作，以保证健身活动科学而安全地开展。例如国际运动医学联合会前主席霍尔曼教授多年从事运动处方研究，他认为健身运动的最佳负荷是：儿童和青少年最好每天锻炼，70 岁以下成年人最好每周锻炼 3 次，70 岁以上的老年人最好每周锻炼 2 次，每次锻炼时间为 30~90 分钟。运动强度最好掌握在心率为 180 减去实际年龄这一幅度。这一科学锻炼的原则已被许多国家所接受。

## 思考与练习

1. 简述国际大众健身的发展概况。

2. 简述国外大众健身活动中心的特点。

3. 简述发达国家开展大众健身的经验。

4. 简述国际大众健身的发展趋势。

## 参考文献

［1］国家体育总局《全民健身指导丛书》编委会. 全民健身大视野［M］. 北京：北京体育大学出版社，2003.

［2］李留东，田林，杜浩楠等. 美、德、英三国公共体育服务建设经验及启示［J］. 天津体育学院学报，2019，34（06）：466-473.

［3］程华，戴健，赵蕊. 发达国家大众体育政策评估的特点及启示——以美国、法国和日本为例［J］. 沈阳体育学院学报，2016，35（03）：36-41.

［4］曹璐. 国外城市公共体育场馆服务大众体育发展经验及对我国的启示［J］. 北京体育大学学报，2016，39（10）：38-45.

［5］苏文燕. 自组织理论视阈下国外大众体育对我国全民健身的启示［J］. 吉林体育学院学报，2016，32（05）：27-31.

［6］唐绪明. 日本社会体育政策解读及对我国全民健身的启示［J］. 南京体育学院学报（社会科学版），2017，31（01）：92-97.

［7］彭国强，舒盛芳. 德国体育战略演进的历程、特征与启示［J］. 上海体育学院学报，2017，41（05）：28-35.

［8］岳建军，高升，蒋先军. 美国2016—2020年《国民体力活动计划》研究及启示［J］. 成都体育学院学报，2017，43（06）：27-33.

［9］李蓉，李军. 中美国家健康战略比较研究——基于《"健康中国2030"规划纲要》和《健康国民2020》文本［J］. 南京体育学院学报（社会科学版），2017，31（01）：42-47.

## 郑重声明

高等教育出版社依法对本书享有专有出版权。任何未经许可的复制、销售行为均违反《中华人民共和国著作权法》，其行为人将承担相应的民事责任和行政责任；构成犯罪的，将被依法追究刑事责任。为了维护市场秩序，保护读者的合法权益，避免读者误用盗版书造成不良后果，我社将配合行政执法部门和司法机关对违法犯罪的单位和个人进行严厉打击。社会各界人士如发现上述侵权行为，希望及时举报，我社将奖励举报有功人员。

反盗版举报电话　（010）58581999　58582371

反盗版举报邮箱　dd@hep.com.cn

通信地址　北京市西城区德外大街 4 号　高等教育出版社法律事务部

邮政编码　100120

### 读者意见反馈

为收集对教材的意见建议，进一步完善教材编写并做好服务工作，读者可将对本教材的意见建议通过如下渠道反馈至我社。

咨询电话　400-810-0598

反馈邮箱　gjdzfwb@pub.hep.cn

通信地址　北京市朝阳区惠新东街 4 号富盛大厦 1 座

　　　　　高等教育出版社总编辑办公室

邮政编码　100029

### 防伪查询说明

用户购书后刮开封底防伪涂层，使用手机微信等软件扫描二维码，会跳转至防伪查询网页，获得所购图书详细信息。

防伪客服电话　（010）58582300